图书在版编目（CIP）数据

沈阳企业技术创新史纲 ／ 李兆友著. — 沈阳：东
北大学出版社，2023.10
　ISBN　978-7-5517-3426-4

　Ⅰ. ①沈…　Ⅱ. ①李…　Ⅲ. ①企业创新－技术史－沈
阳　Ⅳ. ①F279.273.11

中国国家版本馆 CIP 数据核字（2023）第 213957 号

出 版 者：东北大学出版社
　　　　　地址：沈阳市和平区文化路三号巷 11 号
　　　　　邮编：110819
　　　　　电话：024－83683655（总编室）　83687331（营销部）
　　　　　传真：024－83687332（总编室）　83680180（营销部）
　　　　　网址：http://www.neupress.com
　　　　　E-mail：neuph@neupress.com
印 刷 者：辽宁一诺广告印务有限公司
发 行 者：东北大学出版社
幅面尺寸：170 mm×240 mm
印　　张：14.5
字　　数：250 千字
出版时间：2023 年 10 月第 1 版
印刷时间：2023 年 10 月第 1 次印刷
组稿编辑：刘振军
责任编辑：郎　坤
责任校对：杨　坤
封面设计：潘正一
责任出版：唐敏志

ISBN　978-7-5517-3426-4　　　　　　　定　价：58.00 元

关于技术创新史研究的断想（代序）

搞技术创新研究多年，深感技术创新史研究的重要。断想者，片断的想法而已。

世界公认，在现代，技术创新是经济的发动机。技术创新的研究，在中国方兴未艾。但技术创新研究，多是对现实的创新状况的逻辑分析，缺乏历史感。缺乏历史的逻辑分析，没有根，就像没有逻辑的历史没有魂一样。比如，现在都讲通过创新可以实现跨越式经济发展，历史的回答却不尽如此。不是所有创新都可实现跨越式发展，只有基本技术创新，才可以实现跨越式发展，渐进式创新只能追赶，而不能跨越。发达国家的创新理论模式介绍了不少，来到中国往往行不通，原因是创新有着特殊的历史基础。只有研究中国的技术经济史，才能找到适合中国的创新模式，才能总结出适合中国历史的创新理论。

世界公认，创新理论始于熊彼特。但是熊彼特的创新理论只是一种经济发展理论。考察熊彼特创新理论的思想渊源，便可以发现，在熊彼特之前，早已有许多技术思想家注意到创新的意义和价值。或者进一步说，创新与发明是共生的。有了发明就应该有创新。熊彼特的重要贡献是他把发明和创新加以区别，从而确立了创新的地位。研究技术思想史，应该包括技术创新思想史，研究技术社会史，不仅要研究发明应用的社会史，还要研究创新过程的社会史。

熊彼特的创新理论有经济史的基础。熊彼特注意经济史的研究，他正是在经济史的基础上，提出了创新理论，并用创新理论解释了经济史上的周期现象；但技术创新不仅是经济现象，更是一种技术现象，还是一种管理现象，是一种技术经济过程与管理过程的统一，是技术的创新、经济的创新、管理的创新的综合过程。仅以经济史为基础研究创新是不够的，仅以技术史为基础研究创新也是不够的。技术创新是一种技术经济现象，因此，应该有以技术经济现象为研究对象的历史，它就是技术创新史。

技术创新史就是技术经济现象的演化史。一旦把发明和创新区别开来，就会发现，发明史不能等同于创新史。创新史要研究发明成果（包括科技成果）的产品化史、商品化史、产业化史。可惜，现有的技术史研究，包括世界名著辛格的《技术史》，很少涉及这些方面的内容，顶多涉及一些产品化史。没有发明成果的商品化、产业化，就无法实现发明的社会价值。

现有的技术史研究的重点是技术发明，发明是创新的源泉。但只着眼源泉看不到江河，是片面的。许多技术史著作基本上是发明的串联史，当然也有发明后果的研究，还有发明的社会条件的研究，技术社会史确实注意到了发明后果和发明的社会条件的研究。但是这样的技术史和技术社会史无法说明为什么这样的发明有这样的后果，也无法说明这样的发明通过什么途径才有了这样的后果。而这正是技术创新史所要研究的内容。技术创新史要研究技术与市场、技术与竞争形式、技术与投资（包括风险投资）等的关系，这是原有技术史很少涉及的领域。

技术本来有多种形态，发明是技术的重要表现形式，但只是一种形态而已。把发明形态的技术转化为产品形态、商品形态、产业形态的技术，就是技术创新的过程。以往的技术史把这一过程作为一个"黑箱"来对待，把这一过程看作发明的应用过程，实际上并非如此简单。发明在社会上的应用过程，既是技术形态转化过程，又是技术的体系化过程。这一过程往往在技术史中少有研究，经济史也不研究，技术创新史恰好将原有的技术史和经济史缺失的部分填补上了。技术创新史的研究领域介于技术史与经济史的中间地带。

历史总是人的活动史。技术史研究技术家（主要是发明家）的活动史，经济史研究工厂主、资本家、企业家的活动史，技术创新史主要是研究创新家的活动史。创新家的出现是社会分工的结果。历史上有学者与工匠的分工，技术活动中有工匠与工程师的分工；科学活动中有理论科学家与实验科学家的分工；科学家中又有自然科学家、技术科学家、工程技术专家的分工。现在又有发明家与创新家的分工。研究创新家的活动，是创新史研究中又一个重要的内容。有了发明家与创新家的分工，对于技术史上经常出现的优先权之争，可以有完满的解释。纽可门是发明家，瓦特则主要是创新家。纽可门理所当然应该是蒸汽机的发明者，瓦特虽然未发明蒸汽机，但却应该获得创新的优先权，两者有相继关系，但并不相悖。爱迪生是发明家，但就电气的应用过程而言，他更是一个创新家。他创造了一个把电引入千家万户的系统。同样，从发明史看，巴比奇、阿塔拉索夫、图灵对于电子计算机的发明都作出了重要贡献，但从创新史的角度看，个人电脑的出现，才开辟了一个产业，并把电脑引入千家万户。苹果公司、IBM 公司的创新家们的社会贡献更值得赞誉。

历史是由远及近、由前向后发展的。但历史的研究却是由近及远、由后向前"反求"进行的。历史上的许多发明无结果地消失了。后人研究历史，总是从技术的社会后果往前寻找发明和发明家。没有瓦特的蒸汽机，也许纽可门的蒸汽泵会默默无闻，更不会追溯到古希腊时期希罗发明的蒸汽转动器。技术的社会后果总是要通过创新实现的。这也可以从另一个侧面说明技术创新史的研究对评价发明和发明家的历史地位有重要意义。

技术创新史的研究在中国还是一个空白。如何起步，是我们面临的一个课题。哈尔滨工业大学的关士续教授不仅提倡搞技术创新史研究，而且亲自进行了关于福特 T 型车的案例研究。从典型案例开始是一个好办法。比如还可以搞电机的创新史、电子计算机的创新史等，或者还可以搞中国古代四大发明在欧洲的创新史。近代以来，许多重大的发明却是西方人作出的。写中国的近代技术史，往往变成了工业史，可否搞西方的发明在中国的创新史，如此等等。当然，也不妨从抽象的概念开始，先对创新史有一个较为笼统的理解，再去研究具体的创新史。笔者的博士研究生就搞了技术创新的历史阶段性研究。从具体案例和从抽象研究概念开始，两者可以互补。

技术创新史的研究涉及多种领域，需要有多方面的知识基础。原来搞技术史的人应该学点经济学、管理学的知识，原来搞经济史的人应该补充科学技术方面的知识。不仅如此，由于技术创新是一个多种因素复合作用的过程，不能用纯粹的因果决定论来解释一切。创新过程是一个非线性的过程，偶然因素作为序参量可能对创新决策、创新系统的建立有重要作用，不同技术的创新过程千差万别，因而在研究方法、思维方式上，应该有所不同。

从参加全国第一次技术史会议，笔者就发现搞技术史的有两路人马：第一路是原来搞科技史的人，他们注重考证，有一点轻视理性思维；第二路是搞自然辩证法的人，他们不大重视考证，偏重理性思维。两方面各有缺陷，搞技术史的人本来就很少，再互相看不起，更削弱了研究力量。由于研究目的不同，所以方法各异、侧重点不同，这些在所难免。还是应该团结起来，向前看，把中国的技术史研究推向新阶段，把技术创新史搞起来。

（本文是远德玉教授为 2001 年 8 月在哈尔滨工业大学召开的第七届全国技术史学术研讨会准备的发言稿，后收录在《过程论视野中的技术——远德玉技术论研究文集》中。）

前　言

　　尽管标志着技术创新理论开始成为一个独立研究领域的是熊彼特于 1912 年出版的《经济发展理论》一书，但人类从事技术创新的实践早已进行了很长时间，甚至可以说，人类的历史就是一部技术创新史。

　　熊彼特最早对"发明"与"创新"进行了区别。他认为，企业家的职能是把新发明引入生产系统，创新则是发明的第一次商业化应用。只要发明还没有得到实际上的应用，那么它在经济上就是不起作用的。而实行任何改善并使之有效即创新，同它的发明是一个完全不同的任务，而且这个任务要求具有完全不同的才能。熊彼特说："尽管企业家自然可能是发明家，就像他们可能是资本家一样，但他们之所以是发明家并不是由于他们的职能的性质，而只是由于一种偶然的巧合，反之亦然。此外，作为企业家的职能而要付诸实现的创新，也根本不一定必然是任何一种发明。"① 这就是说，企业家的职能并不包括去寻找或创造新的发明的可能性，相反，他只是把这种可能性付诸实施。后来，在 1942 年出版的《资本主义、社会主义和民主主义》一书中，熊彼特进一步发展了《经济发展理论》一书中的思想，并在对企业家的职能加以规定时，进一步明确了发明与创新的区别。他提出："企业家的职能是，通过利用一种新发明，或更一般地，利用一

---

① 熊彼特. 经济发展理论［M］. 北京：商务印书馆，1990：98-99.

种生产新商品或用新方法生产老产品的没有使用过的技术可能性，通过开辟原料供应的新来源或产品的新销路，通过重组产业等等来改革生产模式或使它革命化……这种职能主要不在于发明某些东西或创制出企业得以开发利用的某些条件，而在于把事情付诸实行。"① 熊彼特在《经济变动的分析》一文中还明确指出，发明和实验完全是另一回事，它们本身对于经济生活不产生任何影响。一旦社会上对于某些根本上是新的和未经试验过的事物的各种各样的反抗被克服之后，那就不仅重复做同样的事情，而且也在不同的方向上做"类似的"事情，就要容易多了，从而第一次的成功就往往产生一种蜂聚的现象。②

把发明创造同技术创新相区别，被认为是熊彼特的重大功绩之一。科技成果商业化和产业化的过程才是技术创新，技术创新是与经济效益的提高相联系的。对此，日本学者森谷正规也认为，技术创新不是技术发明，确切地说，它是通过技术进行的革新（即创新），技术本身无须发生革命性的改变。对它进行衡量的根据是下述几个方面：因技术的推广而开辟了新的市场，刺激了经济的发展，创造足以迅速改变我们的社会和生活方式的新的社会经济实力。森谷正规认为，创新与发明之所以被大大地混淆，是因为 20 世纪 40 年代至 60 年代的技术发展，包含创新与发明两方面的内容。不过，创新是这个时期的标志，而它又是史无前例的、为数众多的发明的产物。一系列革命性的发明，为重大的技术创新提供了动力，掀起了源源不断的技术创新的洪流。③

日本技术史家中山秀太郎曾经指出，技术对人类生存是至关重要的。确保食物供应、住宅建设、服装生产，是人类维持生存所不可缺少的条件。无论是耕种田地、建筑房舍，还是纺纱织布，都离不开工具和机器。在几千年的漫长岁月里，人类为研制这些

① 熊彼特. 资本主义、社会主义和民主主义 [M]. 北京：商务印书馆，1979：164-165.
② 熊彼特. 经济发展理论 [M]. 北京：商务印书馆，1990：294.
③ 森谷正规. 日本的技术 [M]. 上海：上海翻译出版公司，1985：3-4.

工具和机器花费了大量心血。他们最初使用的是极简单的工具，为了提高生活水平，不断地对工具和机器进行改革，并不时地发明新机器。虽然各项发明的动机因发明者而异，有人凭兴趣去搞发明，也有人为了金钱而搞发明，但结果都能起到提高人类生活水平的作用。① 也许正是由于各种发明在改善和提高人类生活水平方面所起到的巨大作用，人们对过去的技术发明的来龙去脉加以探讨，因而诞生了对于技术的历史的研究。

就目前所见到的技术史方面的著作来看，重点是研究技术发明，弄清哪些人在什么时候用什么方法发明了什么新技术，而且对作出过发明的人物生平进行较为详细的叙述，目的当然是为了从这些发明家身上吸收某些规律性的东西，以便于我们在今天和未来的实践中作出更多的发明来。因为今天的和未来的技术体系"不是从天上掉下来的，它也有自己的童年、幼年、少年和成年时期。科学技术是有强烈积累性的活动，谁要想面向未来，有所发现和发明，就不能不顾及它的现状，要充分理解现状，又不能不注意到它的历史"。"离开技术史，就难以真正理解科学发现如何转化为技术发明，技术发明怎样过渡到技术应用。"②

然而，任何一项技术发明的应用都不是孤立的事件，它必须有一系列的其他发明的出现来支持。纺纱机的发展与蒸汽机的发明和应用，为工业发展提供了巨大的可能性，而实现这种可能性又取决于机器制造技术的水平和能力。无论发明家们设计出多么先进的纺纱机、织布机、蒸汽机，如果不把它们按技术上的要求合格地、成批地制造出来，这一切发明都不会成为现实的技术。发明家可以获得专利，发明成果比较容易地打上个人的印记，然而，这些发明家们之所以能被人们记住，之所以能在人类历史上被人们称颂，正是由于有了对这些发明成果的创新和再创新。而能否进行和是否需要创新，则是由当时的历史条件所决定的。从

---

① 中山秀太郎. 技术史入门 [M]. 哈尔滨：黑龙江科学技术出版社，1985：1.

② 辛格，等. 技术史：第5卷上 [M]. 沈阳：东北工学院出版社，1993：1-2.

发明者的创造性设想，到制成第一台产品模型作为样机，或从首次试验一项新的有利于降低成本的工序，到随后的检验、重新试验、继续改进，直到成熟，投入市场，其间经历了漫长的艰巨的道路。正如鲁道夫·吕贝尔特所指出的，当某些社会前提已具备，时间也成熟时，即会有发明。但一项发明超越了它的时代，对它的应用和推广还不真正需要时，发明就不会有成效，不会有结果，但以后可能在技术史年谱中列为前驱者。对工业史来说，一种"革新"（即创新）只有在工业上找到了用途、有了经济效益，才会富有意义①。发明创造成果不能自动地由一品变成多品，而是需要一定的社会机制和人的努力；发明创造成果的应用，不是简单地、机械地平移到企业中去，而是需要一系列中间环节，这些环节又与一定的客观条件和人的努力分不开，是受当时的社会条件制约的。探讨以上过程的发生，正是技术创新史研究的意义之所在。只有走进历史中的技术创新活动，才能完整地理解历史上和现实中的技术。

一个地区的活力由该区域的企业活力体现，后者最鲜明地体现在其技术创新方面，在这个意义上，技术创新活动成为各个时代生产力的直接表现。了解一个地区的发展史，最重要的也就是了解其企业技术创新史。作为新中国成立初期国家重点建设起来的以装备制造业为主的重工业基地之一，在新中国70多年的发展历程中，沈阳企业通过技术创新实践，为国家发展和区域繁荣作出了突出贡献。因此，研究沈阳企业技术创新史，就成为一个既具有历史意义又具有现实意义的重大课题。一方面，沈阳企业技术创新史研究可以为振兴沈阳老工业基地提供精神动力，另一方面，沈阳企业技术创新研究又可以为沈阳创新型城市建设提供文化底蕴。

从理论上说，机械工业（后称"通用设备制造业"和"专用

---

① 吕贝尔特. 工业化史 [M]. 上海：上海译文出版社，1983：183-184.

设备制造业"）是提供技术装备的产业部门，决定了它在提高经济效益方面具有双重任务：首先是要为国民经济各部门提供先进而适用的技术装备，从而为整个社会生产提高经济效益创造物质技术条件；其次是提高机械工业自身的经济效益，从而为国家提供更多的积累。国民经济各部门的经济效益的高低取决于众多因素，技术装备状况如何是其中一个重要因素。生产越是现代化，技术装备对提高经济效益的作用就越重要。制造生产工具的机械工业部门在提高整个社会生产的经济效益中有着举足轻重的作用，肩负着重要任务。① 机械工业在国民经济技术改造中的重要地位和作用，实质上是由生产工具在生产活动中的重要性决定的。马克思说过，"自然界没有制造出任何机器，没有制造出机车、铁路、电报、走锭精纺机等等。它们是人类劳动的产物，是变成了人类意志驾驭自然的器官或人类在自然界活动的器官的自然物质。它们是人类的手创造出来的人类头脑的器官；是物化的知识力量。"② 马克思所讲的"物化的知识力量"，实际上就是指科学技术物化为生产工具成为直接的生产力。由于蒸汽机的出现与发展，18 世纪中期机器设备作为生产手段而实际使用。以后又随着科学技术的发展、生产手段的多次变革而不断得到发展。尤其是第二次世界大战后，新的科学技术与新的生产手段互相结合、互相渗透，在现代社会生产中所发挥的作用大大超过了以往任何时期。随着科学研究的日新月异，技术发展越来越快，要把大量新的科学技术转化为直接的生产力，在更大的范围内用新的、效率更高的机器设备去代替陈旧低效的机器设备，这个任务必然历史地落到机械工业的肩上。机械工业作为制造生产工具的专业部门，责无旁贷地要把这个任务担当起来。③

---

① 马洪，周淑莲，汪海波. 中国工业经济效益问题研究：上 ［M］. 北京：中国社会科学出版社，1990：249-250.

② 马克思，恩格斯. 马克思恩格斯全集：第 46 卷下 ［M］. 中共中央马克思恩格斯列宁斯大林著作编译局，编译. 北京：人民出版社，1980：219.

③ 丁长青. 机械工业与国民经济技术改造 ［J］. 经济研究，1982（7）：37-41.

沈阳近代机械工业起步于 19 世纪末期。1895 年，清政府在沈阳成立官办机器局，制造兵器和银元，开沈阳近代工厂之先河。到 20 世纪初，一批以修配、简易加工为主要特征的手工业作坊和企业相继产生。1926 年，东北大学工厂在沈阳建立，在生产经营多种机械产品的同时，自制皮带、车床和钻床，成为沈阳最早生产机床的厂家。1938 年 6 月，由 14 位中国人出资 10 万元创办大陆工作所，拥有员工 100 余人，机器设备 50 余台，生产皮带、车床和暖气器材，成为沈阳第一家批量生产机床的工厂。①

由于帝国主义和封建军阀的压迫，沈阳民族机械工业发展缓慢。日伪时期，日本帝国主义把中国东北作为其机械产品的倾销市场，抑制当地民族机械工业的正常发展，致使沈阳机械工业的殖民统治性质极为突出。1937 年，日商在沈阳创办了几家生产真空管、无线电零件等电子产品的工厂。1941—1942 年，由于日本本土受空袭的威胁，日本将部分机械企业迁到东北进行军工生产。这是日伪统治期间沈阳机械工业最发达的时期，共有一等、二等、三等机械工厂 30 多家，工人发展到 10 万多人，以满洲住友金属株式会社、三菱机器株式会社、日立制造所、满洲精机制作所最大，工人有两三千人到一万人，三等机械厂工人也有一二千人。这个时期，沈阳机械工业工厂绝大部分分散附设在各个大的矿山工厂中，机械厂多半是小规模的，只能生产当时工业需用的一部分机器。1944 年沈阳所需的工作母机有 90% 以上是从日本运来，精密机械的 85% 也是由日本供给。

1945 年 8 月日本投降后，负责接收沈阳企业的国民党政府部门包括四大系统，资源委员会接收的是沈阳机器厂、沈阳制车厂、沈阳冶炼厂、沈阳化学厂、沈阳橡胶厂等；资源委员会东北电力局接管的包括东北电力局沈阳分局、沈阳修理厂、材料厂、营业所、沈阳中央电工器材厂等；生产管理局接管的沈阳企业有 406

---

① 沈阳市人民政府地方志办公室. 沈阳市志：三 工业综述 机械工业 [M]. 沈阳：沈阳出版社，2000：33.

家，多数为轻工业及较小的工厂，较为重要的包括玻璃厂、东亚烟草公司等；中纺公司系统接管的是较大的纺织企业，包括沈阳纺织厂、沈阳染厂、沈阳帆布厂、沈阳纤维厂等。[①] 在国民党统治时期，除了部分军工、军需工厂进行修配性的生产外，429家民用工业工厂绝大多数或遭到日本人的破坏，或器材被国民党官员及驻军倒卖，遭到严重破坏，开工者只有54家，且处于严重的开工不足状态。到1948年6月，能维持开工的工厂减少到40家。国民党沈阳市政府管理的16家生产生活必需的工厂，开工的只有11个。[②]

　　1948年11月2日沈阳解放，3日即成立以陈云为主任的沈阳特别市军事管制委员会，按照"各按系统，自上而下，原封不动，先接后分"[③] 的接收方法，分类有序地接收国民党政府和官僚资产阶级的一切矿山、铁路、邮政、银行、商店和其他企业，统归国家所有。同日，东北工业部作为沈阳军管会的经济处进驻沈阳负责接收国民党的四大工业系统，即原资源委员会、资源委员会东北电力局、生产管理局、中纺公司系统等。工业部接收上述国民党四大工业系统在沈阳以及沈阳外围各地的35个单位、406家厂矿及三所学校，共计各种机器设备12516台，动力设备1728台，运输设备229台，职工、技术人员及学生7807人，其中技术人员286人。[④] 到1949年末，沈阳经济得到初步恢复，全市已有工业企业16311家，职工10.83万人，工业总产值30522万元，劳动生产率3304元/人。有国营工业企业164家，工业总产值1.8亿元，职工62699人。国营企业中，中央企业有91个，地方企业73个。在整个工业中，机械工业比重较大，总产值8110

① 朱建华. 东北解放战争史 [M]. 哈尔滨：黑龙江人民出版社，1987：83.

② 沈阳市人民政府地方志办公室. 沈阳市志：三 工业综述 机械工业 [M]. 沈阳：沈阳出版社，2000：5.

③ 陈云. 陈云文选：第一卷 [M]. 北京：人民出版社，1995：374.

④ 石建国. 从开埠设厂到共和国长子：东北工业百年简史 [M]. 北京：中国人民大学出版社，2016：71.

万元，占全部工业总产值的 26.6%，占重工业产值 13220 万元的 61.3%，轻工业总产值为 17302 万元，轻重工业比例为 1.3：1。[①] 当时的国营重工业工厂主要有兵工厂、汽车工厂、机车工厂、冶炼厂、电业器材厂、橡胶厂、桥梁厂、机械厂等"八大工厂"，大型轻工业工厂主要有纺织厂、被服厂、毛织厂、染整厂、制革厂、针织厂、化学工厂、制纸厂、文具厂、酿造厂、烟草厂、农业加工厂等。[②] 1949 年 11 月的《沈阳市十个月来的工作报告》指出，机械工业在沈阳的工厂包括第一、二、三、四、五、六机器厂以及工具、实验、汽车等工厂。接收时厂房损毁严重，完整机器不到 500 台，职工只有 700 余人。10 个月来，已经修复母机 584 台，工作机 390 台，加上后来划归机械局的汽车厂，机械局在沈阳共有母机及工作机 2286 台，职工增至 8716 人。在创造新纪录中涌现出赵富有、党会安等典型。无论在生产数量、提高质量、节省原料方面，每天均有新的纪录出现，由此可见工人生产热情之一斑。[③]

冶金工业和机械工业是国民经济各部门中两个极为重要的基础工业部门，是发展国民经济，实现国家工业化和国防现代化的物质技术基础。"一五"期间，冶金工业和民用机械工业累计完成基本建设投资 85 亿元，占同期整个工业基本建设投资总额的 34%左右，占重工业投资的 40%左右；其中冶金工业完成投资 43.61 亿元，机械工业 38.47 亿元。在现代化大生产条件下，机械工业的产品数量、质量和技术水平在很大程度上决定着其他部门的技术水平和生产能力。"一五"期间，机械工业以制造冶金矿山设备、发电设备、运输机械设备、金属切削机床等部门为建设重点，并适当发展电机、电工器材设备、炼油化工设备和农业

① 沈阳市人民政府地方志办公室. 沈阳市志：三 工业综述 机械工业［M］. 沈阳：沈阳出版社，2000：6.

② 林源，鲍贤耀，王品第. 沈阳经济发展简史［M］. 大连：东北财经大学出版社，1988：92.

③ 东北解放区财政经济史编写组. 东北解放区财政经济史资料选编：第一辑［M］. 哈尔滨：黑龙江人民出版社，1988：232.

机械等制造。①

　　国家"一五"期间的156项建设项目在辽宁有24项，包括冶金4项、机械4项、航空和造船4项、煤矿8项、电力3项、石油1项②。其中7项在沈阳，包括沈阳风动工具厂（1952年开始施工，1954年竣工）、沈阳电缆厂（1954年开始施工，1957年竣工）、沈阳第一机床厂（1953年开始施工，1955年竣工）、沈阳第二机床厂（1955年开始施工，1958年竣工）、辽宁112厂（1953年开始施工，1957年竣工）、辽宁410厂（1953年开始施工，1957年竣工）、辽宁111厂（1953年开始施工，1956年竣工），其中的前四项为机械工业。这与国家确定的"第一个五年计划的中心任务之一，是基本上完成以鞍山钢铁联合企业为中心的东北工业基地的新建、改建，其中包括抚顺、阜新的煤矿工业，本溪的钢铁工业和沈阳的机器制造工业"是相符的。与国家24项重点建设工程相配套，辽宁还在沈阳、大连、抚顺、本溪、丹东等地安排了省、市重点项目730个。"一五"期间，辽宁是全国大规模经济建设的重点地区，辽宁担负着建设以重工业为主的工业基地的光荣任务，辽宁工业基地的建设为支援全国经济建设奠定了坚实的基础。其中，沈阳机械制造工业的发展起到了重要的支撑作用。沈阳机械工业投资8.5亿元，占沈阳市全部工业总投资的76.8%，这些经过改扩建后形成的现代骨干企业，开始为中国国民经济各部门提供强大的技术装备。③

　　沈阳市制造业门类齐全，基础雄厚，为沈阳市工业的主导产业。在国民经济行业分类30个制造行业大类中，沈阳市工业涉足了全部30个大类行业，行业覆盖面达100%。④ 尽管如此，在一本书中若要把沈阳市全部30个大类行业所属企业的技术创新活动都

---

① 赵士刚. 共和国经济风云：上［M］. 北京：经济管理出版社，1997：224-226.

② 王博. 中华人民共和国经济发展全史［M］. 北京：中国经济文献出版社，2006：1724.

③ 沈阳市人民政府地方志办公室. 沈阳市志：三 工业综述 机械工业［M］. 沈阳：沈阳出版社，2000：25.

④ 沈阳市统计局. 沈阳年鉴：2008［M］. 北京：中国统计出版社，2008：153.

予以叙述，几乎又是不可能的。因此，本书只能选择沈阳市某些行业所属的拥有较长发展历史的某些企业的技术创新活动进行一定的历史探讨，以便从中概要地了解沈阳企业技术创新史的原貌。这样的研究虽然难以做到文题相符，但恐怕也是最佳的一种选择。基于以上的考虑，本书主要围绕如下行业的一些企业的技术创新活动展开沈阳企业技术创新史的研究：

沈阳通用设备制造业技术创新史。包括：沈阳机床制造企业技术创新史（第一章），沈阳风机、压缩机和泵制造企业技术创新史（第二章）。

沈阳专用设备制造业技术创新史。包括：沈阳凿岩机械与气动工具制造企业技术创新史（第三章），沈阳重型机械制造企业技术创新史（第四章）。

沈阳电气机械和器材制造业技术创新史。包括：沈阳变压器制造企业技术创新史（第五章），沈阳电线电缆制造企业技术创新史（第六章）。

沈阳医药制造业技术创新史。包括：沈阳医药制造企业技术创新史（第七章）。

李兆友

2023 年 10 月

目　录

第一章　沈阳机床制造企业技术创新史

新中国成立前，我国没有机床工业，只有在上海等地有少数企业能够制造一些简易机床。1949 年 9 月 27 日，中央人民政府根据中国人民政治协商会议第一届全体大会通过的《中华人民共和国中央人民政府组织法》第十八条的规定，成立中央人民政府重工业部，陈云、李富春先后任重工业部部长。1950 年 1 月，在重工业部内成立机械工业筹备组（后改为机械工业局）主管机械工业。2 月，重工业部召开全国机械工业会议，研究并确定了经济恢复时期机械工业的方针任务。1952 年 6 月，重工业部在北京召开了全国第一次工具机制造会议，明确了机床工业的任务和发展方向，规划了骨干企业分工的范围，确定在"一五"期间生产 84 种新型机床。[①] 1952 年 8 月 7 日，中央人民政府委员会第 17 次会议通过成立第一机械工业部（简称一机部），主管全国民用机械工业。一机部设有通用机械、机床、工具、重型机械、动力机械、电工、汽车（包括拖拉机、轴承）、船舶、机车车辆等专业管理局。[②] 此后，参考苏联专家建议，我国在三年国民经济恢复时期和"一五"期间，通过对部分机械厂的改扩建和新建，初步建立起我国的机床行业，其中确定了 18 个骨干企业，它们被称为"十八罗汉厂"，包括：齐齐哈尔第一机床厂、齐齐哈尔第二机床厂、沈阳第一机床厂、沈阳第二机床厂、沈阳第三机床厂、大连机床厂、北京第一机床厂、北京第二机床厂、天津第一机床厂、济南第一机床厂、济南第二机床厂、重庆机床厂、南京机床厂、无锡机床厂、武汉重型机床厂、长沙机床厂、上海机床厂和昆明机床厂。[③]

机床制造是从属于机器制造业的一部分。1931 年九一八事变后，日本

---

① 《当代中国》丛书编辑部. 当代中国的机械工业：下 [M]. 北京：中国社会科学出版社，1990：500.

② 《当代中国》丛书编辑部. 当代中国的机械工业：上 [M]. 北京：中国社会科学出版社，1990：9-10.

③ 曾江. 中国机床行业的"十八罗汉厂" [J]. 金属加工（冷加工），2009（5）：23-24.

帝国主义开始在我国东北开办机械厂，并进行军工生产，较大的机械厂包括 1933 年开办的满洲工作机械株式会社、1935 年开办的三菱机器株式会社和满洲精机制作所，产品所需关键零部件生产依赖于日本国内，关键技术和重要岗位均由日本人把持。1945 年抗日战争胜利后，日本人焚毁了工厂所有的技术档案资料。1946 年国民党接管沈阳后，为了战争需要，陆续生产了一些自动车床、六英尺皮带车床、全齿轮车床、二号平铣床、镗缸机、牛头刨床等产品。1948 年沈阳解放后，人民政府接管国民党政府遗留的工厂，为了发展机床工业，决定将具备一定条件的旧厂改造成为机床制造厂。1949 年，沈阳成立 4 家机床制造厂，其中沈阳第一机器厂、沈阳第三机器厂和沈阳第五机器厂隶属于东北人民政府工业部机械工业管理局，沈阳市机械厂隶属于沈阳市企业局。1951 年，沈阳第一机器厂、沈阳第三机器厂、沈阳第五机器厂分别更名为东北第一机械厂、东北第三机械厂、东北第五机械厂。1953 年 8 月，沈阳 4 家机床厂改由国家第一机械工业部领导，东北第一机械厂更名沈阳第一机床厂，东北第五机械厂更名沈阳第二机床厂，东北第三机械厂更名沈阳第三机床厂，沈阳市机械厂转产高中压阀门，改名沈阳通用机械厂（即沈阳高中压阀门厂）。①

第一节　沈阳第一机床厂技术创新

沈阳第一机床厂的前身是日本于 1935 年开办的三菱机器株式会社，原是生产矿山机械、化工机械和火车用弹簧等产品的工厂。1935 年 11 月 20 日，日本三菱合资会社、三菱重工业株式会社、三菱电机株式会社、三菱商事株式会社四社合资，建立满洲机器股份有限公司。1936 年 5 月 7 日，满洲机器股份有限公司正式开业。当时仅有第一工场，制造和修理一般机器和电器。1936 年 11 月，东京钢材株式会社入股，满洲机器股份有限公司建立起第二工场，扩充生产弹簧。1938 年 5 月，工厂改名为满洲机器株式会社，陆续建立第三工场至第七工场，主要生产机械器具、电器机器、弹簧、军需品及其他产品。1940 年 12 月 28 日，满洲机器株式会社改名满洲三菱机器株式会社，直至 1945 年日本无条件投降。1946 年 4 月 15 日，

---

① 沈阳市人民政府地方志办公室. 沈阳市志：三 工业综述 机械工业［M］. 沈阳：沈阳出版社，
　2000：33-35.

国民党经济部东北区特派员驻沈阳办公处接收原满洲三菱机器株式会社，改厂名经济部沈阳第四机器厂，当时工厂未开工生产。10月1日，国民党资源委员会接收经济部所属各厂，经过合并改组成立资源委员会沈阳机器厂筹备处，总厂设在原经济部沈阳第四机器厂。1947年6月6日，资源委员会沈阳机器厂筹备处完成筹备工作，正式成立资源委员会中央机器有限公司沈阳机器厂，将四个厂、五个所合并为四个分厂，第一厂改为第一分厂，总厂设在第一分厂。1948年1月，沈阳机器厂开始大量解雇工人，各分厂陆续停产。11月2日沈阳解放后，沈阳特别市军事管制委员会接管沈阳机器厂。1949年1月，沈阳机器厂改名沈阳第一机器厂，隶属于东北机械工业管理局，下设六个分厂。5月31日，东北人民政府工业部机械工业管理局决定撤销沈阳第一机器厂总厂，原所属第一分厂改为沈阳第一机器厂（又称"沈阳第一机械厂"）。6月，沈阳第一机器厂试制规格为Φ306 mm×653 mm的6英尺皮带车床。该机床是日本老式车床，图纸是拆卸机器测绘的。1950年4月试制规格为Φ306 mm×813 mm的111A全齿轮车床，该机床仿制美国哈恩德公司出品的5英尺车床（图纸是日伪时期遗留下的），仅将床身加长，其他结构未动，因其性能差、毛病多，被称为"林黛玉"车床。1951年12月，东北人民政府工业部机械工业管理局决定将沈阳第一机器厂更名为"东北机械工业管理局第一厂"（简称"东北第一机械厂"）。1952年12月，中央撤销各大区工业部，东北第一机械厂改由第一机械工业部第二机器工业管理局领导。1953年8月，根据一机部命令，东北第一机械厂更名为中央第一机械工业部第二机器工业管理局"沈阳第一机床厂"。按照专业化协作原则，沈阳第一机床厂分出七个专业厂。1980年10月，经辽宁省人民政府批准，沈阳第一机床厂开始进行"独立核算，国家征税，自负盈亏"试点。1984年5月26日，沈阳市委、沈阳市政府决定，沈阳第一机床厂列为全市30个经济体制改革试点单位之一，正式进行厂长负责制改革试点。①

一、发挥群众的创新主体能动作用

1951年9月，沈阳第一机器厂实行"联合小组"的新工作方法。在机械设备不足的情况下，采用半流水作业的新方法，为发挥机器潜在能力、

---

① 沈阳第一机床厂厂志编纂委员会. 沈阳第一机床厂厂志［M］. 内部资料，1987：435–454.

改善车间工作找到了新的途径。所谓"联合小组",就是拆散集群式的机器安排与由此而来的劳动组织,然后按产品加工顺序重新配备机器和人力,即依照部件产品的繁简难易和轻重大小分别组成工段和小组,各工段和小组操作多种机器,独立负责完成某种或某几种加工部件。这种小组备有多种多样的机器,因此叫作混合工种,但每个工人的工作对象是固定的,机器也是固定的,因而它是专业化的。这种按照部件加工顺序排列配备机器的方法,为先进的流水作业创造了条件,为提高技术熟练程度开辟了道路。根据这个原则,整个车间的机器安排、人力配备、工作顺序与管理制度均需彻底改变。该厂于1951年9月初选择几种经常不能完成任务的部件,抽调12名技术工人和一部分机器组成两个重点实验小组。实验结果是,效率空前提高,产量增多,质量提高,工时减少,解决了历来不能解决的部件积压、停工待料、生产不平衡等问题。更重要的是,职工责任感增强,每个工人不仅知道自己做什么,而且知道对上下工序的影响。此外,由于生产专业化便于提高技术熟练程度,所以工人工作的积极性与创造性空前提高,改进技术出现前所未有的高潮。从前用一把刀切削的刨床现在加用两把甚至三把、四把刀,产量也随之提高3~4倍。有了9月份重点实验的成效,该厂遂于10月初将第二车间全部改为联合小组,即根据部件加工顺序,将原来的车工、刨工、铣工、镟工等5班16组改为主要、标准、精密与一般等四大工段,下分18组,组与组之间也建立了直接关系,完成了在当时机械设备下的半流水作业的重大改革。①

在"一五"期间,沈阳第一机床厂被列为国家156项重点建设项目之一,于1953年开始进行大规模的改建扩建,1956年正式投入生产。经过改建的沈阳第一机床厂,成为我国规模最大的综合性车床制造厂,承担起为全国各工业部门制造各类车床的光荣任务。② 为争取早日生产出1A62车床,沈阳第一机床厂在试制过程中将一号加工车间轴套工段作为改扩建的主导车间,全部以苏联先进机器装备和按苏联工艺规程进行流水作业生产。该车间轴套工段由22人组成,是专门从事加工1A62车床轴套部件的工段。在厂领导和车间领导的带领下,开始试制样品及小批试制,在试制过程中首先面临的是"人员新、设备新、工艺新、管理新、生产文明新"

---

① 武衡. 东北区科学技术发展史资料:解放战争时期和建国初期机械工业卷 [M]. 北京:中国学术出版社,1989:239.

② 沈阳市统计局. 沈阳百厂概况 [M]. 内部资料,1985:188.

的"五新"局面以及工人们"怕出废品、怕出机器事故、怕损坏工具"的"三怕"思想。为适应"五新"并帮助工人克服"三怕"思想，车间成立了由工段长、施工员及老工人组成的核心小组，采取"劳技结合并进"的方法，组织工程技术人员切实学习新产品工艺文件，利用讲课、讨论的形式消化工艺。他们还建立班前会议制度，在工作前10分钟左右，由段长介绍生产中遇到的问题，解决具体办法和收集、倾听职工反映当日和前一日生产中的困难问题，以便核心小组及时排忧解难，再次实行"三定"制度——定人（工人）、定床（机床）、定任务，使工人更进一步掌握机床性能，提高其熟练程度。厂领导亲自组织骨干学习新的操作技术，领会专家设计和技术上的优越性，然后由骨干教工人，普及技术知识。请专家专题授课，到车间亲手指导工人操作，边干边检查，出现问题及时解决，通过到现场实习和必要的演习方法，使工人达到消化理解的目的。最终在1955年8月1A62（即C620-1）车床试制成功，经过4个月样机试制，验证了工艺和工装，为成批生产打下了基础。1956年1月，1A62车床投产5个月后产量达到设计水平。① 1A62车床是我国20世纪50年代最新式的工作母机，是万能机床，它每分钟转速达1200转，是当时国内工作母机中精密度、效能和转速最高的产品，也是一种用途很广的工作母机，可以车削平面、圆面、斜面、螺丝内径及钻孔等，可以加工一般的大中小部件。

机械加工车间主任王文山，在改进工卡具、学习先进经验、改善生产组织、贯彻作业计划、生产技术管理方面作出了贡献。一号机械加工车间是苏联专家帮助建立起来的一个近代化最新式机床制造厂。加工车间有7条流水线和4个连续工段，全部设备是新式的，其中特殊专用设备如32轴的联动多刀半自动、无心磨床等达20多台。因此，车间的装备使用和技术工艺要求非常复杂、严格。按当时设备要求，工人技术水平应达4.4级，可实际技术水平为2.2级。王文山组织工人认真学习贯彻组织设计和工艺规程，采取工段试点、全面铺开的办法，边试点边贯彻，从而使车间管理水平得到提高，改变了生产面貌。王文山善于依靠群众、发挥群众的积极性和创造性，为1A62产品试制成功作出了积极的贡献。董朗泉是工人出身的青年技术员，他不但在学习技术过程中非常努力，而且善于同工友互助切磋技艺，把自己学会的新技术毫无保留地教给他们。刨工张锡久就是

① 沈阳第一机床厂志编纂委员会. 沈阳第一机床厂志［M］. 内部资料，1987：439-440.

5

在他耐心指导下，通过学习苏联先进操作方法，试验成功"精刨代替刮研"方法的。这种方法在多种工件上得到应用，缩短了周期，降低了生产成本，减轻了钳工刮研体力劳动，提高工效 5~10 倍。为适应改扩建后大规模投入生产需要，使工人们能正确熟练掌握新技术的操作，在董朗泉的倡议下，1954 年成立高速切削训练班，由他担任推广技术员，采取通俗易懂的教学方法，仅用 20 小时就帮助 32 名工人掌握了这门技术。他们学习苏联"科列索夫车刀法"，帮助 70 多名工人掌握了这一先进技术，用这种技术加工的"主轴"时间由原来的 6 小时降到 1.5 小时，提高效率 3 倍。①

1957 年，沈阳第一机床厂在技术革命运动中提出了设计革命的口号，设计人员分别到沈阳水泵厂、重型机械厂、电工机械厂、空气压缩机厂等工厂深入了解用户意见，然后开始简化机床结构的设计工作，历经一个月左右的时间，进展顺利，并取得较大的收获。比如在不改变原有性能和规格的原则下，简化掉 C620-1 机床的零件 222 种 603 件，以简化 C620-1 作基础的无丝杠车床简化掉零件 483 种 974 件，简化机床设计实质上是机床工业技术革命的主要内容。当然，简化机床绝不是单纯降低性能，也不是消极地取消某些零部件，而是积极地用简化的结构代替复杂的结构，这不仅不会降低原有的性能，甚至还可提高原有的性能。简化机床提高了铸造车间的生产能力，解决了生产过程中薄铁板、齿轮以及标准件的供应问题。对于生产工人来说，也是一次参与设计工作的尝试。很多工人积极钻研，主动找技术人员研究，有的工人在选择产品时要制图仪器。因此，设计工作并不神秘，工人同样可以搞设计。② 针对机床设计工作的开展，第一机床厂认为，"自行设计"是一个新名词，它是相对于过去的"仿造"而言的，所谓"仿造"便是使用别人现成的图样或是测绘现成的样品作为生产的依据，而"自行设计"是在参考别人已经成熟的经验之外，还加上自己的创造性劳动。第一机床厂同时认为，选择自行设计的对象也得有一定的标准，这些标准包括：第一，在已掌握的新产品中，选择比较落后而对国民经济影响又比较大的产品作为自行设计的对象。若原型号尚有改进潜力的则应进行改进，无改进潜力的则应新设计。第二，在准备掌握的产品中，如有可供仿造的先进型号，并且是适合工厂生产条件的，则先仿造

---

① 中共辽宁省委党史研究室. 历史，永远铭记创业的辉煌："一五"时期辽宁重点工程建设始末 [M]. 沈阳：辽宁人民出版社，1995：320-326.
② 何德崇. 沈阳第一机床厂开展精简机床设计工作情况 [J]. 机床与工具，1958（10）：21-23.

以后再做改进。反之，如果参考的型号都较落后，而该产品对国民经济的影响又较大的，则按情况或在参考的型号上加以改进，或是搜集各种资料进行新设计。第三，用户要求设计的专用机床，凡没有合适型号可供仿造的，则一律进行设计。在这种情况下，应尽可能采用工厂已掌握的型号加以变形，并尽量采用通用部件与零件。第四，凡是工厂已掌握的但较落后的产品，有国外最新设计可供仿造代替时，则先仿造而后再进一步改进。①

为了摘掉"仿制帽子"，从 1970 年开始沈阳第一机床厂组织对产量最大的 C620-lB 型普通车床进行产品换型。1971 年，进行第一次产品换型，用自行设计的 CW6140A 型车床取代仿制的 C620-lB 型车床。但是由于新产品未进行生产考验即匆忙换型，产品投产后结构存在严重缺陷，性能未满足用户需要，换型失败。在总结产品换型经验教训的基础上又组织第二次换型，重新设计出 CA6140 型车床，在试制中进行五次大的改进，并在厂内外进行一年多生产试验，终于试制成功。1973 年，通过技术鉴定，正式定型，1974 年投产。投产的第一年产量为 3970 台。CA6140 型车床是 φ400 毫米普通车床的基型，其变型产品有马鞍车床 CA6240 型、加高车床 CA6150 型、加高马鞍车床 CA6250 型、精密车床 CM6140 型和仿形车床 CF6140 型等，全系列共有 8 个品种 19 个规格，年产量 5500 多台。CA6140 系列产品在 C620-1B 基础上进一步采用先进工艺装备和生产手段，产品结构先进，质量稳定，工艺适应性和精度保持性良好，其技术性能处于国内先进水平，达到 20 世纪 70 年代国际水平，是国内名牌产品。CA6140 普通车床荣获 1984 年度国家银质奖。

二、成立技术科与研究所

早在 1950 年下半年，沈阳第一机器厂即设技术科，负责全厂技术工作，主要是围绕产品图纸进行生产服务，并根据工人实际操作制订少数零部件操作规程。1952 年设总工程师，为搞好仿苏 1д63A 普通车床的试制工作，设立试制室，在总工程师领导下，负责新产品试制工作。1953 年试制室与技术科合并成立施工室，下设产品设计、工具设计、冷加工工艺、热加工工艺、工具制造、描图和资料管理等大组，大组下又有小组。施工室集中了全厂技术力量，在总工程师领导下，负责全厂技术工作，而车间几

---

① 唐祖谆. 沈阳三个机床厂对开展机床设计工作的几点意见［J］. 机床与工具, 1957（10）: 4-6.

乎没有技术人员。1954年苏联提供的技术资料到厂，为适应工作需要，厂撤销施工室，分别成立施工科（1955年改名工艺科）、锻冶科、设计科、中央资料室和标准化室等技术科室。1955年车间设施工员。全厂技术人员、管理人员和技术工人认真学习和贯彻苏联提供的技术文件和组织设计，在苏联专家帮助下，逐步建立起正规的工作和生产秩序。1956年开始，设总设计师、总工艺师、总锻冶师，分别主管各系统的技术工作。总工程师负责领导全厂技术业务工作，配备2名工程师协助总工程师工作。1958年开始，全厂在技术工作上精简管理机构，撤销设计科、工艺科、锻冶科等技术科室，只设管理性的技术科，将产品设计、工艺编制等管理权下放给车间，技术工作受到较大影响，产品质量明显下降。1959年6月1日成立沈阳车床研究所，下半年又恢复了工艺科、锻冶科和设计科。1960年成立综合研究所。1961年厂成立总工程师办公室，设标准化组、技改组、规划组，中央资料室和技术图书馆也划归总工程师办公室领导。1963年又撤销总工程师办公室，中央资料室独立，改名技术档案室，标准化组与技术图书馆划归车床所。从1961年下半年开始到1963年，贯彻"调整、巩固、充实、提高"八字方针和工业"七十条"，全厂以整顿技术管理为中心进行了企业整顿，全面整顿了技术文件和资料，基本达到了正确、完整、统一，修订和健全了规章制度，技术工作得到发展和提高。①

沈阳车床研究所是机械工业部所属的二类所，是全国中型（Φ250 mm ~Φ1250 mm）车床行业归口所，直属机械工业部领导（委托北京机床研究所代管），由沈阳第一机床厂负责具体领导。车床所负责全国车床行业的技术发展、情报、标准化、质量评比及产品研究归口等工作，同时负责沈阳第一机床厂的产品设计与科研工作。自1959年车床所成立以来，组织调查全国车床专业厂的生产能力，同一机部二局共同讨论、制定全国车床专业分工建议。1959年7月11—16日组织首次全国车床专业会议，讨论通过普通车床尺寸系列型谱和参数标准、关于车床制造厂专业分工建议、新老厂技术合作协议及新产品鉴定等文件。同年还举办车床试验与鉴定训练班，首次编写《国内外金属切削机床水平报道》。1960年5月16日至24日召开第二次全国车床专业会议，通过普通车床系列技术任务书、车床专业三年技术发展规划、普通车床产品编号办法和归口产品技术资料存档制

---

① 沈阳第一机床厂厂志编纂委员会. 沈阳第一机床厂志［M］. 内部资料，1987：99-100.

度等文件。1961 年举办产品设计人员训练班。自 1959 到 1985 年，车床所为 54 个车床行业生产厂提供普通车床和管子加工车床等 26 个品种的成套图纸和技术文件，由仿制到开发设计新产品 230 项。组织车床行业制定普通车床、丝杠车床标准 9 项，组织车床行业情报工作者编写了国内外机械工业发展情况车床部分的各种技术资料及有关专题技术经济水平分析科技论文。对设计生产中的机床结构、工艺进行多项试验研究，解决了产品设计、生产中的许多重大问题，并为本行业车床厂家、大专院校提供了大量设计、情报、标准、试验的技术资料，培养了技术干部，并输送相当数量的技术人员支援上级有关部门和各兄弟单位，为全国车床技术的发展作出了贡献。①

第二节　沈阳第二机床厂（中捷友谊厂）技术创新

沈阳第二机床厂前身是日伪时期建立的满洲工作机械株式会社（主要生产自动车床和皮带式普通车床、平面铣床、立式钻床）和满洲铸物株式会社（主要生产机床制造用铸钢、铸铁和可锻铸铁件）。抗日战争胜利后，这两家日伪企业被国民党东北保安司令长官部接收，成立战车修配工厂。9 月，移交给联合勤务总司令部，改名为第三汽车机件修造厂。1947 年 3 月，改名为第四汽车机件制造厂。1948 年 8 月，改名为第五零四汽车厂，先后生产自动车床、皮带式普通车床、平面铣床和镗缸机、摩凡尔机及随车工具等，同时生产冲锋枪、迫击炮等军工产品。沈阳解放后，该厂由人民解放军东北军区军工部接管，成立汽车总厂第四汽车厂。1949 年 3 月，改名为军工部直属第十四机械厂，5 月，移交给东北机械工业管理局，6 月，与沈阳第二机器总厂一分厂（一分厂 1952 年分出成立东北第二十五机械厂，1953 年改名为沈阳矿山机器厂）合并，改名为沈阳第五机器厂，先后生产出 X25 型自动车床，433 型万能铣床和皮带式平面铣床、立式钻床、滚齿机等。1953 年，改属中央一机部，确定为孔加工机床厂，改名为"沈阳第二机床厂"。1960 年 5 月，经国务院批准，工厂被命名为"中捷友谊厂"。1965 年，根据第一机械工业部的指示，将立式钻床车间的全部职

工、设备迁至宁夏中卫县，组建大河机床厂。[①]

一、做好技术基础工作

1954 年 7 月，第二机器工业管理局对沈阳第二机床厂新旧产品进行了一次质量检查，发现不仅新试制的样品质量非常低劣，而且连生产了两三年之久的 380 多台老产品也全部不合格。为了弄清产品不合格的深层原因，第二机器工业管理局邀请沈阳第一机床厂和哈尔滨量具刃具厂指导工作的十几位苏联专家到厂协助整顿。专家们提出了分别以 2A125 立钻和 2121 立钻为对象的技术补课和产品返修计划，帮助第二机床厂进行新产品试制补课和不合格产品的返修工作。该工作按照生产技术准备工作的顺序进行，并建立健全若干关键的技术基础工作。在专家的建议下，第二机床厂决定先从 2A125 立钻开始补起。根据专家建议，成立 8 个工作小组，即图纸审查组、工艺组、工夹具组、铸件组、锻件组、量检具组、设备组、材料组。后又经专家同意，增加了库存及车间零件复检组和 2A125 立钻鉴定组。各小组分别进行了摸底工作，找出存在的问题。在此基础上，各业务部门在苏联专家的具体帮助和指导下，展开了新产品试制补课工作：第一，审查产品图纸。在图纸上详尽地标注许多技术标准，以便于工艺的掌握；进行图样的工艺性审查，以提高图样的工艺性；建立图样资料管理和修改制度，以保持图样的正确与统一。第二，进行全厂计量检具的精度检查。不能用的作废，可修的交车间修理，合格的发给合格证，不合格的不准使用，从而为检查设备、工艺装备及成品等创造必要的条件。第三，设备检修。检查后立即编制修理计划，修理合格后，正式办理手续，移交生产。同时制定使用和维护保养制度。第四，审查与修订工艺文件。重编或修订的工艺规程，需征求各方意见再修改后，送交车间会签。会签后的工艺规程必须在小批试制开始时进行工艺验证，根据验证记录再修正工艺规程，经验证合格即定为正式的工艺文件。第五，整理工夹具。编制工夹具目录，并根据工夹具目录进行清理。建立工夹具验证制度，所有工夹具必须经过验证。第六，改进铸造工作。第七，清理零部件。对不合格零件立即采取措施进行返修或补制。第八，进行样品的部装与总装。用合格件进

---

① 沈阳市人民政府地方志办公室. 沈阳市志：三 工业综述 机械工业［M］. 沈阳：沈阳出版社，2000：91-92.

行样品的部装与总装，装配的整个过程按规定程序进行，并做严格鉴定。在进行技术补课的同时，及早地准备全面技术改造，使当时技术补课与其后全面技术改造结合起来。一是根据组织设计要求，继续改进技术工作与解决关键技术问题。二是建立和健全计划制度。三是整顿装配车间。四是按照组织设计，调整组织机构，规定职责范围。

经过专家和全厂职工几个月的努力，到 1955 年 3 月，2121 立钻基本上返修完毕；5 月，2A125 立钻完成样品和小批试制，均达到国家规定的质量标准。5 月下旬，部局又组织了以 7 位苏联专家为首的综合工作组，协助该厂在质量初步稳定基础上进一步全面改进生产技术工作，主要包括补充编制与设计成批生产所应有的工艺文件与工艺装备，建立健全一些技术管理制度，整顿生产秩序，着重改进装配车间的工作调整组织机构，制定职责条例等，从而为走向正规的文明生产创造了条件。该厂在第二批苏联专家的帮助下，投入生产后的 2A125 立钻产量骤增，生产均衡性逐步提高，生产中的技术问题都得到基本解决，质量趋于稳定。8 月份完成 2A135 立钻小批试制，从而为完成全国 1955 年国家计划和担负 1956 年各大任务创造了条件。

1956 年《沈阳第二机床厂技术改造工作的经验》一书出版，该书在"出版者的话"中指出，第一机械工业部为了帮助沈阳第二机床厂改进产品质量，克服生产混乱现象，同时也为了总结对老厂技术改造的经验，先后两次组织苏联专家工作组到该厂，对生产、技术、计划、组织等工作进行了一系列的整顿。经过苏联专家的系统帮助，该厂已基本上扭转了生产混乱、产品质量低劣的情况，生产技术工作有很大改进，生产能力也有了很大提高。[①] 第一机械工业部第二机器工业管理局综合工作组将沈阳第二机床厂装配车间的改进措施总结为调整劳动组织、整顿作业秩序、改进装配工艺等三个方面。第一，由厂长指示成立专门小组，新的劳动组织由劳动工资科、工艺科、生产科、装配车间有关人员组成。第二，整顿装配车间整个作业秩序。先决定装配工序及月产量，即"五定"（定工序、定产量、定人员、定活、定工作地）。做好"五定"工作，也就初步完成劳动组织及作业秩序的整顿。专家建议的装配组织形式是"自由调节速率的移动装配"，即每一装配单位在每一装配工作地单独完成一定工序后，部件

---

① 机械工业杂志编辑部. 沈阳第二机床厂技术改造工作的经验［M］. 北京：机械工业出版社，1956：5-6.

便顺工序转到另一工作地，工人在一定的作业面积上固定工作，被装配的对象（部件）顺工序流动，利用天车及固定吊车运送，工序之间运送的时间则是自由的。第三，改进装配工艺。尽量缩短装配工时，提高劳动生产率。凡是能够利用机床加工的装配工具，尽量利用机床加工，避免在装配车间用手工加工。应该在加工车间做完的工序，不应拿到装配车间去做；部分装配好的部件必须严格试车后才进入到总装流水作业。凡箱体漏油、结合子不灵、油泵不上油、齿轮噪声等问题，都要在部分装配试车时加以解决，并经过严格检验才能送到总装；完成以标准样板代替实物刮研、空箱定位、实行部分喷漆等装配工艺改进。经过上述改进，每台 2A125 立钻装配工时逐月下降，由 5 月份每台装配工时 290 小时下降到 9 月份的每台180 余小时，并在继续下降。同时 2A125 立钻和 2A135 立钻每月产量逐月上升（工人数不变），9 月份比 6 月份上升了 44%。[1]

二、实现产品更新换代

1954 年，沈阳第二机床厂根据几张从苏联获得的技术图纸开始新机床的研制。在不断摸索和实践中，几名技术工人仅用两个月的时间就造出了卧式镗床的雏形产品，并于 1955 年小批量生产 8 台。后又经过一系列的技术调整和攻关，1956 年研制出 T68 型卧式镗床，成为新中国第一台完全符合精度标准的卧式镗床。此后 T68 型镗床进入大批量生产，到 1962 年，每月生产的镗床达 13 台之多。[2]

1958 年，沈阳第二机床厂对铸造和主要产品车间进行大规模的改建、扩建，进一步扩大生产面积，提高生产能力，产品品种、产量有了明显的增长和提高。先后试制 Z37（仿苏 257）型摇臂钻床（其最大钻孔直径为75 毫米）、Z35K（仿苏 2П55）型万向摇臂钻床和 M4216（仿苏 3A83）型立式珩磨机（其最大磨孔直径为 160 毫米），先后投入批量生产，成为多年的主导产品。同时，试制自行设计的 Z525A 型圆柱式立式钻床和 T611Z型落地镗床，开发汽车、拖拉机和机车等行业的专门化和专用机床。全年

---

① 机械工业杂志编辑部. 沈阳第二机床厂技术改造工作的经验［M］. 北京：机械工业出版社，1956：92-95.

② 辽宁省档案馆编研展览处. 由技术图纸研制出的我国第一台卧式镗床［J］. 兰台世界，2014（13）：2.

完成生产钻、镗床产品达 30 种 4596 台，是沈阳生产钻、镗床历史上产量最高的一年。1959 年 1 月，沈阳钻镗床研究所在第二机床厂成立，进一步推动产品的开发和研制工作，产品由普通型开始向大型、高精度及自动化、半自动化方向发展。试制完成当时中国最大的 Z310（仿苏 258）型摇臂钻床（其最大钻孔直径为 100 毫米）和自行设计的 Z525-1 型圆柱式立式钻床、Z575M 型可调多轴立式钻床、Z35C 型滑座式摇臂钻床、Z37A 型加长臂摇臂钻床、Z35KC 型万向滑座式摇臂钻床、Z37AC 型加长臂滑座式摇臂钻床、M4220 型立式珩磨机等，初步建立摇臂钻床（仿苏产品）的基本系列。同时，研制配有电子离子拖动装置的 Z550Z 型坐标立式钻床和 Z35Z 型坐标摇臂钻床。根据全国精密机床生产会议精神和一机部决定，开始对配有光学、液压系统的高精度坐标镗床进行设计和研制，改建坐标镗床生产车间。1960 年，试制 T4110 型台式坐标镗床。同时试制生产自行设计的 Z37C 型、Z310C 型滑座式摇臂钻床和 T611H 型落地镗床，研制高度自动化的 ZK5150 型程控立式钻床，还试制完成中国当时最大的、磨头可自动胀缩的 M4250（仿苏 385）型立式珩磨机，其最大磨孔直径为 500 毫米，最大磨孔深度 1500 毫米。全年完成生产钻、镗床及珩磨机共 27 种 4454 台，并首次对外出口 13 种 64 台。1965 年，完成生产钻、镗床 12 种 1438 台，分别约占全国钻、镗床总产量的 38.8% 和 12.8%。1966 年，中捷友谊厂试制自行设计的 Z3040×12.5 型摇臂钻床，最大钻孔直径为 40 毫米，机床变速，进给采用液压预选，是最早研制的新系列摇臂钻床。为了提高镗床的加工精度，试制 T611A 型卧式镗床，其主轴直径为 110 毫米，机床配有经济刻线尺和光学读数头，适用各种孔和平面的半精加工和精加工。1969—1972 年，中捷友谊厂又先后研制自行设计的东风 40（Z3040A）型、Z3040B 型、Z3060 型、Z3080 型、Z30100 型和 Z3140 型、ZH3140 型等普通型及万向、滑座式摇臂钻床，其最大钻孔直径分别为 40 毫米、60 毫米、80 毫米、100 毫米，初步形成中国自己的摇臂钻床系列。机床除东风 40 型（采用可控硅无级调速）均采用液压预选变，操作简便灵活。同时，先后研制 TM618 型、东方红 100 型（采用可控硅无级调速）、100A 型（采用可控硅无级调速）、TJ616 型等精密、普通、简易卧式镗床。试制经改进的 T4263A 型双柱立式坐标镗床和 T4680 型双柱卧式坐标镗床，均采用可控硅无级调速。1972 年，试制生产 T6216 型落地式镗床，主轴直径为

160 毫米。[①]

1972 年，根据机械工业部机床工具局的指示，在自行设计、研制的基础上，组织了全国摇臂钻床标准化、系列化、通用化的"三化"联合设计工作，到 1973 年完成了全系列摇臂钻床的设计任务。经过试制鉴定，到 1976 年，摇臂钻床全系列实现了更新换代，采用了液压预选、变速和液压夹紧，具有当时国外同类产品先进水平。该项工作曾于 1977 年荣获全国科学大会重大成果奖。为了适应卧式镗床的更新换代，建立我国自己的卧式镗床系列，先后对卧式镗床进行了一系列设计和研制工作，1975 年组织了卧式镗床"三化"联合设计；1978 年，完成主轴直径为 90~130 毫米 5 个品种的设计任务；1979 年进行了 T619 和 TP619 型卧式镗床的试制；1983 年经国家鉴定，具有 20 世纪 70 年代末水平，被定为卧式镗床更新换代产品。同年完成了 T6113 型卧式镗床试制工作，从而为更新卧式镗床打下了基础。在发展普通卧式镗床的同时，于 1976 年设计、试制了 T6916 超重型落地镗铣床，该机床结构先进，功能多样，获得 1977 年辽宁省科技大会重大成果奖。[②]

1980 年，中捷友谊厂试制生产 Z3050×16 型新系列摇臂钻床，最大钻孔直径为 50 毫米，首次荣获国家优质产品金奖。1981 年，中捷友谊厂又对摇臂钻床进行改进，将圆角造型改为现代直线（棱角）造型，使机床的外形更加美观、大方，并先后试制生产 Z3040×16（I）型、Z3050×16（I）型、Z3063×20（I）型等具有现代直线造型的摇臂钻床，其中 Z3050×16（I）型摇臂钻床获 1984 年度国家金质奖。该摇臂钻床广泛用于钻、扩、铰、镗孔等工序，采用了集成液压操纵阀，可实行液压预选，动作轻便；摇臂夹紧机构为液压菱形块，夹紧力大；变速齿轮采用中心提拉机构，结构简单，维修方便；进给系统采用三排钢球离合器，操纵轻便；升降机构设有机械电气双重保险，机床工作安全可靠；噪声在 79 分贝以下。1982 年，中捷友谊厂又试制生产 Z3080×25（I）型、Z3080×25（Ⅱ）型、Z3080×20（I）型和 Z3080×20（Ⅱ）摇臂钻床。根据用户的需要，试制生产 Z3025×10（I）型、Z3032×10（I）型等新系列摇臂钻床，最大钻孔直径分别为 25 毫米、32 毫米。同时试制生产改进的 M4250A 型立式珩磨机，

① 沈阳市人民政府地方志办公室. 沈阳市志：三 工业综述 机械工业［M］. 沈阳：沈阳出版社，2000：62-63.

② 沈阳市统计局. 沈阳百厂概况［M］. 内部资料，1985：197-199.

淘汰仿苏的 M4250 型立式珩磨机。当年，Z3050×16 型摇臂钻床被评为辽宁省优质产品。①

三、马恒昌小组

创造生产新纪录运动（第三节做详细介绍）中涌现出了大量的劳动模范，还出现了以工人名字命名的"小组""工部"等。正是在这一期间，由工会组织领导的以质量管理闻名于世的"马恒昌小组"应运而生。②

马恒昌（1907—1985）是第五机器厂（沈阳第二机床厂的曾用名）的工人，其所在车工一组的工人们经过民主选举，一致推选忠厚、朴实、技术好的马恒昌当组长。有一次，工厂接到了一项新任务，任务图纸是工人们从未见过的。马恒昌凭借多年干军工活的经验，认出这是高射炮的核心部件闭锁机，是一个曲形件，加工难度系数高，没有专门的工装卡具根本干不了。面对这样一个艰巨的任务，马恒昌没有退缩。为了完成任务，马恒昌带头献出老母亲用生命保护下来的百分尺，掀起工人捐献劳动工具的热潮，为工厂恢复生产作出巨大贡献。为了完成任务，马恒昌不眠不休，带病坚持工作。没有称手的工具就自己制造，没干过这种活就认真琢磨，不了解工艺就深入思考，即使有敌机轰炸也坚持不离车床一步，最终提前五天完成工作任务，创造了军工生产领域的奇迹。③ 马恒昌带领车工一组成员经常利用午休时间召开技术研究会，带领大家一起看图纸、讲操作，钻研技术，共同进步，使得小组每个人都成为独当一面的行业尖兵。车工一组在日复一日的劳动中摸索出一套保证产品质量的方法：一是召开技术研究会，全组利用午休的 20 分钟共同研究图纸，发现工作要点和需要注意的地方，群策群力，不断优化技术方法；二是成立三人技术互助组，互相帮助互相监督，促使工人提高了工作的认真程度；三是建立了"先检查头一个活"的制度，任何新产品在作出第一个的时候要先全组检查，并要求工厂的行政检查股进行检查，合格了之后再继续生产，大大降低了废品率；四是做套子活，即采取流水作业法进行生产，有效提高了劳动生产

---

① 沈阳市人民政府地方志办公室. 沈阳市志：三 工业综述 机械工业 [M]. 沈阳：沈阳出版社，2000：66.

② 齐燕庆. 试述东北新纪录运动的发展历程 [J]. 中国工运学院学报，2003（4）：48-50.

③《机械工业战线的英雄集体马恒昌小组》编委会. 机械工业战线的英雄集体马恒昌小组 [M]. 北京：机械工业出版社，1979：3-4.

率;五是每周召开一次生产检讨会,分析出现废品的原因,无论是技术上的还是思想上的都及时纠正①。马恒昌小组 10 名工人,有 8 名在一年中没有出过一件废品,1949 年 5—11 月,小组做了 7000 多件活,件件合格,还有 7 名工人创造了 10 次新纪录,改造了 18 种工卡具,小组立一等功 1次、二等功 9 次、三等功 6 次。1951 年初,马恒昌小组从沈阳调往齐齐哈尔第二机床厂。在第一个五年计划期间,马恒昌小组工人们再接再厉,积极推广先进经验,改进操作技术,完成了 14 年的工作量。② 沈阳市总工会派人在第五机器厂专门研究这个小组的经验,最后把这个小组的经验在报上公布,主要的经验是:钻研技术、分工明确、各有专责、帮助新工友。这样能使技术普遍提高,本事大了做的活自然就好。③ 东北总工会于 1950年 7 月 28—31 日召开先进生产小组代表会议,总结推广马恒昌小组经验。会上,各先进小组及各地方工会相继介绍学习与推广马恒昌小组经验的情况。会议第三天下午,东北人民政府特设宴招待全体代表。宴前东北人民政府副主席林枫同志讲话,就推广马恒昌小组经验问题作重要指示。林枫指出:必须提倡与推广消灭废品,提高质量的经验。马恒昌小组就是这些经验的一个代表,因为马恒昌小组能经常保证质量好,提前完成生产任务。他们建立了三人技术互助小组,互相帮助,督促检查,建立了"先检查头一个活"的制度,任何产品的头一个都经过本组和检查股检查合格后才做下去,不合格就设法改正。这些经验是极其宝贵的。我们应该推广这些经验,切实提高工业产品的质量。马恒昌小组发扬自觉的劳动精神,建立各种责任制,研究技术,改进工具,热烈展开生产竞赛,表现了真正主人的态度。林枫强调,为了提高工业产品质量,为了把工业生产提高一步,必须重视技术,学习技术,掌握技术,把劳动与科学结合起来。工人必须紧紧地团结技术人员,尊重技术人员,向技术人员虚心学习技术。近代化的工业没有科学是不可想象的,单凭技术和轻视技术的观点都是不对的。技术人员本身就是工人阶级的一部分,技术人员的技术离开工人的劳动也是死的。因此,必须把劳动与技术结合起来。为了学习技术,应该订

① 周璇. 精忠报国 无私奉献:中国机械工业战线的传奇人物马恒昌 [J]. 兰台世界,2022(9):6-8.
② 聂兆昌,吴放,等. 马恒昌小组的传家宝 [M]. 北京:工人出版社,1962:1-2.
③ 武衡. 东北区科学技术发展史资料:解放战争时期和建国初期机械工业卷 [M]. 北京:中国学术出版社,1989:265-267.

立师徒合同，提高工人的文化，不断总结生产经验，建立技术研究会，应该想尽一切办法把技术学会，把生产办好。[①] 1950 年 9 月，马恒昌被评选为全国劳模，赴京参会。在招待酒会上，马恒昌被推选为工人代表向毛主席敬酒。[②]

第三节 沈阳第三机床厂技术创新

沈阳第三机床厂的前身是日伪时期日本私人资本 1933 年建立的前田铁工所和 1937 年建立的协和工业株式会社，当时主要生产锅炉、暖气片、特殊器械、精密器械、飞机零部件、自行车、手推车、军火等。抗日战争胜利后，由 18 名中国工人接管保护。1946 年 4 月，国民党经济部东北区特派员驻沈阳办公处派员接收。10 月，协和、前田两厂合并，改为沈阳机器厂第三分厂，开始生产军工产品手榴弹、机车、水泵、迫击炮及其他机械零部件。沈阳解放后，东北人民政府工业部正式接管，定名为沈阳第三机器厂，并将日伪时期的森田会社、岗谷机株式会社、三荣螺株式会社、南满铁道株式会社奉天兽医研究所、大拓精米所等先后划归沈阳第三机器厂。1953 年 8 月，改名为"沈阳第三机床厂"，隶属第一机械工业部二局。1959 年，成立自动车床研究所，配备仪器、设备和完善的试验室，开始走上自主设计、开发、研制国家自己系列自动车床的道路，使中国成为当时世界少数生产卧式多轴自动车床的国家之一。[③] 1984 年 5 月 9 日，《沈阳日报》报道，沈阳第三机床厂同美国合作生产数控机床，销往美国。[④]

一、创造生产新纪录运动

沈阳解放后，沈阳第三机器厂在党的领导和全体职工积极努力下，工

---

① 武衡. 东北区科学技术发展史资料：解放战争时期和建国初期机械工业卷［M］. 北京：中国学术出版社，1989：13-15.

② 刘加临. 民族的脊梁：劳动模范［M］. 南昌：二十一世纪出版社，2014：15.

③ 沈阳市人民政府地方志办公室. 沈阳市志：三 工业综述 机械工业［M］. 沈阳：沈阳出版社，2000：93-94.

④ 沈阳市人民政府地方志编纂办公室. 沈阳大事记 1840—1987［M］. 沈阳：沈阳出版社，1994：287.

厂的厂房和设备得到了迅速修复，职工们也纷纷向工厂献纳器材，1949 年 4 月恢复生产，并在当月生产出新中国第一台机床，向解放后的第一个 "五一" 国际劳动节日献礼。6 月，东北工业部开始对各局厂矿工作开展检查，发现当时国营工业生产中存在着严重的、普遍的、惊人的浪费，造成国家财产巨大损失。主要表现为：有些生产设备还未充分发挥其生产能力，生产定额低、生产过程组织不好，技术管理不严、缺乏检验制度，原材料严重浪费，劳动组织不好、劳动生产率低，流动资金周转慢、产品库存积压严重，组织机构庞大层次多，预算不切实，工资上的平均主义等。东北工业部认为，产生以上这些不合理的现象，除客观上因为技术人员缺乏、设备器材原料来源困难以及缺乏经验外，主要是由于领导干部没有真正认识到经济核算的重要性。根据这种情况，东北工业部于 7 月 29 日发出 "关于加强经济核算制开展反对浪费斗争的决定"，要求各厂矿都要加强经济核算制，中心任务则是努力降低成本，提高质量，开展反浪费的群众性运动。号召发动全体工人、技术人员、职员，展开反浪费斗争，开展合理化的建议运动，发扬职工高度的爱国主义，积极提高生产，改善质量，保护与节约国家资材，坚决反对浪费、怠惰及不负责现象，坚决与窃盗破坏分子做斗争。这就是当时管理民主化的具体内容。还指出应学习苏联的经验，在厂矿里建立合理化建设的机构，指定专人指导这项工作。①

1949 年 6 月 16 日，沈阳第四机器厂（即沈阳鼓风机厂）桥梁部工人荣雨亭创造了 5 小时车削一根丝杠的全国最短时间的生产新纪录。② 消息一经传出，东北各国营企业纷纷到沈阳第四机器厂参观学习。沈阳第三机器厂工会在组织生产积极分子参观后，趁热打铁在全厂发动工人群众开展 "赶超沈阳第四机器厂创生产纪录" 的运动。有的工人用 6 个小时车出一个塔轮，又过几天缩到 5 个小时，仍未超过 4 个小时的纪录。这时，共产党员张尚举找共青团员车工赵国有（青年团总支兼职副书记）商量如何带头赶上或超过荣雨亭的纪录。当时的赵国有并不做塔轮，张尚举说可以代表厂职工会找行政商量，把塔轮调给赵国有。经过两个人的商量，张尚举保证把皮带车床的床头箱划线工时由 16 个小时缩短到 4 个小时，赵国有保证把车一个塔轮工时由 16 个小时缩短到 4 个小时。两人以互相挑战的名义

---

① 东北解放区财政经济史编写组. 东北解放区财政经济史资料选编：第二辑 ［M］. 哈尔滨：黑龙江人民出版社，1988：192-198.

② 沈阳鼓风机厂工会. 沈阳鼓风机厂工会志：1948—1999 ［M］. 内部资料，1999：29.

找到行政，要来了生产皮带车床的塔轮任务。赵国有接过生产塔轮任务拼命地干，但把工时压缩到 5 个小时后再也压缩不下去了。想再加一把劲儿吧，工具不争气，刀杆一个劲儿地抖，吃不上刀。正在这时组织上给予关怀，启发赵国有从技术上突破，厂职工会主任聂秉举组织技术人员下到车间帮助职工提高技术理论。赵国有在同志们的启发和帮助下开始研究改进工具。经过几天的研究，赵国有把刀头改成两面刃的样板刀，再上刀时劲儿大点也不往外抖了。于是，在 1949 年 8 月 4 日，赵国有创造 2 小时 20 分钟车一个塔轮的新纪录，打破以前 5 小时的最佳成绩。张尚举的划线小组也不示弱，把全组动员起来之后，又将全台份 6 英尺皮带车床划线工时再由 41 个小时压缩到 21 个小时。由于张尚举和赵国有的挑战，互相"比武叫劲"，赵国有又进一步改进工具，把车塔轮的里眼（内孔）和外圆都改成样板刀，都是一刀车成型，使生产效率极大地提高，最快仅用 50 分钟车 1 个塔轮。张尚举和他所在的划线组经过苦练基本功和改进操作方法，有的改为镗床工序，并把划大件线尺寸记在心里（减少看图时间），小件改用划线样板，使划全台份线的时间压缩到 11 小时 30 分钟，张尚举个人划 1 个床头箱的毛时也缩短到 50 分钟。张尚举和赵国有的事迹鼓舞了厂内的其他工人。在赵国有的带动下，整个沈阳机器行业掀起了热烈的创造新纪录运动。为此，赵国有还光荣地参加了沈阳市人民代表大会和沈阳市职工代表大会。① 赵国有的纪录被写进《沈阳经济发展简史》一书的"沈阳经济大事记"中。② 同时也被写进《当代辽宁简史》的"辽宁大事年表"中，并有比较详细的介绍。③

　　第三机器厂的车工党会安同沈阳第一机器厂赵富有"比"起来了。党会安原来车制一根 6 英尺皮带车床丝杠需用 30 个小时，第二次试验用 16 个小时，第三次试验用 11 个小时。这时第一机器厂车工赵富有以 6 小时 41 分钟车制一根 6 英尺皮带车床丝杠。党会安听说后，又作第四次试验，以 3 小时 59 分钟超过了赵富有的纪录。赵富有听说党会安以 3 小时 59 分钟超过了他，他又以 3 小时 9 分钟的成绩超过了党会安。党会安听到后，仍不服气，于 9 月 10 日又作第 5 次试验，以 1 小时 44 分钟最短时间，远

① 武衡. 东北区科学技术发展史资料：解放战争时期和建国初期机械工业卷［M］. 北京：中国学术出版社，1989：269.
② 林源，鲍贤耀，王品第. 沈阳经济发展简史［M］. 大连：东北财经大学出版社，1988：437.
③ 朱川，沈显惠. 当代辽宁简史［M］. 北京：当代中国出版社，1999：464.

远超过了赵富有的 3 小时 9 分钟的纪录。① 生产新纪录运动推动沈阳第三机床厂各项工作的开展：一是在生产新纪录运动取得成果的基础上，制定了个人超额奖励（后发展为计件）的工薪制，代替了原集体超额奖励办法，从而出现了一人操作多台机床的纪录；二是促进了工厂各项管理工作的加强；三是机床产量比生产新纪录运动前提高 1 倍。

1949 年 9 月东北工业部在总结工作时，发现并肯定了群众性的创造生产新纪录活动，认为这是从积极方面贯彻反浪费以加强经济核算的更好的形式。经东北人民政府批准，东北人民政府工业部下发《关于开展群众性创造生产新纪录的决定》，认为他们之所以能创造新的纪录，是因为他们是为了自己阶级而工作，是以创造性劳动，熟练地掌握技术，注意改进工具，改善操作方法，以提高工人阶级的英雄气概来进行工作，因而大大提高了劳动生产率。该决定提出，在制定各种技术定额时，必须充分总结先进的经验。那种以"伪满标准"为最高"技术定额"的观点，完全是错误的。必须打破陈旧的技术观点与陈旧的技术定额，必须从所谓"伪满标准"解放出来，我们才能创造新的更高的技术定额，新的更高的生产标准。这里所说的"新纪录"包括生产率高的新纪录，产品质量好的新纪录，减少废品的新纪录，节省原料的新纪录，提高回收率的新纪录，提高设备安全运用率的新纪录，降低与消灭各种事故的新纪录，降低成本的新纪录，改善管理制度的新纪录等各式各样的新纪录。该决定特别提出，在创造新纪录中，必须注意防止可能的偏向，如只注意少数先进分子的新纪录，而不去组织创造群众性的新纪录；或者只管数量，不管质量；或者只管效率，而不注意机器的安全。该决定还提出，今后各个厂矿的工人、技术人员与管理人员，凡创造新纪录或者在生产工作上有所改进与创造者皆应给予物质奖励。一般奖金，目前暂定为工资 2%～3%，如有重大创造者应说明事实报告工业部，由工业部给予奖励。各单位应在创造新纪录当中研究计件工资制，同时实行超额奖励制度。②③

1949 年 9 月，东北局发出《关于贯彻工业部"继续贯彻经济核算制的

① 王秀臣. 创造新纪录运动纪实 [J]. 党史纵横，1990（5）：16-18.
② 东北解放区财政经济史编写组. 东北解放区财政经济史资料选编：第二辑 [M]. 哈尔滨：黑龙江人民出版社，1988：221-222.
③ 武衡. 东北区科学技术发展史资料：解放战争时期和建国初期机械工业卷 [M]. 北京：中国学术出版社，1989：126-128.

指示"与"开展群众性的创造生产新纪录的决定"的决定》，要求各级党委和企业党组织及工会，抓紧动员与组织全体职工开展群众性的创造生产新纪录运动与群众性的反浪费斗争，以贯彻经济核算制，并从而推动管理民主化。① 10 月 10 日，东北工业部召开各局、公司、厂、矿的党、政、工领导干部动员大会，至此，一场有组织的、群众性的创造生产新纪录运动相继在各厂矿展开。10 月 12 日，《东北日报》发表《展开创纪录运动》的社论指出：创造生产新纪录的伟大意义在于，他们以创造性的劳动与高度的生产热情，打破了现行生产定额，大大改善了质量，降低了成本；创造生产新纪录的伟大意义还在于，他们一方面发挥了自己的智慧，在改善技术、改善工具、采取新的工作方法的基础上提高了生产水平，提供了改善工厂管理的条件，另一方面他们又以自己光荣的榜样，教育、鼓舞和带动了广大劳动群众，掀起竞赛，以争取更高的生产技术水平。② 10 月中旬至 11 月初，由徐一新、赵一鹏等人在《东北日报》以《生产上的革命》为题，连续报道了 7 篇新纪录运动的内容。12 月 13 日，由中华全国总工会在《工人日报》报道了创造新纪录运动讲话稿。12 月 22 日，由记者田流在《人民日报》上以《燎原的火焰——创新纪录运动的烈火是怎样点燃起来的》为题作了报道。东北人民政府副主席李富春同志给予沈阳第三机器厂创生产新纪录运动极高评价。他说："新纪录运动意义十分伟大，政治上巩固了人民民主专政，经济上推进了生产建设高潮，文化上提高了科学管理技术。"③

　　创造生产新纪录运动一开始就得到上级领导的支持和具体指导。东北机械局、东北总工会、沈阳总工会等领导同志经常深入工厂车间，与工厂领导研究如何推动运动不断深入，与工人直接见面给予鼓励。东北机械局、沈阳总工会和沈阳市青年团都及时地召开了表彰大会。④ 创造生产新纪录运动中涌现出许多劳动模范，他们在恢复和发展工农业生产的斗争中，克服很多的艰难困苦，表现了极大的勇敢、智慧和积极性。他们是全中华民族的模范人物，是推动各方面人民事业胜利前进的骨干，是人民政

① 东北解放区财政经济史编写组. 东北解放区财政经济史资料选编：第二辑 [M]. 哈尔滨：黑龙江人民出版社，1988：223-225.

② 武衡. 东北区科学技术发展史资料：解放战争时期和建国初期机械工业卷 [M]. 北京：中国学术出版社，1989：129-130.

③ 王秀臣. 创造新纪录运动纪实 [J]. 党史纵横，1990（5）：16-18.

④ 赵国有. 主人翁精神的历史凯歌：回忆创造新纪录运动 [J]. 党史纵横，1990（5）：13-15.

府的可靠支柱和人民政府联系广大群众的桥梁。① 创造生产新纪录运动是解放后的东北在道德激励方面的一次大胆尝试，取得了意想不到的效果：一是充分调动了劳动者的积极性、创造性和巨大的劳动热情，二是发现并改进了生产及管理中的不足，三是为新民主主义及社会主义的大工业生产趟出了一条路，并积累了宝贵的经验。②

1950 年 2 月 28 日，东北人民政府工业部在总结创造生产新纪录运动经验的基础上发布《关于普遍建立生产责任制的决定》。该决定指出，5 个月的创造生产新纪录运动，使工业部门得到许多收获，其中重要收获之一，是揭发和暴露了我们的生产组织及管理制度上的毛病，其中最根本的、最主要的是在管理制度上的无人负责和生产纪律松懈的现象。这种无人负责与生产纪律松懈，已经造成许多重大损失。这是我们目前厂矿向前发展的最大障碍。从一年来掌握与管理工业生产的经验，特别是从 5 个月来新纪录运动的经验证明，建立"生产责任制"是继续开展新纪录运动中的重大问题，也是贯彻经济核算制和改进工业管理的重要步骤。也就是说，在工业行政管理上从上到下建立普遍的"生产责任制"，是新纪录运动与一年来管理工业经验的一个重要结论。生产责任制首先给所有干部职工、技术人员遵守生产纪律、遵守制度，创造更合理的各种制度准备了条件。③ 3 月 10 日，东北人民政府工业部发布《创造生产新纪录运动的基本总结和今后的要求》，认为开展新纪录运动的主要收获有六个方面：（1）新纪录运动中涌现了大批和群众密切联系着的先进生产者；（2）在运动中开始找到了新的合理定额，或者部分找到了新的合理定额；（3）揭发和暴露了生产组织和管理制度上的毛病，也相当于改进了生产组织与管理制度；（4）在新纪录运动中，职工技术人员运用智慧和热情，在技术上有很多发明和创造；（5）广大职工、技术人员在创造新纪录运动中觉悟提高，劳动态度改变，劳动纪律加强；（6）劳动生产率显著提高。④ 4 月 5 日，东北人民政府工业部颁布《关于创造生产新纪录奖励暂行条例》。其中第三条提出，新纪录旨在提高产量、质量，降低成本，范围包括：提高产品

---

① 毛泽东. 毛泽东文集：第 6 卷［M］. 北京：人民出版社，1999：95.

② 乔宪金. 道德激励的创举：东北创造生产新纪录运动［J］. 党史纵横，1997（10）：35-37.

③ 武衡. 东北区科学技术发展史资料：解放战争时期和建国初期机械工业卷［M］. 北京：中国学术出版社，1989：5-9.

④ 中国社会科学院，中央档案馆. 1949—1952 中华人民共和国经济档案资料选编：工业卷［M］. 北京：中国物资出版社，1996：285-289.

质量，提高产量，减少废品，提高回收率，消灭事故，节约原材料，改进
劳动组织、管理制度，简化手续提高工作效率，提高机械设备利用率，加
速资金周转等。所有以上新纪录，按其性质可以归纳为：（1）创造发明
（过去没有的东西，而现在发明出来，在生产中起了重要作用者）；（2）技
术改进（在生产技术与设备方面改良，因而提高质量、产量，降低成本
者）；（3）合理化建议（建议经采用后能促进生产、解除困难、提高质量、
降低成本者）；（4）技术熟练与劳动热情的提高（因而超过定额者）。获得
奖励的最重要一条是：凡创造新纪录者，必须合乎不损坏机械设备，不违
反技术规程，严格遵守劳动纪律，不降低质量，不影响整个任务完成为原
则。奖励方式分为三种：（1）口头或书面表扬，记功照相，发给奖旗、奖
状、奖章等；（2）奖金或其他物质奖励；（3）升级。必要时可以同时以二
种或三种方式奖励。该条例还对创造发明、技术改进、合理化建议三类激
励的具体办法做了细致的说明。①

1951年5月1日，东北人民政府工业部发出《关于推广新的先进技术
的指示》，号召技术工人、技术人员与干部从"高速切削法"（包括工具改
良）得到新的启示，从高速切削法中认识改良工具以及改变操作方法的重
要性，探讨如何在现有的普通车床上经过各种改良提高效能。高速切削法
在机器制造工业中是一件新的事情，只有及时研究其在当前机器工业中的
作用，研究推广它的可能性和推广的可能程度，才能够使其在机器制造工
业中发挥作用，才能成为大大提高机器制造的一种力量。反之，如果我们
对此熟视无睹，它们就可能自生自灭，而与工业生产无关。为此，所有各
级干部应注意发现本厂矿、本部门日常发生的新事物，并加以研究区别，
有计划、有步骤地抓住新事物的萌芽，发展它，推广它。12月25日，东
北人民政府工业部发布《关于有领导地开展群众性的"找窍门"运动的通
知》，指出："找窍门"运动就其创造人物看，已经不限于少数的职工，而
是包括了技工、学徒及许多技术人员、管理人员；就其创造性质看，已经
冲破了个人范围，许多有价值的创造常常是许多职工与技术人员的集体创
造；就其创造的事迹看，是为着与围绕着当前的企业中心工作而展开的。
这就是目前"找窍门"运动所具有的新的意义，这也就是目前的"找窍
门"运动比之过去的新纪录运动带有更加深刻的意义。如果我们能够给予

① 武衡.东北区科学技术发展史资料：解放战争时期和建国初期机械工业卷［M］.北京：中国学
术出版社，1989：133-141.

充分的重视及正确的领导，则这一运动有条件在所有的工业部门中更加普遍地发展，从而促使我们现有的工业设备能力的提高，促使工人阶级技术水平的提高。该决定还指出：在群众性的"找窍门"运动中，必须是有领导的进行，"窍门"本身必须是科学的，而不是随便一种什么新的东西都可以称为窍门。因此，一方面要积极地鼓励和组织群众参加到这一运动中来，另一方面必须对于涌现出的窍门、建议加以慎重地审查，审查它在技术上经济上是否合理，审查它在技术上经济上的价值，并以此作为能否采用推行的标准。①

二、从仿制到自主制造的转变

1954 年，沈阳第三机床厂按照生产 Φ50 毫米以上转塔六角车床产品发展方向进行工厂改造，投资 916 万元，扩建转塔六角车床生产车间、工具车间和齿轮车间，增添设备 414 台。首次仿制成功 1K36（C365L）型和 1K37（C385L）型转塔六角车床，这是一种高效机床，适于大批量生产，机床刚性强，适于粗加工，但性能比较落后，属于苏联 20 世纪 40 年代产品。1955 年，在 111C 车床的基础上自行设计试制成功 C618K 型普通车床。这是沈阳首次自行设计生产的普通车床。后经多次改进设计，1980 年试制成功 C618K-3 型普通车床，是高性能的万能型普通车床，具有设计新颖、刚性好、转速高、适应性强等特点。其主轴系统经过动平衡调试，高速运转平稳、噪声低；四方刀台采用端齿盘结构，重复定位精度可达 0.005 毫米；主轴调速手柄顺序集中，操纵灵活；床身导轨和主轴锥孔经感应加热淬火处理，精度保持性好；附件齐全，能担负各种车削工作，如车外圆柱表面、端面及锥面，以及钻孔、铰孔及车削内孔；能加工各种公、英制、模数及径节螺纹。马鞍型车床可装直径 400 毫米的花盘，加工直径达 500 毫米的零件，有效利用长度为 160 毫米；主轴端部设有法兰式 C 型 6 号快换型式和 D 型 6 号凸轮锁紧型式；装上锥度仿尺，可以车削 30°以内的内外锥度。C618K-3 型普通车床获 1981 年国家银质奖。② 1983

---

① 武衡. 东北区科学技术发展史资料：解放战争时期和建国初期机械工业卷 [M]. 北京：中国学术出版社，1989：142-149.

②《中国机械电子工业年鉴》编辑委员会. 中国机械电子工业年鉴：1984 [M]. 北京：机械工业出版社，1984：Ⅳ-7.

年又改进为 C618K-4 型普通车床，采用国内外先进结构，增加主轴转速，提高机床使用功能和加工精度，其技术性能达到 20 世纪 80 年代国际水平，该车床获 1984 年沈阳市金星杯一等奖。

1958 年，沈阳第三机床厂首次试制生产仿苏产品 C24.4 型和 C24.6 型卧式多轴车床。C24.4 型四轴自动车床，适用于在成批生产及大量生产的条件下，对各种形状与材料的棒料零件进行一系列加工工序。零件在回转鼓主轴的四个位置同时进行加工。刀具安装在四个纵刀架与四个横刀架的刀夹与夹具内，而快钻夹具可安装在任何一个位置。该机床由单独电动机分别传动，工作主轴与刀具主轴的转数用交换齿轮加以调整。纵刀架、横刀架与独立刀架的进刀量也用交换齿轮调整，纵刀架与独立刀架的行程是用可调整的杠杆系统来变换而不用更换凸轮，而横刀架的行程在用可调整的杠杆系统变换时要更换凸轮板（共三种）。上述多轴车床属于苏联 20 世纪 40 年代产品。1959 年，沈阳第三机床厂开始自行设计试制生产 C2150.4 型卧式四轴车床，9 月，在民主德国和朝鲜展出。1960 年，试制成功 C2150.6 型卧式多轴车床系列型谱，以六轴车床为基型，有 C2132.6 型、C2150.6 型和 C2163.6 型等 3 个品种。由基型派生的品种有 C2150.4 型四轴自动车床，C2212.6 型、C2216.6 型、C2220.6 型等 3 种六轴半自动车床，C2216.8 型八轴半自动车床全系列共 3 个基型 8 个品种，全部更新仿制产品，投入批量生产。1965 年，对 C2132.6 型、C2150.4 型和 C2150.6 型等 3 个品种进行技术攻关和改进定型工作。新型号定为 C2132.6D、C2150.4D、C2150.6D，提高了定位精度和加工精度，性能稳定可靠。为了提高卧式多轴车床的生产能力，扩建多轴生产车间和机修车间，增加各种设备 503 台。1967 年，第三机床厂制定新的转塔六角车床系列型谱，并开始自行设计研制新系列车床。新系列产品型号是 C3163、C3180、C031125 等 3 个基型，其技术水平和使用性能较仿制产品有一定提高，主轴变速采用单手柄机械预选机构，操作方便，转塔刀架采用端面齿盘分度定位机构，重复定位精度高。机床加工精度也有所提高，精度保持 8 年，噪声 82 分贝。该系列转塔六角车床综合技术指标达到 20 世纪 60 年代国际水平。由于转塔六角车床存在自动化水平低和操作笨重等缺点，沈阳第三机床厂于 1969 年开始研制程控半自动转塔车床。1971 年，研制成功 CB3450 型和 CB3463 型程控转塔车床，1974 年继续改进定型为 CB3450-1 和 CB3463-1，形成新的程控半自动转塔车床系列。该车床比转塔六角车床在自动化程度、技术水平、使用性能和加工精度等方面均有较大提高，生产效率是普通车床的 2~3 倍，其综合技术指标已达到 20 世纪 70 年代国际水平。1974 年 5 月，机床在西班牙展出受到好评。1980 年，沈阳第三机床厂自行设计研制成功 CK3263 型数控转塔车床，机床精度保持性好，自动化程度高，主要技术指标达到 20 世纪 80 年代初期国际水平。1981 年 9 月，送联邦德国汉诺威国际博览会展出，受到好评。1982 年研制成功 CK3232 型数控转塔车床，配有 FANUC-6TB 控制系统。该机特点与 CK3263 数控车床相同，但精度提高 1 级，其技术性能达到 20 世纪 80 年代初期国际先进水平。当年送美国第 11 届芝加哥国际机床博览会展出。①

1983 年，为石油工业部引进的美国休斯工具公司牙轮制造技术配套，沈阳第三机床厂研制成功 CK3263A 型和 CK3263B 型两种新型高速强力数控转塔车床，刀夹可与国际工具通用，采用 FANUC-6TB 控制系统，可满足 20 世纪 80 年代中期美国牙轮制造最新车削工艺的要求。江汉石油机械厂一次订货 18 台，成都石油机械总厂订货 14 台。专门配有 FANUC-3TF 控制系统的 CK3263A 型数控车床，是中国首次自行设计的人机对话型数控车床，获评 1985 年国家科技进步三等奖，1987 年度国家金质奖。该车床是双坐标全机能型数控车床，机、电、液一体化。采用 75°斜床身布局型式，易排屑，便于操作调整；刀架采用 12 工位水平轴和 8 工位垂直轴转塔式结构，转位平稳可靠，具备就近选位功能，工艺适应性强，加工范围广；该机床刚性高，具备强力切削条件；温升和热变形较小，定位精度高，各种补偿功能精确。该车床可以加工形状复杂、精度高的盘类、轴类零件，可以车削直线、斜线和曲线、平面及精密螺纹，生产效率高。②

1984 年末试制成功 PW1200 型数控车床，该机床为两坐标连续控制 CNC 数控车床，是沈阳第三机床厂同美国 P&W（普拉特·惠特尼）公司合作生产的产品。机床结构先进，性能可靠，外形美观大方，采用机、电、液一体化，适于加工形状复杂、精度高的轴类和盘形零件，于 1985 年 5 月通过国家鉴定，投入批量生产。该产品技术性能达到 20 世纪 80 年代国际水平，被评为辽宁省优质产品，远销美国。

---

① 沈阳市人民政府地方志办公室. 沈阳市志：三 工业综述 机械工业［M］. 沈阳：沈阳出版社，2000：49-56.

②《中国机械电子工业年鉴》编辑委员会. 中国机械电子工业年鉴：1988［M］. 北京：机械工业出版社，1988：V-2.

沈阳第三机床厂从 1990 年下半年开始调整产品结构，在调整产品结构过程中，紧紧依靠科技力量增加产品的技术含量，加大数控车床的生产并使之逐步形成规模产量。企业从市场需求的实际出发，并结合自己的特点，大力开发和积极研制数控机床，相对缩小普通机床的产量，来提高产品的产值和相对降低物化劳动消耗。企业把研制和开发数控机床紧紧与国家"八五"技术改造和 10 年规划相结合，瞄准国家重点工程和成套项目，突出上水平产品；紧紧与市场开发相结合，国际国内两个市场同时抓，坚持以市场为产品导向的方针，扬长避短，发挥自己的优势；紧紧与出口创汇相结合，努力赶超世界先进水平，坚持"洋为中用"，致力于发展民族工业，不仅要替代进口，而且要抢占国际市场。通过调整产品结构，数控机床的生产能力逐步到位，1991 年已经具有相当规模，年产量由过去每年不到 100 台上升到近 500 台。数控机床的产量占全年总产量的 42.2%，产值占全年总产值的 74%。1992 年再度加大步伐，数控产品猛增到 712 台，产值数控化率占工业总产值的 75%，是我国数控车床品种最多、规格最全的生产制造大型骨干企业之一。沈阳第三机床厂 1991 年开始兴建数控技术中间试验基地，1993 年工程落成。中试基地投入使用后，进一步推动企业把高新技术产品推向规模经济，使数控产品从开发、中试，到产品形成更加完整的科研生产体系，产品质量和稳定性登上更高的新台阶。企业还十分注意企业整体素质的提高，通过办数控技术培训班、选派各个层次的人员外出学习、大量输入大专院校的毕业生等多种形式提高人员的专业技术水平。同时，合理地调剂技术人员充实到各条战线，特别是选调了部分机电一体化人员充实到销售服务部门，为开拓市场，迎接市场经济的挑战起到了不可低估的作用。人才的有效运用和职工整体素质的提高，反作用于经济建设，有力地促进了高新技术产品形成规模经济。[1] 1993 年 4 月 29 日，沈阳第三机床厂研制的 CSK6136 型简式数控卧式车床通过沈阳市机械工业局组织的新产品技术鉴定。该产品具有外形美观、大方，结构紧凑，体积小，重量轻，操纵方便、灵活，性能稳定、可靠，加工零件的一致性好等特点。同时，提高了加工质量，提高生产率 2~3 倍。该机床能够用来加工内、外圆柱表面，曲面和球面，内、外圆锥面，还可进行各种螺纹及端面加工。该机床采用微机控制，步进电机拖动，滚珠丝杠传动，实现了

---

① 《沈阳年鉴》组委会. 沈阳年鉴：1993 ［M］. 北京：中国统计出版社，1993：204.

车削加工的自动化。

1994 年初，为了满足世界银行的贷款附加条件，沈阳第三机床厂联合沈阳第一机床厂、中捷友谊厂等共同组建沈阳机床股份有限公司，公司成为唯一的法人，沈阳第三机床厂等成为公司的事业部，后来在准备沈阳机床股份有限公司上市时，沈阳第三机床厂由于资产负债率太高（据介绍当时已达 263%，如包含沈阳第三机床厂则沈阳机床股份集团的负债率无法达到 70% 以下的上市标准），便被剥离出去。1996 年 5 月 10 日，沈阳第三机床厂破产，经资产重组后建立沈阳数控机床有限责任公司，隶属于沈阳机床股份有限公司。

第四节　沈阳机床集团技术创新

20 世纪 80 年代后期，借辽东半岛开放的东风，沈阳市开始酝酿利用外资改造老机床企业。1989 年，世界银行第一个考察团来沈阳考察"三大机床厂"，1991 年将改造机床企业列入备选项目。以后经过 4 年的艰苦历程，世界银行决定向沈阳投入 1.75 亿美元低息贷款，完成在中国最大的一笔工业改革项目，并有意使之成为发展中国家工业改革的样板和示范。按照世界银行惯例，工业贷款一般不扶持国有大企业，只扶持私营企业。此次打破了惯例，贷款也自然附加了一些条件：三大机床厂合并建立一个公司，走企业公司化、公司股份化之路。于是，1993 年 4 月 27 日，沈阳第一机床厂、中捷友谊厂、沈阳第三机床厂、辽宁精密仪器厂等 4 家国有大中型企业共同发起成立沈阳机床股份有限公司，该公司属于以资产为纽带，并吸收诸多企业和内部职工参资入股的定向募集式公司。1994 年 1 月 25 日，沈阳市政府决定取消公司所属 4 个厂的法人资格，公司是唯一法人。4 个厂的厂名前均冠以沈阳机床股份有限公司字样；同年 4 月 1 日，公司从沈阳市机械局正式分离出来，在沈阳市单列，成为无主管部门的经济实体。公司实行事业部制，4 个厂分别为公司的 4 个事业部。原厂长为公司事业部的总经理，整个股份公司实行董事会领导下的总裁负责的新体制。1995 年 9 月 6 日，世界银行执行董事会以绝大多数票通过了支持中国最大的工业改革项目的议案。① 1995 年 12 月 18 日，在沈阳机床股份有限

---

① 姜敏. 沈阳机床股份有限公司：艰难的跨越 [J]. 瞭望新闻周刊，1995（10）：23-24.

公司的基础上，成立了沈阳机床（集团）有限责任公司（简称"沈阳机床"）。该公司是国有独资公司，是沈阳机床股份有限公司的投资主体。[①] 1996 年 7 月经中国证监会批准，沈阳机床股份有限公司在深交所挂牌上市，股票代码为"000410"。2007 年 12 月 26 日，中国工业大奖表彰大会在京隆重举行，沈阳机床获"中国工业大奖表彰奖"。沈阳机床成为唯一获此大奖的地方国有企业，成为中国传统国企改造的一个经典示范。

一、加速实施三大战略

1997 年，沈阳机床选派 30 名工程师到德国学习。出国前，这批工程技术人员对国内机床市场进行了一次调研，目的就是了解国内市场行情，以便有针对性地设计出市场急需的产品。1999 年，沈阳机床通过对国内外市场需求、竞争对手及自身优劣势的分析，得出数控机床的潜在市场在国内，但主要竞争对手在国外；普通机床的潜在市场在国外，但主要竞争对手在国内的结论。据此，公司确定了三大发展战略，即建设中国数控机床开发制造基地战略、全球发展战略和机制创新战略。为了加速实施三大战略，公司在资金十分困难的情况下，投入近亿元，依靠去德国学习的 30 名工程师为研发主力，开发出 23 种数控机床产品并推向市场。其中，技术引进、合资合作产品 6 种：PLATINO 1325 激光切割机、TAC-12 数控立车、HS60 高速卧式加工中心、DIG1T165 高速仿形铣、MD20 大型卧式车削中心、PCNC 数控系统；中德联合设计产品 7 种：CK6125 高速卧式车削中心、CKZ5125 高速数控立车、SM-001 数控活塞车床、TH5945 高速立式加工中心、TH6540X40 高速卧式加工中心、SM-002 数控曲轴质量定心机床、YTK-86 数控转台组合机床；自行开发数控机床 10 种：TH5940 立式加工中心、TH6940X40 卧式加工中心、CAK6116 数控车床、CKH6120 数控车床、CKS6132 数控车床、CK6136 电子手轮车床、CAK6150D 数控车床、SZ-205 数控管接头车丝机床、ZK3050 极坐标数控钻床、ZXK7432 桥式数控钻床。在这 23 种数控产品中，技术引进、合资合作、联合设计的十几种数控机床产品，已达到或接近国际同类产品的先进水平。1999 年数控机床产值 1.9 亿元，比 1998 年增长 36%。1999 年 10 月，新开发的 23 种产品在第六届中国国际机床展览会上参展，创造了展会的四项之最：展位面积 540

---

① 沈阳市人民政府地方志办公室. 沈阳市志·1995 [M]. 沈阳：沈阳出版社，1996：132.

平方米，列各展团之首；参展产品在国内同行中水平最高；展区人气最旺，与公司洽谈的客户达到 1000 余家；取得的效果最佳，展览会期间共草签订货合同 2.2 亿元。国家经贸委、计委、科委、机械局、中国机床工具协会等部门的领导参观后，对沈阳机床的产品给予高度评价。23 种数控机床新产品向人们传递了一个信息，沈阳机床的制造水平已远远走在同行业的前面。在走出去的同时，沈阳机床还采取了技术引进、合资合作、设计咨询和自行开发等手段，加速数控机床产品的开发。通过引进日本、意大利、美国等国家的先进制造技术进行"嫁接"，缩短了新产品开发周期，直接提升了产品的档次和水平，使数控机床在国内率先达到批量生产的规模。在组织结构调整过程中，沈阳机床成立了国家级的技术开发中心，加强新产品开发。同时，还与中国科学院沈阳计算所、东北大学等 4 家共同出资组建了沈阳数控股份有限公司，大力推进国产数控系统这一核心技术上水平、上档次。可以说，沈阳机床已经搭建了属于自己的技术跨越通道，具备了与国外企业搞联合开发的优势和参与国际竞争的实力。①

"九五"期间，沈阳机床利用世界银行贷款沈阳工业改革项目，进行大规模改革、改组、改造，企业的组织结构实现重大调整，产品开发取得重大进展，公司生产经营迎来新的转机。通过改造，利用世界银行贷款进口五面体加工中心等关键设备 200 多台，引进国外先进制造技术 10 余项，并通过国际招标方式聘请国外知名公司帮助沈阳机床实施管理重组和产品设计咨询，使沈阳机床在国内率先具备批量生产数控机床的能力，数控机床产量逐年大幅度增长。1997 年生产 361 台，比 1996 年增长 58.3%；1998 年生产 632 台，比 1997 年增长 75%；1999 年生产 619 台，虽然产量有所减少，但高中档数控机床产量增加；2000 年生产 1204 台，比 1999 年增长 94.5%，比 1997 年增长 233.5%。沈阳机床 1995—1999 年间累计投入科技开发费用 1.06 亿元。到 2000 年末，共开发具有核心竞争力的高、中、低档数控机床 61 种，基本满足了国民经济各行业发展的需要。其代表品种有立式加工中心、卧式加工中心、数控铣镗床、四轴联动车削中心、高速数控车床、数控立车、CAK 数控车床等高、中、低档机床。特别是通过技术引进的具有国际当代水平的德国 BW 高速卧式加工中心，意大利普瑞玛高速激光切割机，意大利菲迪亚高速铣削中心，德国马斯谬勒大型卧式数

---

① 谭论，王玲玲. 技术创新：沈阳机床发展的增速器 [N]. 中国机电日报，2001-09-26 (001).

控车床和车削中心，意大利巴拉法蒂数控刀架，日本本间大型数控立车、车削中心，美国桥堡微机数控系统和数字伺服系统等产品，使公司技术水平实现跳跃式发展。CAK 系列数控车床被机械部评为中国机械工业名牌产品，公司产品与国内主要竞争对手相比技术水平均居前列，部分产品达到国际当代先进水平。通过"九五"改造，沈阳机床的产品结构实现重大调整，已彻底改变原来以生产普通车床、摇臂钻床、卧式镗床为主的局面。数控车床、车削中心、数控立车、数控钻床、数控镗铣床、立式加工中心、卧式加工中心、激光切割机、数控系统以及数控专用机床已成为公司主导产品，可为汽车、军工、机械、电子、铁路、航空航天、纺织、轻工等行业提供高效、高速、高技术含量的高、中、低档数控机床。经过"九五"技术改造，新增和更新了大量的设备、仪器，引进五面体加工中心、导轨磨床、卧式加工中心、数控镗铣床、蜗杆砂轮磨齿机、数控折弯机、数控冲床、三坐标测量机等先进的关键设备、仪器。新建厂房 4 万多平方米，特别是新建了近 2 万平方米的国内最大的七联跨净化装配厂房。实现大规模工艺路线调整，总装、大件、箱体、钢导轨、数控系统等均实现专业化生产，大幅度地提高了公司数控机床的主要件、基础件的工艺制造水平。基础大件（床身、立柱、底座）实现工件一次装夹后，可自动连续完成五个面的钻、扩、铣、镗和攻丝等多种工序加工。这些装备和设施在国内均处于一流水平，主要件的加工水平接近国外同类企业水平。①

　　2001 年 2 月 12 日，在我国磁悬浮列车重大工程设备采购招标中，沈阳机床股份有限公司中捷友谊厂战胜国内外众多竞争对手一举中标，该项目由 4 条生产线 8 台五坐标三联动数控专机组成，合同总金额 6400 万元。上海磁悬浮列车项目设计时速 450km/h，为世界一流技术水平，当时世界上还没有建成一条正式运行线。10 月 15 日，第一条生产线（2 台主机）交检验收合格；12 月 22 日，4 条线（8 台主机）全部一次交检验收合格，各项精度均达到设计要求。中国机床工具工业协会总干事长于成廷对项目给予高度评价。② 2001 年第三季度末，沈阳机床集团在一汽底盘厂、一汽四环集团数控车床项目招标中，成功签约近 30 台数控车床供货合同，标的总额创了企业有史以来单项合同签约的最高纪录。2002 年上半年，又相继与一汽专用车厂、东风汽车厂以及其他给汽车行业配套的企业签订了大笔

---

① 沈阳市人民政府地方志办公室. 沈阳市志·2000［M］. 沈阳：沈阳出版社，2002：101-102.
② 沈阳年鉴组委会. 沈阳年鉴：2002［M］. 北京：中国统计出版社，2002：152.

普及型数控机床合同，主要包括 CKS6132/45 系列数控车床、CK516 数控立车等高档数控产品，为我国汽车工业的迅猛发展提供了大量的基础装备。这些项目的签订成功，有力地拉动了沈阳机床集团的技术创新、生产制造水平的提高，实现了企业全面发展普及型数控的良好开端。①

20 世纪 80 年代，奥地利的林茨机床公司（WFL）率先提出全工序加工的新概念，即在一次装卡中完成工件的所有车、铣、钻、镗等工序，也就是用一台设备完成从毛坯到成品的全部加工。这种复合加工概念的实现，需要一种集成各种加工方法于一机的高柔性设备，由此促成了五轴车铣复合加工中心这种新机型的产生。这种新的加工理念和新机型在一些特殊零件的加工中，以其不可替代的优势被越来越多的行业所接受，如今已广泛应用于航空、航天、船舶、核工业以及一些民用工业领域中小批量、高精度、形状复杂的异形回转体零件的加工。这些零件的加工往往是在车削的基础上还附加了铣、钻、镗、攻丝等多种加工方法，有些还附加有深孔钻、斜孔钻、插齿、滚齿、铣螺纹、铣复杂的空间曲面等。使用五轴车铣复合加工中心加工这些零件，既省时省力同时易于保证零件的加工精度。沈阳机床集团数控机床有限责任公司于 2000 年开发出国内第一台五轴车铣复合加工中心 SSCKZ63-5，2001 年开发的 SSCKZ80-5 中标"十五"国家科技攻关重点项目，2003 年通过国家验收，2004 年获沈阳市科技进步一等奖，2005 年获中国机械工业科学技术奖二等奖。SSCKZ80-5 五轴车铣复合加工中心是集成了各种机加功能于一体的五轴（X、Y、Z、B、C）五联动车铣加工中心，其性能充分体现了车铣复合加工中心的发展方向，即高速、高效、高精、高可靠性及柔性化、智能化和模块化。② 该车铣加工中心最大车削长度有 1000mm、1500mm、2000mm、2500mm 四种规格，五轴中 X、Y、Z、B 轴采用直线光栅尺或圆度光栅尺检测，可实现闭环控制。加工中心备有 48~96 工位刀库，可实现自动换刀，一次装卡可进行车、铣、钻、镗等加工。自主创新使 SSCKZ80-5 车铣复合加工中心获得 1 项专利、5 项创新技术，其中两项属世界领先：一个是 B 轴任意角度强力铣技术；另一个是 C 轴任意角度强力铣技术。专家评价，该机床代表了我

① 中国机械工业年鉴编辑委员会，中国机床工具工业协会. 中国机床工具工业年鉴：2002 [M]. 北京：机械工业出版社，2002：198.
② 李宪凯，李德珍，崔佩强，等. SSCKZ80-5 五轴车铣复合加工中心简介 [J]. 设备管理与维修，2006（4）：31-32.

国同类机床的最高水平，是我国第一台具有自主知识产权的五轴车铣复合加工中心。① 当然，SSCKZ80-5 车铣复合加工中心同奥地利 WFL、日本 MAZAK 的五轴车铣中心相比，仍然存在着一定的差距，高速、高效、高精度、高柔性和智能化以及可靠、安全、环保是其未来的发展方向。

2003 年，沈阳机床研制了 CHH6125 卧式车削中心，采用对置式双主轴结构，两主轴均采用内装式电机主轴，并同时配备伺服动力刀架，是具有钻、铣削功能的高速、高效车削中心。CHH6125 车削中心要求具有高加、减速度（1g），快速移动速度为 30m/min，最高主轴转速 7000r/min，创了国内高速车削中心的先例。② 2004 年 10 月，沈阳机床在与国内外近 10 家竞争对手的竞标过程中，成功并购了具有 140 多年历史的德国希斯公司，直接获得了与世界主流水平同步的重大型数控铣镗床、重大型车铣复合加工中心、重大型数控立式车床等设计和制造核心技术。同年 12 月重组了素有"中国金牌出口基地"之称的云南 CY 集团有限公司，通过导入沈阳机床管理模式，包括移植文化、调整机制、启动经营等一系列措施，使 CY 集团企业经营迅速恢复。③ 沈阳机床 2004 年数控机床产量超过 6000 台，成为我国最大的数控机床研制基地。在大型落地镗铣床、车铣复合加工中心及卧式车削加工中心等产品上迅速实现产业化，科技攻关项目产值已达数亿元。2004 年沈阳机床集团的车床新产品包括：CAKi 系列数控车床、CKM514 刹车摩擦片专用数控车床、TAC-16 数控立式车床、CKS6125A 数控车床、CKS6145G 数控车床、CKS6163C 数控车床等，钻镗床新产品包括：TH57200×400A 龙门加工中心、TK6911 数控落地镗、H5680B 立式加工中心、TK5650 立式数控铣床、TK5680B 立式数控铣镗床、TH6563×63A 卧式加工中心、THS65100×100 卧式加工中心、TK6213 数控落地镗、TPX6113C/3 卧式床、GMB160×30 龙门数控镗铣床、GMB200×40 龙门数控镗铣床、GMB250×50 龙门数控镗铣床、GMD250×40 动龙门数控镗铣床、GMD250×40 龙门数控铣钻床、VMC630410×700 立式加工中心、GD100×80 动龙门数控钻床、DTC510 高速立式钻攻中心、

① 中国工业经济联合会，中国工业报社. 中国工业经济年鉴［M］. 北京：中国财政经济出版社，2005：792-794.

② 邹莹，陈丽文，张耀满，等. 现代产品设计技术在 CHH6125 卧式车削中心产品开发中的应用［J］. 中国制造业信息化，2003（9）：80-82.

③ 中国机械工业年鉴编辑委员会，中国机床工具工业协会. 中国机床工具工业年鉴：2007［M］. 北京：机械工业出版社，2007：265.

GMD200 动龙门数控深孔钻床、TH54100×100A 龙门加工中心、TH54100×160A 龙门加工中心、BW60HS/2 高速卧式加工中心、VMC1000 立式加工中心、VMC1100 立式加工中心、D165 高速铣削中心、D165/3+1 高速铣削中心、HS664 高速铣削中心、HS664 五轴高速铣削中心等。[①]

2006 年 2 月 14 日,2006 中国数控机床展览会(CCMT2006)在上海浦东新国际博览中心举办,沈阳机床带来的 26 件展品格外耀眼。其中重大型龙门加工中心 7 台,五轴加工中心 6 台,每分钟达万转以上的高速加工中心 5 台,产品性能指标接近、达到世界先进机床技术水平,个别指标超过了国际当代同类产品水平。尤其是产品结构方面,每台展品都有实质性的进步:大跨距、双电机消隙及同步控制、龙门自制附件头的自动交换、多托盘的自动交换、高速高精的结构设计、双向移动的平旋盘、双主轴电机驱动、车铣复合头制作等,都是沈阳机床的首创技术,具有很强的市场针对性。[②] 2006 年沈阳机床先后派遣 50 名工程师赴德国,与德国著名的 R+P 机床设计院、德国西门子公司联合开发龙门五轴联动加工中心、高速卧式加工中心等 13 个系列高档数控机床产品,这些产品均达到国际先进水平。联合研发具有自主知识产权的高档数控机床产品,不仅能够满足我国航空航天、汽车、船舶、电站等重点行业对高档数控机床的需要,同时也为沈阳机床集团培养了一批技术骨干和产品研发的领军人物。[③]

到 2007 年,沈阳机床逐步形成和完善了三个目标层次的创新体系:第一个层次是面向企业内部,重点是优化工艺过程,精化制造技术;第二个层次是面向市场和客户,重点是提供整体解决方案,最大限度满足用户的要求;第三个层次是面向未来,重点开展机床基础关键及共性技术的研究,开发系列重点数控机床等。其中,前两个层次以集团所属企业为依托,其目标是支撑企业发展;第三个层次由集团技术研究院负责,旨在保证企业持续的技术竞争力。在此基础上,初步形成了提升自主创新能力的基本思路和做法即自主研发、联合研发、海外直接并购等三条途径并举,高档数控机床、关键功能部件、共性基础技术等三个方向联动,实现开发

① 中国机械工业年鉴编辑委员会,中国机床工具工业协会. 中国机床工具工业年鉴:2005 [M]. 北京:机械工业出版社,2005:54、62-63.
② 凡韵. 沈阳机床自主技术创新称雄 [J]. 今日中国论坛,2006(Z1):122.
③ 中国机械工业年鉴编辑委员会,中国机床工具工业协会. 中国机床工具工业年鉴:2007 [M]. 北京:机械工业出版社,2007:265.

新一代世界水平的数控机床和功能部件、培养一支具有国际竞争力的研发创新人才队伍，形成以企业为主体、开放式、国际化研发体系的"三位一体"目标。2007年，在薪酬制度改革过程中，为避免技术人员只有走管理层级的上升通道，特别设计了技术人员序列，从五级工程师起步，做到最高级别的技术专家，薪酬待遇可与总经理相当。2007年，沈阳机床数控机床产销量突破2万台，中、高档数控机床成批量服务于国家重点行业核心制造领域；海外市场营业额突破1.5亿美元大关，其中数控机床海外市场营业额占60%以上，两个结构调整迈出巨大步伐。GMC1230u五轴高速龙门加工中心是公司于2007年自主研发用于加工航空工业钛合金机框，中国首台主轴头带A、B摆动的加工中心，完成加工环节连续性非常好，高刚性、高速，该加工中心在航空航天、国防工业等重点核心领域引起了强烈反响。①

2007年，国家科技部正式在全国批准设立首批36家企业国家重点实验室。这是国家重点实验室计划实施23年来，首次大规模向企业敞开大门。沈阳机床高档数控机床实验室成为国内机床行业唯一上榜的企业国家重点实验室。沈阳机床高档数控机床实验室成立于1996年，拥有国际先进的重要仪器设备337台套。实验室根据航空航天、汽车等重点行业对高档数控机床的需要，已开展国内外重点合作项目90余项，创造出近7亿元的经济效益。实验室加强了与国内外该领域具有一定优势的科研院所、高校及国际知名公司的多渠道合作。② 2008年初，沈阳机床成为第二批184家创新型试点企业之一。国家创新型企业试点工作由国家科学技术部、国务院国资委、全国总工会三部门联合发起。创新型企业主要是指拥有自主知识产权和知名品牌，具有较强的国际竞争力，依靠创新实现持续发展的企业。这些企业把创新作为根本战略，注重技术创新、机制创新、管理创新和文化创新。试点的过程就是企业提高自主创新机制能力建设和确立的过程。③ 2009年，在科技部牵头组织下，沈阳机床牵头成立了"数控机床高速精密化技术创新战略联盟"。联合了南通科技、西安交通大学、中科院沈阳计算所等20余个产学研单位，以"数控机床高速精密化关键技术开

① 中国工业经济联合会，中国工业报社. 中国工业经济年鉴 [M]. 北京：中国财政经济出版社，2008：655-658.

② 沈阳机床被科技部批准设立首批企业国家重点实验室 [J]. 制造技术与机床，2008（2）：4-5.

③ 沈阳机床集团成为国家创新型试点企业 [J]. 现代制造，2008（12）：30.

发和应用研究项目"为载体，重点围绕高速精密数控机床关键功能部件开发、高速精密机床运动特性、高速精密机床切削工艺、数控系统应用技术等方面开展研究工作，积极探索多样化、多层次的合作形式，建立资源共用、成果共享、优势互补、风险共担的管理机制。同时，沈阳机床还拥有辽宁省工程技术中心、博士后企业工作站、特邀院士工作站、沈阳装备制造业聚集区公共研发促进中心等技术创新平台。[①]

二、实施首次数控机床召回行动并开设 4S 店

2005 年 6 月，沈阳机床实施首次数控机床召回行动"A 计划"，计划于 2005 年 12 月底结束。根据沈阳机床集团调查数据，截至 2005 年 5 月 31 日，沈阳机床集团共为首批重点用户的 240 个企业提供数控机床 716 台，总价值量 48500 万元。其中 2000 年以来向重点用户所属五大产业领域提供数控机床 564 台，占向该领域提供总量的 80% 左右，基本满足用户的使用要求。为此，沈阳机床集团针对 2000 年以前提供的存在不同程度问题的 78 台数控机床，免费实施大修、项修和换货（总经费预算为 2000 万元），达到用户正常使用要求。召回行动"A 计划"是企业以自我否定（过去）为表现形式的自我肯定（现在）的行为，也是借助外力提升企业内部素质的行动，更是中国机床工业发展史上的一个创举。"A 计划"与企业内部诸多计划一起，构成了沈阳机床集团新一轮的"版本升级"行动。"版本升级"是集团站在全球化角度提出的一个战略规划，最终目的是全面提升企业内在素质，使企业功能更强大，适应国际化发展战略。[②] 同年 9 月，沈阳机床集团与西安交通大学签署协议，正式收购其持有的昆明机床 29% 的股权，成为昆明机床的第一大股东。通过整合资源，沈阳机床集团逐步把德国希斯公司世界一流的重大型镗铣设备制造技术转移到沈阳机床旗下的昆明机床，使之成为国内大中型数控镗铣床生产制造基地，从而形成跨地区、跨国经营的三大产业集群新格局，即沈阳核心产业集群、昆明产业集群和以德国为中心的欧洲产业集群。

---

① 中国创新型企业发展报告编委会. 中国创新型企业发展报告：2012 [M]. 北京：经济管理出版社，2012：222-226.

② 中国机械工业年鉴编辑委员会，中国机床工具工业协会. 中国机床工具工业年鉴：2005 [M]. 北京：机械工业出版社，2005：216.

2005 年 6 月，沈阳机床第一家 4S 店在宁波诞生，从而开创了我国机床行业实施精细售后服务的新纪元。2010 年 12 月 8 日，沈阳机床（集团）有限责任公司在西安成立沈阳机床（西安）特许销售服务中心，西安鼎瑞机械设备有限公司成为沈阳机床在西北地区的首家 4S 店，总面积近 2400m^2，其中展示厅面积为 1400m^2，同时设有备件库、洽谈处及培训中心，是集产品展示、销售、技术支持、咨询服务、人员培训为一体的销售服务中心。该 4S 店的建设将进一步加快售后服务的响应速度，提升服务水平，扩大沈阳机床产品在西北地区的品牌效应和市场影响力。至此，沈阳机床已先后在宁波、温州、青岛、广东、湖北、西安等城市和地区设立了 8 家 4S 店。在最靠近客户的地方设立 4S 店，是沈阳机床从单纯的经销商向技术与服务运营商转型、细分市场、深度耕耘的一个营销策略。这些手段使沈阳机床的产品更加贴近终端用户，提高了公司对市场的快速反应能力。[1] 2012 年，沈阳机床股份有限公司正式步入为用户提供产品生命期全面解决方案的机床市场发展高级阶段，产品设计开发实施项目经理负责制，负责从产品开发、产品试制、产品优化、进入市场、产品再优化、提供全面解决方案，直至提升市场占有率的全过程。在国内打造独具沈阳机床集团特色的 4S 店营销与服务新模式，提供集产品展示、销售、配件服务、技术服务为一体的服务，2012 年已成立 21 家，2015 年建成 70 家。在国外构建营销与服务平台，已在德国、土耳其、美国、韩国等国家组建了销售服务中心。公司设立工业服务事业部，将 4S 店营销渠道、区域工业服务基地、区域营销中心、工业服务体系及金融租赁公司打造为一个整体的服务体系。

三、推出 i5 智能数控机床

从 2007 年开始，沈阳机床彻底摒弃模仿和跟随的道路，走向独立研发底层运动控制技术。标志性事件就是 2007 年 9 月 19 日成立的沈阳机床（集团）设计研究院有限公司上海分公司，法定代表人为朱志浩。经过 5 年的努力，上海团队攻克了框架里的每一项技术，作出了所有的算法，写出了所有的代码。2012 年 7 月，"沈阳机床自己理解的运动控制技术" i5 智能装备数控系统面世。所谓"i5"，是智能（intelligent）、互联网（inter-

---

① 侯永锋. 把机床摆在 4S 店里卖［N］. 辽宁日报，2010-12-14（002）.

net)、集成（integrate）、工业（industry）和信息（information）五个英文单词的首字母的缩写，它最初所指代的就是沈阳机床开发的数控系统技术。2013 年 4 月，搭载 i5 数控系统技术的系列数控机床在第十三届北京中国国际机床展览会上首次对外亮相。该数控机床成功地将运动控制技术、计算机技术、网络技术、信息技术集成在一起，展示了我国机床行业在工业生产高度自动化方面的最新成果，也标志着配置 i5 数控系统技术的智能机床进入产业化阶段。i5 数控系统主要通过预置经过优化的机床加工循环，以图形化的方式引导用户进行操作，可有效减少用户的编程和加工时间。此外，系统除本机的图形化故障诊断外，在沈阳机床集团搭建的基于"云制造"和"智能制造"概念的信息集成平台"i 平台"上，用户也可实现远程故障诊断，降低机床维护成本，减少停机时间。

在核心底层技术的基础上，沈阳机床于 2014 年首发 i5 智能数控机床。该产品以计算机和信息驱动技术为核心，以互联网为载体向客户提供全周期服务，将传统制造装备打造成为具有智能补偿、智能诊断、智能控制、智能管理等特性的智能制造单元。2014 年沈阳机床研制的 i5T 系列机床包括 i5T1.4、i5T3.1、i5T3.2、i5T3.3、i5T3.5、i5T3.6、i5T5.2 和 i5T5.4 等多种类型的针对不同行业的机床，该系列产品主要性能指标达到国际先进水平，具有超高的精度和稳定性，大切削量进给的高刚性结构，让客户得到高效率、低成本的机床，可满足小五金、汽车、摩托车、轻工机械等行业对不同类型零件进行高效、大批量、高精度加工的需求。

基于 i5 智能终端技术及其实时在线能力，朱志浩在 2015 年带领团队完成数控机床全生命周期的信息平台开发，并在此基础上，结合沈阳机床从制造商向工业服务商的转型，创新性地提出了加工制造领域的云制造平台理念，通过智能云平台的生产力聚集和协同，实现分布协同生产，打造新型制造业态，降低社会创业者的创业成本，提高社会整体的生产设备利用率。2015 年 5 月，i5 团队在由新华网主办，中宣部、科技部、工信部等多部委指导的寻找最美科技人物和创新团队活动中获评"最美创新团队"。至 11 月，在 i5 研发过程中，一共递交了 27 份专利申请，其中：发明专利 9 项，取得授权 2 项；实用新型专利 6 项，取得授权 6 项；外观设计专利 12 项，取得授权 12 项。递交国际专利 PCT 发明专利 1 份，16 项软件著作权。①

　　截至 2015 年，i5 智能机床共推出两大类 6 个系列的产品，两大类为
i5T 系列和 i5M 系列，细分为 i5T1、i5T3、i5T5、i5M1、i5M4、i5M8 等 6
个小系列。i5T1 是搭载 i5 智能系统并以极简设计理念形成的一款全新智能
车床，主要针对盘类零件及轴类零件的加工，涵盖轴承、齿轮毛坯、汽车
零部件、传动轴等诸多产业，作为通用型的工具集，具有非常广泛的适用
性。i5T3 作为通用型智能车床，应用广泛，可根据行业加工典型零件优化
加工路径，提高加工效率。i5T3 基于零部件极简与数量极少原则全新打
造，可用于行业模块扩展的机床平台架构、关键部件的国际战略合作，可
极大地提升产品品质，性价比极佳。i5T5 是以世界领先车床理念研发的世
界品质机床，主要性能指标达到国际先进水平，具有超高的精度、稳定
性，极致优化的主机结构，刚性高，扩展性强，可提供个性化重组单元。
i5M1 是针对消费电子行业开放的智能高速钻攻中心，主要用于加工手机、
平板电脑等消费电子类产品的外壳、中框、按键等小型金属零部件。该系
列机床结构紧凑，尺寸小，占用空间小，同时提升了加工效率和精度。
i5M4 智能立式加工中心主要应用于汽车、摩托车零部件及通用型零件的加
工，性价比高，性能稳定。同时，机床标配智能误差补偿功能，精加工精
确无比。i5M8 智能多轴立式加工中心以门式结构为基本布局，五轴五面，
建构 i-box 极简智造技术。针对不同加工需求，配置不同的技术模块，衍
生出不同系列的机床。以多端变化，化繁为简，带来超强智能的制造力。
相较于以前的传统机床产品，i5 系列机床称为智能机床，其作为智能终
端，依托于互联网，能够实现智能功能和在线服务，提高全社会的设备利
用率。可以说，i5 模式并非单纯的、机床本身的技术进步，而是一种适应
当前互联网时代的整体性的商业模式的创新。②

　　2016 年，沈阳机床的智能高速钻攻中心 i5M1.4，率先采用蒙德里安风
格全铝防护件的概念化设计，通过简约的线条与几何图形延伸交叠，呈现
出轻盈、辨识度更高的模块化外观，给人以独特的视觉体验，与其面向的
3C 行业更加契合。整体采用全铝材质，有效避免粉尘及油气外溢，减少环

---

① 中国机械工业年鉴编辑委员会，中国机床工具工业协会. 中国机床工具工业年鉴：2016［M］.
　北京：机械工业出版社，2017：148.
② 中国机械工业年鉴编辑委员会，中国机床工具工业协会. 中国机床工具工业年鉴：2016［M］.
　北京：机械工业出版社，2017：79.

境污染，使排屑更容易，开门更自如，安装更简单。该机床所配备的系统是由沈阳机床股份有限公司自主研发的具有完全自主知识产权的智能化数控系统。该机床工作台尺寸 550mm×350mm，X、Y、Z 轴行程分别为 550mm、400mm、350mm，三轴快移速度达到 48m/min，主轴电动机功率 3.7kW，主轴配用 BT30 刀柄，最高转速 20000r/min，21 把伞形刀库，换刀时间 1.4s。该机床主要针对消费电子行业，用于加工手机、平板电脑大宗消费电子类产品的外壳、中框、按键等小型金属零部件。该机床结构紧凑，尺寸小，将加工效率、精度提升到极致。同时，2016 年，沈阳机床还推出全球首创平台型 i5M8 智能机床，并开始建设 5D 智能智造谷。以 i5M8.4 智能多轴立式加工中心为例，其主要性能指标：工作台直径 400mm；工作台承重 300kg；行程 600mm、750mm、450mm，（A、C）± 120°/n×360°。快移速度 30000mm/min，（A、C）50r/min；主轴转速 12000r/min；主轴功率 11kW/15kW；刀位数量 20 把；刀柄形式 BT40；定位精度 0.008mm，（A、C）±5″；重复定位精度 0.005mm，（A、C）±3″；数控系统为 i5 智能系统。该机床是一款高速五轴加工中心，用于加工阀体、薄壁类、壳体类、框架类零件的柔性高效加工。该机床标配为双轴转台，工件可以在一次装夹后自动连续完成多个平面的高速铣、镗、钻、铰、攻螺纹等多种加工工序。同时，i5 数控系统后台可以连接互联网，对用户加工信息进行收集，最终形成大数据，有利于了解和分析用户零件的加工特点和需求。[①] 2016 年 6 月，沈阳机床尤尼斯板块以"i5 智能设备"入股模式在十堰投资建设"智能制造工厂"，项目注册名称为"十堰圣伟屹装备制造有限公司"，首期投资额 3000 万元，投入"i5 智能设备" 200 台（套）。2017 年，沈阳机床耗资 11.5 亿元成功自主研发被称为"工业界安卓系统"的世界首款工业操作系统——i5OS 系统，并面向全球向使用者免费开放。[②]

　　基于 i5 系统技术的 i5 智能机床，在运行过程中可以时时采集和传输数据，这些数据可以随时查看工厂的运转情况、机台的生产情况，以便及时采取相应的管理措施；这些数据形成了新的即时分享的商业模式，可以在线提供技术解决方案。凭借着数据的时时传输和时时互联，沈阳机床能

① 中国机械工业年鉴编辑委员会，中国机床工具工业协会. 中国机床工具工业年鉴：2017［M］. 北京：机械工业出版社，2018：72-74.
② 陈炳均. 沈阳机床技术追赶路径及效应研究［D］. 南宁：广西财经学院，2022：21.

够推行一条与众不同的商业模式——不再是传统的机床买卖、加价销售、赚取利润，而是以"零首付"租赁给客户，按小时或者按加工量收费，结算的依据就是机床运转所传输回来的数据。然而，用这样的方式来取代传统的买卖模式，沈阳机床会面临资金上的压力：一方面需要承担 i5 机床的制造成本，另一方面用户按照使用付费，很难快速收回投资、产生盈利。虽然 i5 机床自面世以后销量连年大增，2016 年订单量更是达到了 1.8 万台，但是在上市公司所披露的财报中，营业收入和利润则是持续两年下降。① 因此，沈阳机床 i5 数控机床的问世并没有扭转利润下滑的趋势。i5 数控机床前期巨大的研发投入，让本就利润微薄的沈阳机床深陷债务泥潭，接下来就是连续 7 年的亏损。② 围绕沈阳机床的衰落，业界讨论不断，《中国经济周刊》记者梳理发现，观点主要集中在两方面：一是沈阳机床国内国际扩张速度过快，又遇到机床行业不景气，加之历史负担重、体制机制不够灵活，才落到今天这个地步；二是沈阳机床的 i5 智能机床产品牵涉精力过多，不是未来的方向。对于第一点，业内人士有共识。但对于 i5 则是众说纷纭。一种观点认为，沈阳机床以"零首付"把 i5 智能机床租赁给客户，按小时或者按加工量收费，结算的依据就是 i5 智能机床运转所传输回来的数据。这样的租赁方式给沈阳机床带来了巨大的资金压力。用户按照使用情况付费，导致资金回笼慢。与此同时，这样的销售模式也动了同行的"奶酪"。另一种观点则认为，i5 堪称沈阳机床一张不错的牌，将使沈阳机床在很多方面不受制于人。至于沈阳机床的亏损，则是生意层面的事。③ 据《财经国家周刊》介绍，2021 年 4 月在北京举办的第十七届中国国际机床展览会上，中国通用技术集团携旗下 7 家机床企业重磅亮相，发布了 8 款新产品，其中就包括沈阳机床全部采用 i5 智能数控系统的五轴机床。这也从侧面说明，i5 技术在中国通用技术集团内部获得了肯定。④ 当然，即便是失败也不能否认沈阳机床在国产化产品中所作出的努力，也正是有了很多试错的机会和大胆的尝试，我国数控机床在国际舞台上才得

① 康晓博. 十年了，关锡友和沈阳机床，究竟创造了什么？［J］. 中国机电工业，2017（5）：48-53，2.

② 郭宇. 沈阳机床进一步重整　高端数控需继续前行［N］. 中国工业报，2022-01-13（003）.

③ 陈栋栋. 全球第一、濒临破产，央企 18 亿救助　沈阳机床复活记［J］. 中国经济周刊，2019（22）：67-69.

④ 陈浩杰. 沈阳机床成败启示：大国重器，何以兴之？［OB/OL］. ［2021-08-10］. https：//baiji-ahao. baidu. com/s？id=1707697100592421578&wfr=spider&for=pc.

以逐渐发展。

四、开发更多款型机床新产品

2008 年 12 月 13 日，胡锦涛总书记视察沈阳机床（集团）有限责任公司。胡锦涛强调了数控机床对国民经济发展的重要性，并对关锡友董事长及员工们提出"瞄准更高目标，掌握更多关键技术，始终保持技术优势，努力成为世界一流跨国公司"的期望。2008 年沈阳机床车床新产品包括：HTC80200LM、HTC63300DT 数控车床，GTC25060ft、STM200160、GTM500200、GTC400160 数控立式机床，HTC250800super 数控卧式机床，FTL3665 经济型数控车床，MA 变速器壳体生产线，缸体特殊部位柔性加工生产线，托辊加工及装配柔性自动线生产线，HTC3285t2y2 双刀架卧式车削中心，HTC2515dsp 并列主轴卧式车削中心，VTC3525i 倒置式立式车削中心，SBC25125 曲轴/凸轮轴高速外铣床，VMC0645h、VMCO540d 高速立式加工中心，HTC100400 数控卧式车床，VTC5050 立式数控车床，HTM63 系列卧式车铣中心，GTC250140m 立式车削中心，HTC160/200middle 系列重型数控卧式车床，HTC200/250super 系列、HTC160/220heavy 系列重型数控卧式车床，HTC160sub 系列双主轴数控卧式车床，HTC160/200triple 重型数控卧式车床等，其中除后 9 种产品属于国内领先外，其他 17 种产品均达国际领先；钻镗床新产品包括：MA 变速箱壳体生产线，缸体特殊部位柔性加工生产线，托辊加工及装配柔性生产自动线，TC500 立式钻攻中心，VMC850、VMC1100、VMC1300、VMC1600 立式加工中心，GMCmr3 系列龙门移动式加工中心，VMC25100u 立式五轴加工中心，GMC2060u 桥式五轴加工中心，TK6813×2、TH6813×2 双面数控卧式铣镗床，FBC160 落地式铣镗加工中心，GMC820u、GMC1070u 龙门五轴加工中心，GMC30100u 桥式五轴加工中心，HMC160 卧式加工中心等，产品均达国际先进。沈阳机床集团在吸收国内外先进技术基础上充分运用现代化设计手段自行开发的数控产品——TH57200×400 龙门五面加工中心，采用滑枕式主轴，主轴为立、卧一体结构，通过主轴头 C 轴回转实现工件一次装夹自动连续完成多个平面的铣、镗、钻、铰、锪等多种加工工序的五面加工，且可通过多轴联动对复杂三维曲面工件进行高速精密加工。广泛应用于机械、汽车、冶金设备、纺织、机械、航天航空、造船等行业的机械类零件的加工。该项目荣获 2008 年度辽宁省优秀新产品一等奖、辽宁省科技进步二等奖。[①]

　　2011 年 11 月，沈阳机床股份有限公司所属商标被评为全国驰名商标；12 月，沈阳机床（集团）有限责任公司荣膺中国十大创新型企业。根据国际权威机构——美国加德纳（Gardner）公司 2012 年 2 月 27 日公布的数据显示，沈阳机床 2011 年机床产品实现销售收入 27.83 亿美元，名列世界机床行业第一位。沈阳机床自主设计、生产的五轴联动卧式车铣复合加工中心——HTM125 系列车铣中心，拥有斜床身、具有 C 轴功能的双主轴箱、运行于床身和辅助导轨之上的单立柱、置于单立柱两侧挂箱上的双刀架、刀具位于主轴正上方的进刀机构、多个曲轴专用中心架、位于第二主轴箱及中心架上移动的特殊燕尾拖动机构、超长全封闭式防护机构等。左刀架具有车、镗、铣、钻、铰、攻丝等功能，其刚性优于进口设备；右刀架大转矩输出可实现外铣粗加工，这是进口设备不具有的；在一台机床上可完成粗精加工，效率高，可替代进口机床。同一般的五轴卧式车床相比，该机床具有重型机床的承载能力，双刀架的配置，尤其在曲轴加工方面优势明显，在机车制造业、船舶制造业、曲轴加工及相关产业中应用前景广阔。该产品获 2011 年度辽宁省科技进步二等奖。HTC63150n 大型卧式斜床身数控车床是沈阳机床股份有限公司根据市场需求，在通用数控车床上应用复合导轨结构、增加刀库及自动换刀装置等功能部件，采用油水分离技术，开发设计的一种高效、高性能的先进数控机床。该机床可根据用户需求配置不同容量的刀库，并对普通立式刀架改装，增加了拉刀机构，通过机械手换刀，实现了对复杂多工序零件一次性加工。该机床获全国发明展览会银奖，沈阳市科技进步三等奖。2011 年沈阳机床集团开发的车床新产品包括：HTC3230 数控车床、HTC6680hw 数控卧式轮毂车床、HTM40100 车铣中心、HTM80400 车铣中心、VTC3240 数控立式车床、VTC6664vwh 数控立式轮毂车床、VTC8080 立式数控车床、VTC10080d 双刀架立式数控车床、VTC12580d 立式双刀架数控车削中心、HTC32i 系列数控车床、HTC4050n 数控车床、HTC40100ny 车削中心、HTC50250n 双主轴双刀架数控车床、STC3030 数控车床、STC1460n 数控抽油杆车床、STC2085n 数控抽油杆车床、STC2260n 数控抽油杆车床、SH20-5 数控纵切机床、SH20-7 数控纵切机床、ETC1625u 经济型数控卧式车床、ETC1625p

---

[①] 中国机械工业年鉴编辑委员会，中国机床工具工业协会. 中国机床工具工业年鉴：2009 ［M］. 北京：机械工业出版社，2009：69-70，103-104，108.

经济型数控卧式车床、ETC1015p 经济型数控卧式车床等；开发的钻镗床新产品包括：FBC260r 数控落地铣镗床、TH65125×250B/D 卧式铣镗加工中心、TKS6513 数控卧式铣镗床、TK6513/2 数控卧式铣镗床、GMB30805X 五轴数控龙门铣床、GMB2550u 龙门式数控五轴镗铣床、GDC5060ms 动龙门式数控铣钻床、GMC2560u 桥式五轴加工中心、GMC2590u 桥式五轴加工中心、GMC1630u 龙门五轴加工中心、VMC22120u 立式五轴加工中心、GMC50180mr3 龙门移动式加工中心、GMC40120mr 龙门移动式加工中心、GMC2560WH 动梁龙门加工中心、VMG5 动梁龙门移动式加工中心、PIB80h 数控回转工作台、PIB40t 数控回转工作台等。[①]

2012 年，全国机床工具行业呈报新产品试制情况的共有 142 家企业，共计完成 743 项新产品试制，平均每家企业完成 5.2 项，其中，沈阳机床完成新产品试制 52 项，居首位。沈阳机床根据用户工艺研发的特种车辆前轴生产线，包括立式加工中心、龙门式加工中心、万向电动攻丝机及数控双面镗铣专机，以技术先进、生产效率高得到了用户的认可。FBC200r 落地式铣镗加工中心获 2012 年机床工具行业"中国机械工业科学技术奖"二等奖。还开发 HTC32i 系列、HTC1650t、HTC40100ny、HTC63100t、HTC63ny 系列、HTC63600n、HTC2050i、VTC6070i、HTC1612i、CAK3665 等型号的数控车床，同时，开发 VTC8080m、VTC12580m 型数控立式机床，VTC2015i 型数控倒置立式机床，STC22200n、STC22300n 型数控管螺纹机床。上述新产品均达到当时国内领先水平。HTC100t 系列数控车床，获 2012 年度辽宁省优秀新产品一等奖。该机床采用方便大型工件装卸的 75° 整体床身和中心架布局的设计，主传动系统开发两种模块，分别满足不同用户的需求。该机床采用模块化设计方法，根据不同用户需求，设计有尾座和副主轴模块。这两个模块采用分体式设计，可以方便组合和更换，减少了专用件，增加了通用件的比例。该机床在中心架支撑座体的设计采用箱式结构，并采用大锁紧力、多点、大范围缩紧结构，使中心架的支撑刚性与床身的结合刚性足够大，保证在加工外缸筒的 T 形螺纹时不产生振动。综合技术填补国内空白，达到国际同类产品先进水平。该机床能够加工各种轴类、盘类零件，可以车削螺纹、圆弧、圆锥及回转体的内外曲

---

① 中国机械工业年鉴编辑委员会，中国机床工具工业协会. 中国机床工具工业年鉴：2012 ［M］. 北京：机械工业出版社，2013：78，73-74，98-99.

面。主要用于各种重型、大型零件的粗、精加工，可用于煤矿机械行业的液压缸外缸筒，石油行业的牙轮、牙爪等特定零件的粗、精加工，也可用于轧钢、风电、食品、机械以及交通运输行业的一些零件的加工。沈阳机床集团的自行研发项目"SH20系列精密纵切机床研发"，属于机床小型化设计技术，实现5轴、7轴控制，具有可靠性设计和快速维修设计技术；双通道控制技术；模块化附件设计技术，实现零部件通用化；加工和装配工艺优化技术；机床防水可靠性的提高与保证；试验检测技术三维设计技术，有限元分析优化技术；电气柜采用全封闭内置形式，采取防尘降温措施，并在电气柜内预留一定空间以便于扩展功能。各项技术参数指标均可达到国内领先水平。①

2013年，沈阳机床开发的车床新产品包括：Viva Turn 2、Viva Turn 4卧式数控车床，V2立式数控车床，MTC系列多功能车削中心，A系列自动化加工单元，TURNKEY32jcyc自动生产线，STC22250nz中驱数控车床，STC6120数控管螺纹加工机床等；开发的钻镗床新产品包括：BM850t、BM650t锐捷铣。在科技创新方面，"精密卧式加工中心系列产品关键技术研究及其应用"项目，针对中大规格精密卧式加工中心的精度提升、性能稳定、运行可靠性等难题，进一步深入开展精密卧式加工中心的设计、制造、控制、检测及可靠性等相关技术的攻关研究，切实突破精密卧式加工中心发展的技术瓶颈，将研究成果应用于精密卧式加工中心新产品的研发和已有系列产品的改进提升，并通过新产品的测试试验进行验证，确保新研发的精密卧式加工中心的精度及性能指标达到国外同类产品的先进水平。通过产品的研发和关键技术攻关相结合，实现精密卧式加工中心整体性能提升和关键技术的突破，促进产品性能升级，实现产品的系列化和产业化研发制造，满足国内各重点领域对该类型设备的需求。该项目获2013年度云南省科技进步一等奖。"HTM40100h卧式车铣复合加工中心"项目是沈阳机床自主研发的复合型机床，具有自己鲜明的技术特点，市场前景广阔。该类机床打破了同类机床国外厂商垄断的局面，使我国机床制造业在高技术设备领域取得进一步的发展，缩短了我国机床制造业与国外竞争对手的差距，提高了我国数控产品的国际竞争力，降低了国内厂商设备引进成本、设备维修维护费用，并促进汽车、军工、航空、能源等行业的快

① 中国机械工业年鉴编辑委员会，中国机床工具工业协会. 中国机床工具工业年鉴：2013［M］.
北京：机械工业出版社，2013：69-74.

速发展，为国防制造装备业提供有力保障。该项目获 2013 年度"中国机械工业科学技术奖"二等奖。"HTC3250μn 精密车削中心"项目属"高档数控机床与基础制造装备"国家科技重大专项项目，获沈阳市 2013 年度自主创新十佳、沈阳市科技进步二等奖，并获 2015 年机床工具行业"中国机械工业科学技术奖"二等奖。该精密车削中心是集公司多年生产高精车的经验，为满足车床行业加工零件精度日益提高的要求而开发设计的数控高精度机床，体现了当今数控机床高效、高精的发展趋势，具有国际领先水平，是针对国内航空航天、汽车、军工、电子、光学仪器等行业对高档精密数控机床的需求而研制开发的。①

　　2014 年 3 月下旬，沈阳机床承担的高档数控机床与基础制造装备专项课题"航空大型复杂结构件高效加工工艺应用试验研究"通过了数控机床专项实施管理办公室组织的专家组验收。该课题由沈阳机床承担，参与单位有成都飞机工业公司、沈阳飞机工业公司和北京航空航天大学。课题组进行了"大型飞机结构件五轴联动加工工艺研究""基于三维模型数控快速编程与仿真""加工误差补偿和控制技术""飞机结构件数控加工快速检测技术研究""飞机结构件加工多轴机床改进"等研究工作，建立了五轴联动加工编程平台和数据库，开展了加工工艺验证，进行了国产五轴加工机床的结构改进。沈阳机床集团开发的 TURNKEY32ntn 型"汽车轮毂轴承加工自动生产线"，轮毂圈加工节拍为 4min 以内，外圈加工节拍为 3min 以内；主轴法兰端面跳动在 0.003mm 以下，主轴内侧部跳动在 0.003mm 以下，主轴以 2500r/min 的转速运行 30min 后，主轴的延伸量在 0.016mm 以下；主轴中心线与 X 轴滑行运动的直角度在 0.004mm/150mm 以下，主轴中心线与 Z 轴滑行运动的平行度在 0.005mm/250mm 以下。该产品获 2014年度中国机械工业科学技术奖二等奖。该项目是我国第一条自主研发的用于加工第三代汽车轮毂轴承的自动生产线，主要用于汽车轴承轮毂圈和外圈的加工，整体布局设计合理。生产线通过机械手的自动上下料完成零件外圆、内孔、端面的全型面加工，并可进行精度的在线监测，做到了机床柔性生产、无人化加工、智能化管理。②

---

① 中国机械工业年鉴编辑委员会，中国机床工具工业协会. 中国机床工具工业年鉴：2014［M］. 北京：机械工业出版社，2015：53-57，81-84.
② 中国机械工业年鉴编辑委员会，中国机床工具工业协会. 中国机床工具工业年鉴：2015［M］. 北京：机械工业出版社，2016：162-168.

2015 年 1 月，04 专项项目"航空大型复杂结构件高效加工工艺应用试验研究"在中航工业成都飞机工业（集团）有限责任公司（以下简称成飞公司）通过了 04 专项办公室组织的验收。按照项目要求，沈阳机床主要开展了"多轴联动加工误差补偿技术研究"和"航空件加工机床研究与改进"两项工作，为成飞公司提供了改进型 A/B 轴的五轴立式加工中心和 A/B 轴的五轴龙门加工中心，同时开发了 A/B 轴的五轴卧式加工中心供成飞公司首家试用。04 专项项目"高速数控车床及车削中心"在青岛力鼎自动化设备有限公司通过了 04 专项办公室组织的验收。该项目责任单位为沈阳机床，参与单位有河北工业大学、东北大学、沈阳航空发动机设计研究所和青岛力鼎自动化设备有限公司。根据项目要求，沈阳机床开展了高速主轴研制（带 C 轴电主轴和机械主轴）、高速进给（直线电动机进给 60m/min）和新材料机座等关键技术研究，研制了 8 台高速数控车床（HTC2550hs 型和 HTC4015n 型），并投入用户使用。沈阳机床集团联合参与单位开展了动态模拟、热补偿技术、轻量化技术、在线检测、可靠性试验和样机应用验证工作。7 月，工信部公布了 2015 年 46 个智能制造试点示范项目名单，沈阳机床集团的智能机床试点示范项目作为两家机床工具行业企业之一上榜。同年，沈阳机床针对钛合金、有色金属行业研发的 VMCu 系列立式五轴加工中心，具有高刚性、高精度、高效率的特点。尤其是配置 A、B 轴双摆角铣头后，可实现五轴联动，完成各种复杂平面、曲面零件的高效率、高质量加工。在加工过程中，可随时调整以避免刀具、工件的干涉，能一次装夹完成多种空间方向的加工，提高空间自由曲面的加工精度、质量和效率。床身、工作台为铸造结构，吸振性好，抗压强度高，刚性好。导轨采用镶钢导轨，镶钢导轨采用整体淬火，硬度为 60HRC，刚性强，移动平稳，精度高，并安装直线光栅尺，确保机床的定位精度和精度的稳定性。[①]

2016 年，沈阳机床研发的 HTC3650 数控卧式车床，是中德技术结合的全新数控车床，主要性能指标达到国际先进水平，具有超高的精度和稳定性及大切削量进给的高刚性结构。该机床适合汽车、摩托车、轻工机械等行业对旋转体类零件进行高效、大批量、高精度加工。沈阳机床生产的倒立式车床 VertiTurn3230iM，是一款自动化产品，最大加工直径为

---

① 中国机械工业年鉴编辑委员会，中国机床工具工业协会. 中国机床工具工业年鉴：2016［M］.
北京：机械工业出版社，2017：200-206，78.

320mm，最大加工高度为 300mm。特别适合盘类、套类及阀体等零件的大批量加工。因其是自动化产品，最大限度地降低了在加工过程中的人员操作误差，满足了客户对零件一致性和精度稳定性的需求。该倒立式车床的自动化主要体现在电主轴作为机械手自动抓取和卸载工件。物料传送机构采用双工位料道的设计，可以有效缩短加工节拍，提高效率。倒立车最显著的特点是工件倒置，使加工过程处于最优的排屑状态。另外，该倒立式车床的机床尺寸非常紧凑，宽度只有 1.77m，可以有效提高客户车间的机床布局的容量。德国工程师按照 SMART 理念对整机结构进行了优化设计和精密计算，功能模块配备了 6000r/min 的高速电主轴、高速进给轴（快移 60m/min）和 12 工位的动力刀塔，功能模块全部来自德国顶级供应商。同时，VertiTurn3230iM 也是一台倒立式车削中心，通过动力刀塔和 C 轴的配置可以实现切削、铣削、钻孔、攻螺纹等动作，特别适合汽车行业、轴承行业、齿轮行业用于零件的高效、高质量、高稳定性加工。[①]

五、2019 年的战略重组

沈阳机床曾凭借 27.83 亿美元的收入登上 2011 年机床行业世界第一的位置。从 2012 年开始，由于一般机械制造业市场低迷和自身的经营能力等诸多因素，沈阳机床开始走下坡路。2012 年，沈阳机床亏损 1763.46 万元，2013 年亏损 7667.11 万元。沈阳机床作为国有企业，自然有着国家政府的支持，但是由于市场环境的变化，导致企业发展不得已面临一些困境。经济改革之后，我国关税下降，大量外国企业涌入国内，而我国企业又缺乏自身核心技术，导致企业发展陷入困境。沈阳机床也在一直研究创新自身的技术，改善自身传统国有企业所拥有的自身体制问题和历史包袱，虽然提升了业绩，但是由于经济大环境的影响，机床行业发展受限制，导致企业经营困难。沈阳机床在 2015 年和 2016 年连续两年亏损总额超过 20 亿元，并且接下来几年都处于亏损状态，导致沈阳机床经营陷入非常严重的困境。2017 年沈阳机床在政府的指导下进行重大资产重组，并成功摘掉ST 的帽子，但是并没有解决沈阳机床的根本问题。据财报数据，截至 2018 年年底，沈阳机床负债合计约为 202.42 亿元，总资产约为 203.92 亿

① 中国机械工业年鉴编辑委员会，中国机床工具工业协会. 中国机床工具工业年鉴：2017［M］. 北京：机械工业出版社，2018：74-75.

元。2019 年上半年，沈阳机床继续亏损，净资产也由正转负，2019 年被债权人申请破产重整。[①]

2019 年 12 月 20 日，中国通用技术集团与沈阳市政府战略合作框架协议签约暨沈阳机床重组落地揭牌仪式在沈阳举行，沈阳机床过渡期管理联合领导小组和管理委员会名单确定。此次战略重组，对于促进中国机床装备制造业发展和老工业基地全面振兴具有重大意义。[②] 通用技术集团战略重组沈阳机床后，通用技术沈阳机床从"地方队"变为"国家队"，开始全面打破"铁交椅、铁饭碗、铁工资"的"老三铁"，建立起"管理人员能上能下、员工能进能出、收入能增能减"的"新三能"。公司总部职能部门压缩 40%，下属法人企业由 99 户压减到 15 户。与此同时，一线生产人员占比由 50% 提高到 60%。[③] 中国通用技术（集团）控股有限责任公司作为中央直接管理的国有重要骨干企业，基于国家战略需要和自身发展基础，把做强做优机床产业放在集团发展战略的首位，扛起振兴我国机床产业的大旗。沈阳机床主营业务包括机械设备制造、加工、租赁，国内一般商业贸易与进出口贸易等，主要产品包括卧式加工中心、立式加工中心、卧式数控车床、立式数控车床、行业专机、经济型数控机床和普通机床共计 7 大类 40 多个系列 170 余款产品。

2020 年 4 月 14 日，沈阳机床研制的国内首台超长行程高铁行业专用高速五轴加工中心成功下线，交付辽宁忠旺集团，用于高铁大型结构件的复杂曲面加工。沈阳机床针对高铁行业典型零件加工需求，加强自主研发，攻克了大型机床的整机轻量化技术、超长行程床身精度保障技术、X 轴超高速快速移动技术、整机高精度加工技术、变形补偿加工技术等 5 项技术难题，发表论文 3 篇，形成了 10 余项标准，并获得国家发明专利 1 项，实用新型专利 3 项，最终推出 GMC45620U 超大型龙门移动，是五轴联动加工中心产品。此项目的成功下线，标志着我国高铁行业高端装备的核心主机从此实现自主制造，将高铁行业装备制造的核心设备掌握在自己手中，推动中国装备制造业迈向高端制造的未来。[④]

[①] 马威. 沈阳机床破产重整财务绩效研究 [D]. 长春：吉林财经大学，2022：10.

[②] 金晓玲. 中国通用技术集团战略重组沈阳机床 [N]. 辽宁日报，2019-12-21 (002).

[③] 黄超. 通用技术沈阳机床砥砺前行 [N]. 沈阳日报，2022-06-07 (T05).

[④] 国内首台！通用技术集团沈阳机床研制超长行程高铁行业加工设备下线 [J]. 中国机电工业，
2020 (5)：48-49.

　　2022 年 10 月 20 日，经辽宁省高新技术企业认定机构评审，通用技术集团沈阳机床有限责任公司获得国家高新技术企业认定，11 月 28 日被授予"高新技术企业证书"。高新技术企业认定有效期为 3 年。根据相关规定，自获得高新技术企业证书认定后三年内，公司所得税将享受规定的税率优惠，有助于降低公司税负、提高经济效益，同时在创新发展过程中有机会争取到国家更多的技术和政策支持，为公司加大技术创新力度、研发高端战略产品提供了有力保证。

第二章　沈阳风机、压缩机和泵制造企业技术创新史

沈鼓集团（"沈阳鼓风机集团股份有限公司"的简称）系2004年5月8日由沈阳鼓风机（集团）有限公司与沈阳水泵股份有限公司、沈阳气体压缩机股份有限公司进行战略重组和重大技术改造后组建而成。沈鼓集团官网的"集团简介"称：沈鼓集团是中国装备制造业的战略型、领军型企业，肩负着为国家石油、化工、电力、天然气、冶金、军工等领域提供重大核心设备和成套解决方案的任务。沈鼓集团是国家高新技术企业，国家机械行业通用机械风机行业、压缩机行业和泵类行业的会长单位，承担着引领国家通用机械三大类行业的发展使命。企业现有员工5200人，年产值超过百亿。企业生存与发展关系到国家经济安全、战略安全，国内没有备份、不可替代，被党和国家领导人誉为"国家砝码""大国重器"。

沈阳鼓风机（集团）有限公司于2003年2月28日由沈阳鼓风机厂更名并完成工商注册，沈阳水泵股份有限公司于1998年12月16日由沈阳水泵厂转制成立，沈阳气体压缩机股份有限公司于1998年7月12日由沈阳气体压缩机厂转制成立。2004年5月8日，为了认真贯彻党中央、国务院"振兴东北老工业基地"的战略决策和"振兴发展民族装备制造业"的重大举措，沈阳机电装备工业集团决定，以沈阳鼓风机（集团）有限公司为主，重组沈阳水泵股份有限公司、沈阳气体压缩机股份有限公司，组建沈阳鼓风机集团股份有限公司，[①] 全力打造中国最大的通用机械装备制造业的"航空母舰"。8月18日，沈鼓集团战略重组技术改造新厂区奠基典礼在沈阳市张士开发区隆重举行。9月1日，在北京人民大会堂隆重召开的中国名牌暨质量管理先进表彰大会上，沈鼓集团"沈鼓牌离心压缩机"被授予中国名牌称号，获得了共和国风机行业的最高荣誉。12月，沈鼓集团获沈阳市政府颁发的"2003年沈阳市科技振兴奖"。2006年6月，沈鼓集

---

① 沈阳鼓风机（集团）有限公司. 沈阳鼓风机厂志：第二部［M］. 内部资料, 2007：39-41.

团向沈阳经济技术开发区整体搬迁。

▨ 第一节 2004 年以前的技术创新活动

一、沈阳鼓风机厂的技术创新

沈阳鼓风机厂前身是始建于 1934 年的"日满钢材工业株式会社本工场"，系从事矿山机械制造的企业。1945 年 8 月，日本投降时工厂宣布停产。国民党统治时期，改为"沈阳制车厂"。沈阳解放后，工厂收归国有，1949 年 6 月定名为东北人民政府工业部机械工业管理局沈阳第四机器厂。1953 年 9 月更名为"沈阳扇风机厂"，成为全国第一家风机制造厂，1963 年 2 月更名为"沈阳鼓风机厂"（简称"沈鼓"），隶属于第一机械工业部。1986 年 3 月，沈阳鼓风机厂被沈阳市机械局授予"开发新产品先进单位"。1997 年沈阳鼓风机厂组建企业技术中心，2000 年被国家认定为国家级企业技术中心，通过不断地完善技术中心的组织机构和制度，提高了新产品开发能力和成果转化能力。1999 年 3 月 1 日沈阳鼓风机厂被国家确定为辽宁省首家工业企业博士后科研工作站。1999 年 3 月 18 日，沈阳鼓风机股份有限公司创立大会隆重召开。4 月 16 日，沈阳鼓风机股份有限公司举行成立庆典大会。2000 年被认定为国家级企业技术中心，2001 年取得 ISO 14001 环境管理体系资格认证。2003 年 2 月 28 日，更名为沈阳鼓风机（集团）有限公司并完成工商注册，从而宣告工厂制在沈阳鼓风机厂彻底结束了历史使命。4 月 9 日，沈阳鼓风机股份有限公司更名为沈阳透平机械股份有限公司。2004 年 2 月 1 日，沈阳鼓风机（集团）有限公司荣获首批"全国机械工业现代化管理企业"（全国仅 8 家）。2 月 20 日，机械工业风机产品质量监督检测中心（沈鼓研究所风机检验实验室）通过中国实验室国家认可委专家组进行的国家级实验室现场监督评审。沈阳鼓风机研究所成立于 1960 年，1991 年改为市属独立的事业研究所，行政上隶属于沈阳市机械工业管理局领导，业务上直属机械电子工业部管理，并受沈阳市科学技术委员会指导。2010 年，沈阳鼓风机研究所由工厂制企业转为公司制企业，成立"沈阳鼓风机研究所（有限公司）"。目前，研究所下设三个职能部门，即沈阳蓝盛风机检测认证有限公司（机械工业风机产品质量监督检测中心），全国风机标准化技术委员会秘书处，《风机技术》杂志社、中国风机技术网。

1952 年，国家投资 170 万元对沈阳第四机器厂进行技术改造，在扩大使用面积和增加加工设备的同时，又引进抚顺 301 厂苏联专家提供的 H1、H2、H3 三套中、低压缩机制造技术，当年为国家重点工程哈尔滨亚麻厂生产了 3 种 13 个型号共 103 台通风机。工厂从 1953 年开始专业生产各种扇风机。1957 年开始生产第一台鼓风机，1960 年开始试制第一台压缩机。

1957 年沈阳扇风机厂试制成功 230 吨以下锅炉鼓、引风机，这在技术上是一个新的突破。在制造大型通风机有一定经验的基础上，沈阳扇风机厂开始生产鼓风机，经过艰苦努力，在陈旧的设备和落后的技术条件下终于在同年 9 月和 12 月先后制造出 D200-31、D1100-13 两种离心式鼓风机。1958 年全国掀起大办钢铁的热潮，沈阳扇风机厂的技术人员为满足国家年产 1070 万吨钢发展的需要，自行设计试制两种东风牌鼓风机为小高炉配套，当年生产 2000 台。同年又试制完成 13 种 54 个型号的新通风机和鼓风机，使产品由测绘仿制阶段开始步入独立设计制造阶段。1959 年沈阳扇风机厂建成大型鼓风机车间，使该厂生产能力和技术水平明显提高，当年试制成功了效率高达 85% 的 06-2 型 24#大型矿井轴流通风机，并开始承接国外风机订货，生产援外风机产品，全年为越南、朝鲜等国家生产各种风机 96 台。1960 年设计的 DA3250-41 离心压缩机，是沈阳风机制造工业生产的第一台压缩机。工厂生产的产品品种开始向鼓风机压缩机转变，产品水平不断升级，鼓风机压缩机生产比例由 33.6% 上升为 83.3%。沈阳鼓风机厂从 1965 年开始步入产品独立设计阶段，由于重视模型试验研究，获得了一些性能优良的模型机。1969 年，沈阳鼓风机厂为朝阳发电厂研制生产一台叶轮直径最大的风机，还为鞍钢、本钢会战生产出 1 立方米制氧机的关键设备——加热鼓风机、膨胀机、空压机、制氧机，充分显示了沈阳风机制造工业的水平。1970 年，沈阳鼓风机厂试制成功 S12000 烧结鼓风机，用于 130 平方米烧结机配套装置，整台风机重量达 126 吨，是中国当时最大的一种鼓风机。为了发展中国的原子能工业，20 世纪 60 年代末沈阳鼓风机厂接受八二〇工程所需循环氢透平压缩机（风机的一种）制造任务。技术人员采用国际先进技术，自行设计制造、试验成功水浮环密封装置，又采用不锈钢机壳和当时美国商品检测手段，于 1972 年末先后制造成功 DA-31、DA100-11 两种透平压缩机，成功地应用到工程现场，填补了国家空白。①

1974—1980 年，国家投资 1.4 亿元进行全面扩建，从英、美、法、日、捷、意、联邦德国、瑞士等国选购了 42 台套先进的数据、数显机床与检测仪器仪表，并从美国 IBM 公司购进两台大型电子计算机，成立了专门的电子计算机中心，完善了产品模化试验基地。扩建中还引进了意大利新比隆公司和日本日立公司的压缩机制造技术。1978 年，根据化工部急需年产 11.5 万吨乙烯装置的"四机"的情况，沈阳鼓风机厂设计人员采用了国内压缩机系列化的资料，设计了 2E51－37.7/9.95－1 型工艺压缩机（1978 年 12 月试制完成）、2E72－20/1.04－2 型乙烯压缩机（1979 年 6 月试制完成）、4-3E641-13.2/1.35-1 型裂解气压缩机（1979 年 6 月试制完成）、4E727-18/1.3-1 型丙烯压缩机（1979 年 12 月试制完成）。这是国产第一套年产 11.5 万吨乙烯装置的 4 种离心压缩机，这套压缩机达到世界先进水平。1979 年 8 月，第一批去新比隆公司培训的设计人员回国，即投入年产 30 万吨合成氨装置用的 BCL407＋2BCI408/A 型氮氢气压缩机和 2MCL806＋2MCL456 型空气压缩机 2 台样机的设计工作，图纸于 1979 年完成。空气压缩机因无用户而未投入试制。氮氢气压缩机系一机部拨给专款，才将主机试制完成作为"考核样机"。样机通过鉴定，完全符合新比隆产品的技术要求，给后来设计制造引进技术的新产品奠定了良好的技术基础。②

1980 年试制成功 30 万吨合成氨压缩机，经中意双方试车鉴定，各项技术指标均达到国际标准，为工厂发展透平压缩机新品种奠定了良好基础。经过扩建改造工程，已成为设备比较完善、技术力量比较雄厚，工厂装备和检测手段比较先进的国内产能最大、产品质量最佳的专业风机制造厂。到 1984 年累计为国内外用户提供透平压缩机、透平鼓风机、矿井风机、大轴流风机、锅炉鼓引风机、煤粉风机、一般轴流风机、一般离心风机等八大类产品 490 种 132375 台，累计上缴利税 23629 万元，为同期基建投资额的 1.3 倍。③ 1981 年 5 月沈阳鼓风机厂与日本日立公司签订制造 DA

---

① 沈阳市人民政府地方志办公室. 沈阳市志：三 工业综述 机械工业 ［M］. 沈阳：沈阳出版社，2000：160-162.

② 沈阳市人民政府地方志办公室. 沈阳市志：三 工业综述 机械工业 ［M］. 沈阳：沈阳出版社，2000：169.

③ 沈阳市铁西区人民政府地方志办公室. 铁西区志 ［M］. 内部资料，1998：123-124.

型压缩机技术合同，1982 年 4 月沈阳鼓风机厂 2K60 和 BKJ66-1 型高能矿井轴流通风机试制成功。2K60 矿井轴流通风机于 1983 年荣获机械工业部科技成果二等奖，1984 年获部优质产品奖。

1981 年 6 月，沈阳鼓风机厂又从日本日立公司引进 DH 型空气压缩机的设计制造技术，并于 1983 年 4 月完成了全部 DH-63 型样机图纸。该样机于 1983 年 2 月试制成功。这次引进技术产生的效果，其速度在机械行业中是比较快的，订户较多，因此工厂收益较大，获得了机械工业部的表扬。1982 年以后，在设计制造引进技术的离心压缩机为主的同时，沈阳鼓风机厂还继续进行了按国内"三化"系列设计制造离心鼓风机和压缩机的工作。1982—1985 年，按新比隆技术设计制造 23 种 MCL 和 BCL 离心压缩机，按日本日立公司设计制造了 12 种 DH 型离心压缩机。[①] 1982 年 10 月，沈阳鼓风机厂为年产 52 万吨尿素装置配套的二氧化碳压缩机在浙江镇海一次试车成功，这是该厂引进意大利技术后生产的第一台离心压缩机，也是我国第一台国产化大型离心压缩机，填补了中国生产大型尿素装置二氧化碳压缩机的空白，由此开始了大型离心压缩机国产化历史。该项目荣获 1984 年机械工业部科技进步一等奖和沈阳市科技进步一等奖[②]。1986 年 11 月 4 日，该二氧化碳离心压缩机组在浙江镇海通过国家级技术鉴定。1982 年 11 月，沈阳鼓风机厂为兰州炼油厂制造的催化裂化装置配套用的 MCL1004 透平压缩机和 2MCL457 透平压缩机，达到 20 世纪 80 年代国际先进水平。其中，MCL1004 压缩机于 1983 年获辽宁省、机械工业部优质产品奖和国家经委颁发的新产品"飞龙奖"，2MCL457 压缩机获 1983 年机械工业部优质产品奖，1984 年荣获国家银质奖、辽宁省优质产品奖。1983 年 8 月，沈阳鼓风机厂利用引进日本日立公司的技术，为上海石油化工总厂 2000 立方米高化氮装置配套生产的第一台 DH63 型压缩机试制成功。[③]

1986 年，沈阳鼓风机厂完成 33 台电站风机的制造任务，其中 No. 37F 离心式通风机填补了我国电站风机制造史上的空白。在中国机械工业委员会、中国机械冶金工会组织的 1986 年保电站建设联合立功竞赛中，沈阳鼓

① 沈阳市人民政府地方志办公室. 沈阳市志：三 工业综述 机械工业 [M]. 沈阳：沈阳出版社，2000：168-169.

② 沈阳市人民政府地方志办公室. 沈阳市志：三 工业综述 机械工业 [M]. 沈阳：沈阳出版社，2000：163.

③ 沈阳鼓风机（集团）有限公司. 沈阳鼓风机厂志：第二部 [M]. 内部资料，2007：21.

风机厂喜获"优胜单位"。1989 年，电站风机在望亭 30 万 kW 发电厂一次试车成功（ASN8000/2000 引风机两台、ASN1950/1000 送风机两台），系首次采用丹麦诺文科公司引进技术制造的产品。同年承担了为四川化工总厂年产 20 万吨合成氨装置研制空气压缩机、天然气压缩机和氨冷冻压缩机的任务。为镇海石化总厂生产的 80 万吨/年加氢装置配套用 BCL407 离心压缩机，是当时国内压力等级最高的离心压缩机。由于循环氢离心压缩机是大型加氢装置的心脏设备，具有易燃易爆危险性大等特点，设计制造难度大。在设计制造中，沈阳鼓风机厂采用了与西安交通大学联合开发的气体热力学计算软件、转子动态特性分析软件、自动控制系统等多项新技术，使机组性能达到了国际同类产品先进水平。1991 年 3 月 6 日，BCL407离心压缩机通过国家重大办、机电部重大办出厂认定。这对我国依靠自己的力量，发展石油精炼装置，提高石油产品的加工水平有重要意义。同时，也使我国的风机制造水平提高到一个新的高度。1995 年 2 月 28 日，该离心压缩机荣获中石化总公司颁发的"重大国产技术奖"。1997 年 8 月6 日，沈阳鼓风机厂为天津 80 万吨/年加氢裂化装置用 BCL406/A 离心压缩机全速全压氨气机械运转和气动性能试验取得一次试车成功，从此结束了国内压缩机全速全压试验空白的历史。1990 年 3 月，沈阳鼓风机厂自行设计制造的 SIC70 型单轴等温离心压缩机试车成功，该机具有高效节能的特点，并将压缩机与冷却器合为一体，成功地采用了焊接机壳新技术，这在我国尚属首创。5 月，按引进日本日立公司土浦工场技术制造的 S-360H封闭式离心冷冻机试车成功，检测数据表明，噪声、振动、制冷能力等各项性能指标完全符合日本的《JISB8621—1984 工业标准》规定。1991 年 3月 14 日，沈阳鼓风机厂为四川化工总厂年产 20 万吨合成氨装置配套的关键设备 2MCL457+BCL407 天然气离心压缩机、2MCL607+2MCL357K 空气离心压缩机和 3MCL456+3MCL456 氨冷冻离心压缩机，荣获国务院重大技术装备领导小组颁发的国家一等奖。[1]

1994 年，沈阳鼓风机厂承担为国家"八五"重大技术装备科技攻关项目四川天然气化工厂年产 30 万吨合成氨装置研制天然气、氨冷冻压缩机和年产 52 万吨尿素装置用二氧化碳压缩机的任务，研制出的设备主要性能指标达到国际同类产品先进水平，结束我国不能设计制造大型化肥装置用压

---

[1] 沈阳鼓风机（集团）有限公司. 沈阳鼓风机厂志：第二部 [M]. 内部资料，2007：15-31.

缩机的历史，具备自行研制大型化肥装置用"五机"配套的能力。同年，中国第一台 80 万吨/年加氢装置循环氢压缩机在沈阳鼓风机厂内试制成功。1995 年，沈阳鼓风机厂获得化工部定点生产证书。1994 年，沈阳鼓风机厂在引进德国德马格公司一个机型（VK8）图纸的基础上，自行开发 SVK4、SVK6、SVK12、SVK20 等产品，结合产品开发模型级、高效换热器等技术，并进行系列规划，形成具有自主知识产权的 SVK 系列高技术产品。该产品主要用于石化行业空分装置、动力站及制药、造纸等行业，是国家级新产品和国家火炬计划项目。2001 年，在 SVK 系列产品基础上又自主开发了具有自主知识产权的第一台 G 型高压组装式离心压缩机 G14，并在 G14 的基础上，开发了 G13、G16～G26 等产品，并进行了系列规划，同时结合产品开发了新的转子装配工艺方法，为高压组装式离心压缩机的设计、制造探索出了一条新路。

　　1995 年，中石化总公司开始对所属企业 30 万吨/年乙烯装置进行梯次性扩建，提出乙烯"三机"国产化目标。这为沈鼓圆中国石化工业重大技术装备国产化的梦想提供了历史机遇。当年，大庆石化公司决定把原有的 30 万吨/年乙烯装置扩建为 48 万吨/年，由沈鼓制造大型乙烯装置中的裂解气压缩机和丙烯压缩机。在中科院、西安交通大学等 20 多家科研机构的支持下，沈鼓从设计入手，把引进国外先进技术和自主开发相结合，开始了"中国制造"的攻坚战。1999 年 12 月 23 日，"两机"在大庆石化公司试车成功，日产乙烯 1450 吨，产品合格率为 100%。两机试车成功，实现了单套机组容量 24 万吨/年乙烯的目标，填补了国内空白，打破了国外设备一统天下的被动局面，结束了我国大型乙烯装置压缩机长期依赖进口的历史。2002 年 4 月 16 日，由沈鼓设计制造的上海金山石化公司 36 万吨/年乙烯改造工程裂解气压缩机组一次试车成功并投料生产。2005 年 7 月，国家又将茂名石化 64 万吨/年乙烯改扩建工程裂解气压缩研制任务交给了沈鼓。该机组是在完全自主创新的条件下，自行开发出来的具有国际先进水平的国产化大型裂解气压缩机组。该机组填补了国产化乙烯装置裂解气压缩机单机能力 64 万吨/年的空白，标志着我国的裂解气压缩机的设计和制造水平登上了新台阶。该机组于 2006 年 9 月 17 日在用户现场一次开车成功。[①]

---

① 沈鼓让民族工业挺起脊梁 [N]. 中国工业报，2010-09-02（B02）.

1997 年，沈阳鼓风机厂引进日本川畸重工一个机型（GM45）图纸，自行开发了设计软件，在 GM45 的基础上，开发了 GM25、GM35、GM55、GM65 和 GM75 产品，形成了 GM 系列。该产品是环保污水处理装置的核心设备，可替代进口和低效的低速离心鼓风机产品，达到 20 世纪 90 年代同类产品国际水平。1998 年，沈阳鼓风机厂为淮南化工总厂 2.8 万 Nm^3/h 空分装置设计制造 RR150-4+08MH6C 离心压缩机，机组设计制造涉及多项技术和多门学科，采用许多新技术、新工艺、新标准以及先进的 CIMS 集成系统，保证机组设计制造的正常运行。机组的研制成功，开创了我国大型空分装置用离心压缩机的设计制造历史，填补了国内空白，产品达到国际先进水平，2002 年获沈阳市科技进步及优秀新产品奖。1998 年，沈阳鼓风机厂为大庆石化总厂设计研制出第一套 48 万吨/年乙烯装置改造用 DMCL706+2MCL706+MCL704、12MH7A 裂解气压缩机/丙烯压缩机。由于乙烯"三机"的重要性，在此之前的国内 18 套乙烯装置的 50 多台压缩机均是从国外进口，这一领域始终是国产机组的"禁区"。为了实现国家重大技术装备国产化，国家经贸委、中石化集团公司和机械部领导高瞻远瞩，对裂解气压缩机的国产化给予大力支持。沈阳鼓风机厂不负众望，在机组的设计制造过程中攻克多项关键技术，包括：（1）开发当代先进的全优化计算软件包，解决裂解气 40 余种组分的低温高压物性参数的精确计算和热力参数计算；（2）应用先进的 CFD（计算流体动力学）方法开发压缩机高效三维叶轮和二维叶轮，提高机组效率；（3）开发先进的喷水技术，解决裂解气压缩机叶轮的结焦问题；（4）解决 4 机组串联高速转子的稳定性技术，保证机组长周期可靠运行。该机组属于技术密集型高速旋转的大型石化机械设备，被列为国家"九五"重大技术装备国产化研制项目和中石化重大国产化项目，机组的研制成功实现了大型乙烯压缩机国产化零的突破，达到了国际先进水平，获国家科技计划攻关重大成果奖、中石化科技进步奖，并荣获国务院颁发的荣誉证书。[①] 1998 年，中国第一台 300 万吨/年催化裂化装置富气压缩机在沈阳鼓风机厂试制成功。2001 年，沈阳鼓风机厂先后完成上海石化 70 万吨/年乙烯装置改造用裂解气压缩机、扬子石化 65 万吨/年乙烯装置改造用乙烯压缩机和丙烯压缩机、长山化肥厂 30 万吨/年合成氨装置用压缩机、大庆 10 万吨/年甲醇压缩机的研制，还

---

① 沈阳鼓风机（集团）有限公司. 沈阳鼓风机厂志：第二部 ［M］. 内部资料，2007：74.

完成高炉炉顶余压回收用轴流压缩机等多项国家经贸委重大技术装备创新研制和国家重大技术创新研制项目。2002 年，沈阳鼓风机厂完成德州大化肥 4 万空分空气压缩机、氨压缩机和氨冷冻压缩机产品设计，实现我国大型空分装置压缩机零的突破；完成大型火电站动叶可调轴流式脱硫增压风机（FGD　FAN）设计开发，填补我国大型火电站脱硫装置增压风机的空白；完成 2.8 万 Nm³/h 大型空分成套设备研制等多项国家经贸委重大技术装备创新研制和国家重大技术创新研制项目不同领域压缩机组的设计，结合国家"西气东输"重点项目，完成天然气长输管线压缩机的试制及现场运转考核，使我国具备设计制造天然气长输管线压缩机的能力。[①]

二、沈阳水泵厂的技术创新

沈阳水泵厂前身是 1932—1941 年日资开办的株式会社满洲荏原制作所、满洲金刚洋瓦株式会社、铝工业株式会社、合资会社满洲工作所、森田津村、机材、松田、高砂制作所等 13 家小工厂。这些工厂主要修理铁路机械和制造飞机、汽车零件，生产军用水壶、饭盒、水泵和送风机等。1945 年日本投降后，国民党政府接收了这些工厂，将铝工业株式会社改为军械修配所，满洲荏原制作所改为辽宁机械总厂，制造六〇炮和冲锋枪零件，其他小厂机器设备被拆除出卖。1948 年 11 月 2 日沈阳解放后，成立沈阳第二机器厂，1949 年 5 月更名为"沈阳第六机器厂"，改造了原生产六〇炮的设备，转为修配和制造水泵。1950 年被国家确定为生产水泵专业厂。1953 年划归中央第一机械工业部领导，改名为"沈阳水泵厂"。设有全国泵行业技术开发中心——沈阳水泵研究所和质量检测中心，主办《水泵技术》。

1952 年，沈阳第六机器厂参照苏联 K 型单吸单级离心泵 10 个规格的资料，潜心研究，于 1953 年全部试制成功上述规格的离心泵。后来，根据苏联系列型谱自行设计补齐所缺的 7 个规格。1954 年，K 型单级离心泵全系列共 17 个规格试制成功，从此，中国泵类产品走向系列化生产，产品从单系列向多系列发展。同年，参照日本 CF 型双吸单级泵结构，自行设计并试制生产全国第一台凸型泵——6 凸 9，开创了中国水泵生产的新局面。这期间还仿照苏联 6HK-6×l 型泵图纸，试制中国第一台炼油厂用的油泵，

---

① 沈阳鼓风机（集团）有限公司. 沈阳鼓风机厂志：第二部［M］. 内部资料，2007：16.

输送介质温度可达 200℃。

为满足国民经济发展的需要，1958 年 9 月试制成功第一台巨型水泵——48 凸 22 大型中开泵。整个泵体分成四块铸造，这在热加工工艺史上是个创举。接着，试制成功中国第一台高压锅炉水泵，它是 5 万千瓦火力发电机组的重要配套设备之一。仿制民主德国 MQY 型不锈钢耐酸泵，将型号改为 BH。试制 DQI 型湿式潜水泵。试制成功冷、热油泵系列 18 种，完成 40DLl9 型中国第一台立式大泵、深井潜油泵和塑料耐酸泵，以及大型船用螺杆泵。1961 年，试制成功一台年处理 100 万吨的炼油厂用 KBH55—120 型裂化油泵，解决了炼油难题，打破了从国外进口的常规，每台泵可为国家节约外汇 24 万元，荣获国家机械工业部成果奖。1963—1965 年，试制成功 43 种新产品，改革成功冷凝泵系列，研制成功诱导轮、润滑轴承和机械密封 3 种新技术。1962 年，先后承担了国防科委、国防科工委军工部下达的"801""09""东风""5·25"等工程用泵的试制生产任务。为核工业试制成功中国第一套核工艺反应堆主泵 24B-9 的"801"大泵，标志着中国泵类产品的不锈钢铸造、加工、焊接、无损探伤、应力测定和试验等技术均已达到世界先进水平。1963 年，为解决矿山排水泵腐蚀问题，专为矿山试制生产 6DKS-8 型多级耐酸泵。为四平维尼龙厂试制生产 4 种输送醋酸乙烯用的含钼不锈钢旋涡泵。1966 年，沈阳水泵厂试制成功为核潜艇配套的耐海水冷凝泵，完成中国第一台加氢精制主要设备 475×24 立式筒袋油泵。1969 年，为中国核潜艇试制成功核动力高温高压反应堆冷却循环泵。1970 年，试制完成当时中国最大容量的 8P20 型高温高压屏蔽泵，又称"803"主泵，并确定这种泵为国家一级定型产品。1971 年，为朝阳发电厂提供了中国第一台 20 万千瓦火电机组用 50％容量的高压锅炉给水泵 DG375-185 及立式冷凝泵 14NL-14。同年，还试制完成代替仿苏产品 DG270-150 的高压锅炉给水泵 DG270-140，可满足 5 万千瓦和 10 万千瓦火力发电机组的需要，该水泵于 1984 年获国家银质奖。1971—1975 年，为大庆—抚顺、铁岭—秦皇岛、铁岭—大连三条输油管线研制生产加压泵，使用这种加压泵能使大庆采出的原油通过管道流入炼油厂，节省了火车运输费用，缓解了铁路运输运力紧张状况。1975 年，根据四川自贡采盐的需要，又研制出电动潜卤泵，用这种泵从地下抽水制盐，使制盐效益大为提高，深受用户欢迎。为了油田采油需要，沈阳水泵厂的工程技术人员开动脑筋，精心研究，于 1976 年试制成功潜油泵，使不能自喷的油井正常喷油。这些泵的研制成功，标志着中国水泵技术走向一个新的发展时期。1978 年 6 月，沈阳水泵厂试制中国第一台 H2 排黄大泵。大泵扬程 225m，流量 2.2m³/s，1980 年 8 月正式安装在黄河岸边的东蕾泵站。这台泵每年可灌溉 100 万亩土地，基本根治了千百年来一直危害这一地区的"旱魔"。1982 年，沈阳水泵厂为大庆油田研制的 D300-150 型油田注水泵，比同类产品提高效率 9%，运转一年可节电 233 万千瓦时，取得了显著的经济效益。这种泵于 1983 年 9 月荣获国家金质奖。在此基础上，又试制成功为 10 万千瓦火电机组配套的 DG270-140C 型锅炉水泵。该种泵由于耐用、节能、效率高，于 1984 年荣获国家银质奖。①

广东省东深供水工程是为解决香港淡水缺乏问题而修建的一宗供水工程，始于东莞桥头镇东江之畔，终于深圳三叉河深港交界处，全长约 80km。工程始建于 1965 年 3 月，1978 年 11 月—1994 年 1 月先后 3 次扩建。后来，随着工程沿线经济和人口的迅速发展，大量未经处理的污水流入供水河道，使东深供水工程的水质受到影响。为彻底解决这一问题，经国家和广东省批准，决定实施东深供水改造工程，即对东深供水工程进行彻底改造，实现清污分流；适当增加供水水量，以满足深圳及东莞沿线的用水需求。东深供水改造工程于 2000 年 8 月 28 日开工兴建，2003 年 6 月 28 日完工通水，2004 年 6 月 22 日工程通过验收。2000 年 10 月 13 日，沈阳水泵股份有限公司凭几十年的技术力量、制造水平、工艺装备，远远超过所有参加竞争的同类企业，经东深供水工程专家考察和公开竞标，获得东深供水改造工程最大的金湖、旗岭两个泵站 16 台 2600HTEXJ 型水泵的生产合同，奥地利安德里兹公司提供技术及部分关键部件。生产该型水泵的关键工艺要求包括：（1）上调节杆的耐压试验。为了保证供水水质不受油污染，水泵叶轮采用无油结构，伺服油缸位于水泵轴顶端。但上调节杆与活塞连接部分作为油路的部分，其工艺孔会产生漏油，因此必须进行耐压试验。（2）组合密封装配。伺服油缸的组合式密封采用密封圈密封，密封圈具有方向性，但在图纸上无明确标示，因此，必须按照各处油流方向为指引进行装配。（3）调整垫厚度确定。叶片与叶轮室间隙是对水泵效率影响较大的一个参数，由于叶片与叶轮室之间间隙很小（约为 1mm），很难完全依靠外力将叶片的窜动量拉出，因此，实际是取设计间隙的上限

① 沈阳市人民政府地方志办公室. 沈阳市志：三 工业综述 机械工业［M］. 沈阳：沈阳出版社，2000：177-178.

2.0mm 为最终值（以最小叶片与叶轮室间隙为基准），将调整垫厚度减去此时油缸盖与电机联轴器间隙作为调整垫的最终厚度。① 沈阳水泵股份有限公司攻克了一个个难题，终于把产品高质量地制造出来，书写了水泵制造史上的新篇章。②

三、沈阳气体压缩机厂的技术创新

沈阳气体压缩机厂的前身，是日本资本家于 1937 年投资建设的富士电机株式会社。1938 年春工厂建成开工，以后陆续扩充，直到日本投降前夕，扩建工程尚未完成。工厂建成初期，只有一座办公楼，两座厂房，20多台机床，员工 500 人，生产电动机、变压器、电话机等产品。抗战胜利后，1946 年由国民党政府接管，改为军械保养连，后又扩充为军械保养营，按军队编制管理，主要任务是修理装甲车及军用汽车。沈阳解放后由东北野战军接管，并与其他厂合并组成"沈阳汽车总厂"，成为解放后第一批国家所有的沈阳八大国营工厂之一。1951 年 1 月 1 日，沈阳汽车总厂改名为"东北机械七厂"。12 月，工厂隶属第一机械工业部第四局领导。1953 年 2 月工厂改建扩建，将第三车间改建为风动工具厂。1954 年 4 月 8 日风动工具厂分出独立，"东北机械七厂"改称"沈阳空气压缩机厂"。1959 年定名为"沈阳气体压缩机厂"。1960 年 4 月 26 日成立"沈阳气体压缩机研究所"。1962 年 1 月，工厂隶属省机械厅领导。1962 年 10 月，开始编辑《压缩机技术》，1963 年经第一机械工业部批准，定为部级刊物，国内发行。1963 年 6 月成立全国压缩机行业科技情报网，工厂研究所为行业情报中心。1964 年 6 月 5 日，工厂由省机械厅移交第一机械工业部一局领导。1971 年工厂由第一机械工业部下放沈阳市机电工业局领导。1978 年12 月，工厂与沈阳市空压机配件厂、凿岩机配件厂、西塔空压机厂、保工气压机附件厂、气压机配件厂、空压机配件二厂等，组成"沈阳气体压缩机总厂"。1980 年 7 月撤销"沈阳气体压缩机总厂"，恢复"沈阳气体压缩机厂"。

自 1949 年 11 月开始制造空气压缩机和凿岩机，为国家急待开发矿山

---

① 广东省东江—深圳供水改造工程建设总指挥部. 东深供水改造工程：第 3 卷 工程施工［M］. 北京：中国水利水电出版社，2005：30.

② 邱明杰. 光荣不仅属于过去：记沈阳水泵厂［J］. 通用机械，2003（10）：18-19.

提供设备。1950 年 3 月，仿制出我国第一台空气压缩机——1-3/7 型（30马力）空气压缩机。1955 年 10 月试制成功第一台 5-10.5/3.5-35 型石油气压缩机，结束了只能仿制不能自行设计的历史，使沈阳市压缩机制造业进入了一个新阶段。1958 年，在机械部、沈阳市机械工业局的指示下，与通用机械研究所合作，开始了压缩机系列方案的制定工作，于年底完成，并由一机部批准。同时制定压缩机行业第一版标准：TH16—59《一般用固定的活塞式空气压缩机型式和基本参效》、TH18—59《一般用容积式空气压缩机气量测定方法》、TH17—63《一般用固定的活塞式空气压缩机技术条件》。通过这一时期的工作，大大缩短了产品与工艺设计的时间，给生产准备、降低制造成本、用户的维修与检修等带来了方便，同时为掌握产品性能，控制产品质量提供了重要的依据。

1959 年 9 月，沈阳气体压缩机厂与通用机械研究所、西安交通大学、昆明重型机器厂和北京第一通用机械厂组成联合设计组，经开展专题研究，改进机身、气缸的结构及铸造方法，终于使中国动力用空气压缩机系列中的第一台典型产品 4L-20/8 型在沈阳气体压缩机厂试制成功，取代仿苏 160B-20/8 型空气压缩机，主要指标均达到当时国外同类产品的先进水平。10 月，研制成功我国第一套大型工艺用 11-5/320-1500 型聚乙烯超高压压缩机。1960 年，沈阳气体压缩机厂将设计科、研究室合并成立沈阳气体压缩机研究所，经一机部审定为部管二类所，成为全国压缩机行业的科研试验基地和测试、情报中心。1960—1961 年，沈阳气体压缩机厂由通用机械研究所提供图纸，试制完成 5L-40/8 型等产品，形成 L 型动力用空气压缩机系列。1964 年，沈阳气体压缩机研究所与中国科学院兰州化学物理研究所联合，开始填充聚四氟乙烯环在往复活塞压缩机上应用的研究。同年 8 月，氟塑料密封元件的研制成果通过由一机部和中国科学院主持的鉴定，为中国无润滑压缩机设计、制造技术奠定了基础。1965 年 12 月，两研究所继续合作研制成功中国第一台应用低压氟塑料环的 2Z2-7/8 型无润滑压缩机。接着又研制成功一台 2Z2-14/3-5.4 型无油润滑氨气压缩机，填补了中国生产无润滑压缩机的空白。[①]

1964 年 12 月，研制成功 4M-45/210 型二氧化碳压缩机。1965 年 9 月设计制造成功 4M12-45/210 型二氧化碳高压对称平衡型压缩机，为发展工

---

① 沈阳市人民政府地方志办公室. 沈阳市志：三 工业综述 机械工业［M］. 沈阳：沈阳出版社，
　2000：171-174.

艺用压缩机奠定了基础。1965年12月，试制成功我国首台舰艇用66-10型高压空气压缩机，为我国潜艇配套提供了重要辅助设备。1966年4月，开始采用球墨铸铁生产压缩机的曲轴、连杆、十字头、缸体等。5月，测绘、仿制产品全部淘汰，完全生产自行设计的新产品。1967年8月，研制成功2Z-3/8型无油润滑空气压缩机。1970年3月，研制成功2M5.5-8.33/40型氧气压缩机。1972年9月，研制成功P14-3.6/285-325型无油润滑氮氢气循环压缩机。1973年12月，试制成功国内最大的无油润滑压缩机——4M16-72.5/24-10.2/4-28型大型无油润滑空气、天燃气联合压缩机，并通过国家鉴定，填补了我国大型压缩机系列化的空白。1976年9月，研制成功4DC32-4000/250-2200型超高压乙烯压缩机。1980年12月，研制成功2DZ5.5-1.4/285-320型无油润滑氮氢气循环压缩机，1984年3月，该压缩机被国家经委评为"优秀新产品"，荣获"飞龙奖"。沈阳气体压缩机厂生产的SGCF牌2Z-3/8-1无油润滑压缩机，1983年获国家银质奖。到1985年，沈阳气体压缩机厂的压缩机已发展成系列化，主要有4M8、4M12、4M16、4M22、4M32、4M45、4L、5L、7L、T12、2D3.5、2DZ5.5、2Z、2Z1.6、66-10、4V、P1.2等25个系列。[1]

"七五"计划期间，国家提出重大装备项目国产化的目标。沈阳气体压缩机厂依靠引进技术的优势，在国内首批7套23台炼厂用氢压机国产化任务中，承担了6套21台的研制任务。又相继为国内40多家大型炼厂提供了40多个品种500多台新氢和循环氢压缩机，均长周期平稳运行。产品广泛应用于石油、化工、冶金、机械、电力、交通、矿山和国防科研等各个领域，不仅在国内享有较高声誉，而且远销许多个国家和地区。截至2003年底，沈阳气体压缩机厂开发的200多种新产品中，有49种达到国内先进水平，46种达到国际先进水平，23种被评为国、部、省名优产品。其中4M8（3A）-36/320氮氢气压缩机、2D-3/8-1型无油润滑空压机荣获国家银质奖；4M25-73/320-BX氮氢气压缩机被评为国家级新产品；66-10G3高压空压机获国防科学技术进步三等奖；4M50-33.7/11-192新氢压缩机获国家科技进步三等奖；为茂名石化200万吨/年渣油脱硫装置提供的4M80型新氢压缩机，经中石化组织专家鉴定认为，在技术上处于国内领先地位，达到国际同类产品水平，填补了国内空白，可以替代进口。该

---

① 沈阳气体压缩机厂修志委员会.沈阳气体压缩机厂志［M］.内部资料，1987：72-73.

大型新氢压缩机创造了活塞力、排气压力、电机功率三项指标新的纪录，荣获"九五"国家重点科技攻关计划（重大技术装备）优秀科技成果奖（2001 年）。①

第二节　2004 年以来的技术创新活动

2004 年，沈阳鼓风机（集团）有限公司与沈阳水泵股份有限公司、沈阳气体压缩机股份有限公司进行战略重组和重大技术改造，组建沈阳鼓风机集团股份有限公司（简称"沈鼓集团"），苏永强任集团董事长、党委书记。在他的带领下，沈鼓集团成功实现了百万吨乙烯装置用机组、循环气压缩机组、125 吨大活塞推力往复式压缩机组、长输管线 20 兆瓦电驱压缩机组、核主泵等重大技术装备国产化。②

早在 2002 年，沈阳鼓风机厂即瞄准国际大型和超大型压缩机组最高水平，详细策划了从 2 万空分到 12 万空分压缩机组的发展脉络。2004 年 8 月，沈鼓集团研制出我国首台套国产化 4 万空分压缩机组，承担该项目设计攻关任务的五位女工程师（负责空压机仪表设计、审核及整个机组总协调的王英杰，4 万空分压缩机主机的主导设计师王广兰，氮压缩机组的主导设计师张玉珠，氨压缩机组的主导设计师葛丽玲，氨冷冻机组的主导设计师严鸿）也成为享誉全国的"五朵金花"。"五朵金花"通过刻苦钻研，经过上万张图纸的制作、几百万个数据的计算、无数次方案的修改和论证，方案最终取得成功。4 万空分压缩机组的技术装备水平达到了国际先进水平，填补了国内重大技术空白，为推动国家装备制造业发展作出了巨大贡献。由此，"五朵金花"也被授予全国五一劳动奖章和全国五一巾帼奖。③ 2004 年，在无合同的条件下，沈鼓集团自筹资金完成 3.5 万空分机组样机的制造与试验。2006 年，国内首台套国产化 5.2 万空分压缩机组也交付用户，并一次开车成功。2010 年，沈鼓集团又自筹资金几千万元，进

① 中国机械工业年鉴编辑委员会，中国通用机械工业协会. 中国通用机械工业年鉴：2004［M］. 北京：机械工业出版社，2004：152.

②《装备制造》编辑部. 使命 让中国装备与世界同步：对话沈鼓集团董事长苏永强［J］. 装备制造，2013（6）：45-47.

③ 辽宁省档案馆编研展览处. 攀登科技珠峰的沈鼓"五朵金花"［J］. 兰台世界，2015（22）：161.

行 5 万多轴多级齿轮组装式空分增压机组样机的研发和设计工作，并于 2012 年完成制造与试验。沈鼓集团用 10 年时间完成大型空分机组的三级跳，也为 10 万空分压缩机组的研制奠定了坚实的技术基础。①

2006 年 6 月 19 日，国务院振兴装备制造业工作会议在西安召开。中共中央政治局委员、国务院副总理曾培炎出席会议并作重要讲话，会议正式发布《国务院关于加快振兴装备制造业的若干意见》。其中确定的重点发展的 16 项重大技术装备中，有 8 项需要沈鼓集团的产品配套。② 沈阳鼓风机集团股份有限公司、陕西鼓风机（集团）有限公司、开封空分集团有限公司被评为在振兴装备制造业工作中作出重要贡献单位。中国通用机械工业协会会长隋永滨、沈阳鼓风机集团有限公司董事长苏永强等在会议上获得表彰。③

2006 年上半年，国家决定在天津、镇海、抚顺建设 3 个百万吨乙烯项目，并给沈鼓集团下达了压缩机组的研制任务。2006 年 12 月末，沈鼓集团"大型乙烯装置用离心压缩机关键技术"科研攻关课题取得突破性进展，这标志着沈鼓集团已拥有承接年产百万吨乙烯装置用压缩机的制造能力。此前世界上只有德国、日本和美国的几个公司能够生产。④ 2007 年 2 月 27 日，沈鼓集团的"大型离心压缩机关键技术开发项目"获得辽宁省科技成果转化项目一等奖。4 月 12 日，中石化天津分公司与沈鼓集团在沈阳签订 100 万吨/年乙烯裂解气压缩机组合同，沈鼓集团在 2008 年 12 月前完成样机制造。此前，国内尚无独立设计制造用于百万吨乙烯装置的大型压缩机组的先例，属填补国内空白产品，国家重大技术装备国产化又迈出具有里程碑意义的一步。⑤ 百万吨级乙烯"三机"的设计制造是业界难题，具有设计和制造能力的仅有西门子、三菱重工、荏原、通用电气等屈指可数的几家国外大公司。百万吨乙烯压缩机的机组结构、制造工艺都与常规压缩机有着天壤之别，最大的难题就是加气结构。曾主导设计出我国第一台 45 万吨乙烯压缩机并一举打破国外几十年技术垄断的沈鼓透平设计院的

---

① 秦伟. 沈鼓再造"大国重器"：我国首台 10 万空分压缩机诞生 [J]. 装备制造，2014 (4)：73.

② 秦伟. 沈鼓，装备中国"心" [J]. 装备制造，2010 (6)：57-59.

③ 中国机械工业年鉴编辑委员会，中国通用机械工业协会. 中国通用机械工业年鉴：2007 [M]. 北京：机械工业出版社，2007：216.

④ 谭论，刘超伦. 打造企业发展的"灵魂工程"沈鼓自主创新的旗帜飘扬 [J]. 装备制造，2008 (Z1)：19.

⑤ 杨忠厚. 沈鼓研制百万吨乙烯装置核心设备 [N]. 辽宁日报，2007-04-15 (001).

姜妍与团队成员，一点点积累，一点点改进，在不断自我否定中完善机组结构设计方案。姜妍受到低温转子样图的启发，产生了利用零下一百多摄氏度的乙烯本身作制冷介质，在压缩机上采用缸内加气的大胆想法。这种结构设计思路完全颠覆了以往的常规压缩机缸外加气结构。团队经过反复研究试验，决定将这种新的结构应用在百万吨乙烯压缩机上。[①] 此外，沈鼓集团通过与西安交通大学、大连理工大学、东北大学等多家高校开展联合开发，充分利用高校的专业和学科优势与自主开发相结合，有效开展了百万吨级乙烯压缩机核心技术攻关，出色完成 14 项重大前沿技术难题。最后，终于形成一套完美的百万吨乙烯压缩机设计方案。2009 年 1 月 7 日，沈鼓集团自主研制的国产化首台百万吨乙烯装置用裂解气压缩机顺利通过三缸联动机械运转及性能试验，各项指标完全达到技术协议及国际标准要求，标志着沈鼓集团已跻身世界高端压缩机制造商的行列。1 月 15 日，中共中央政治局常委、全国人大常委会委员长吴邦国在国家发改委《振兴老工业基地工作简报》第 5 期"我国自主研制成功首台百万吨乙烯裂解气压缩机组"一文上批示："向沈阳鼓风机集团有限公司表示祝贺。这是我国大型石化装备的重大突破，意义重大。"中共中央政治局委员、国务院副总理张德江批示："祝贺我国自主研制的百万吨级乙烯装置用裂解气压缩机组试车成功，这是我国振兴装备制造业的又一重大成果。希望总结经验，再接再厉，不断取得新成绩。"2 月 22 日，沈鼓集团为中国石油天然气股份有限公司抚顺石化分公司年产 100 万吨乙烯装置提供乙烯压缩机组签字仪式在沈阳友谊宾馆举行。百万吨乙烯装置的裂解气压缩机、丙烯制冷压缩机和乙烯压缩机，是装置中最关键的核心设备。沈鼓集团继成功研制天津石化公司裂解气压缩机、镇海炼化公司丙烯制冷压缩机后，又承接自主研制抚顺石化公司乙烯压缩机的合同，大型乙烯生产技术长期被世界少数几家公司垄断的时代由此结束。5 月 16 日，沈鼓集团通风设备有限公司研制成功国内首台"三炉塔合一"动叶可调双级钢叶片轴流风机，实现了 600MW 机组双级引风机的完全国产化。该引风机除可将烟气从锅炉中引出外，还集脱硫和脱硝功能于一身，真正实现引风脱硫脱硝三种功能合一，取代了多台风机联合作业的传统模式，降低了生产成本，减少了对空间的占用，更便于用户对风机的维护。5 月 26 日，中国石油化工股份有限

---

① 本刊综合. 姜妍：产业报国追梦者 [J]. 中国人才，2016（21）：34-35.

公司在沈鼓集团主持召开中国石化镇海炼化分公司百万吨乙烯装置用丙烯制冷压缩机组出厂验收会。验收专家认定，该机组达到了国际先进水平，实现了我国大型离心压缩机设计制造技术的重大突破，填补了国内空白，实现了国产化。该机组的研制成功，打破了该类产品长期依赖进口的局面，为国家节省了大量工程建设投资，有显著的经济效益和社会效益。6月11日，沈鼓集团风电有限公司成立，标志着沈鼓集团正式向风电行业进军，加速提高国产风电的研制能力和水平，迈出了加快推进风电设备国产化的新步伐。6月14日，中共中央政治局常委、全国政协主席贾庆林由全国政协副主席兼秘书长钱运录和辽宁省及沈阳市领导陪同，到沈鼓集团调研，听取了公司董事长、总经理苏永强关于企业发展和经营情况的介绍。贾庆林高度评价沈鼓集团在推进重大技术装备国产化上取得的成绩，热情勉励沈鼓集团攻克难关保增长，同心协力促和谐，为促进辽宁老工业基地振兴贡献力量。7月13日，江泽民同志由中国国际经济交流中心理事长曾培炎以及辽宁省和沈阳市的有关领导陪同，到沈鼓集团考察，听取了公司关于企业发展情况的介绍以及近年来沈鼓集团在推进重大技术装备国产化方面取得可喜成绩的工作汇报，并为沈鼓集团签名题字。10月12日，沈鼓集团为天津石化公司100万吨/年乙烯装置提供的核心设备——乙烯裂解气压缩机开车成功，标志着当前我国首套拥有自主知识产权的百万吨级乙烯裂解气压缩机正式投入运转，技术参数完全符合要求，机组达到国际先进水平。①

2010年，国家发改委能源局确定沈鼓集团为国内唯一的大型透平压缩机研发中心。2012年，国家能源局批准沈鼓集团承担国家"大型透平压缩机组研发（实验）中心建设项目"，投入7亿元资金在营口基地建设国内唯一、世界领先的10万千瓦试车台位。该试验台可以按照用户现场实际运行参数要求，将包括空压机和增压机的压缩机组主机、汽轮机、辅机、控制系统等全部设备联动进行试验。在大型空气压缩机组研制过程中，沈鼓集团先后攻克大轮毂比混流式和小轮毂比高马赫数的高效叶轮设计、多种复杂流动的协同耦合、特型结构转子动力学分析、转子和定子的复杂连接结构、机组装置成套设计、复杂工况控制及调节等一系列技术难题。为了使开发的产品性能达到世界领先水平，沈鼓集团进行大量的研究和实验验

---

① 中国机械工业年鉴编辑委员会，中国通用机械工业协会.中国通用机械工业年鉴：2010［M］.北京：机械工业出版社，2010：大事记。

证，全部模拟用户运行现场，甚至油管路都按照最高规格、最优质量，一比一大小进行制作，整个油气管道错综复杂，在机组下仿佛织起一张庞大的网络。为了保证机组的质量，所有机组部件实行 100% 探伤。所有经过外协厂加工的零部件，细致检查。以过滤器为例，外协厂加工后，到沈鼓集团重新喷砂，将过滤器重新拆卸，确保无一杂质后，重新焊接，以防有杂质划伤轴流叶片。最后，进行全负荷联动试验，并针对性能进行了 8 项大型试验。① 《装备制造》编辑部发表题为《我们需要什么样的国企》的评论指出，国有企业是中国经济的中流砥柱，而装备制造业国企更是国家维护战略安全的"顶门杠"，应对经济波动的"压舱石"。沈鼓集团在几十年的发展历程中，始终想的是缩小中国透平装备技术与世界先进企业的差距，始终坚守着对于技术的投入和追求。战略重组以来，沈鼓集团的利润成倍增长，但沈鼓集团没有停止探索的脚步，始终坚持自主创新。沈鼓集团对技术研发改造的每一笔投入都堪称大手笔：新厂区建设沈鼓投入近 20 亿元，在营口建设大型能源装备研发试验基地投入 23 亿元，2010—2015 年的科研费用投入 20 亿元，建设国家核泵研发实验基地投入 10 亿元，这"3 个 20 亿，1 个 10 亿"让沈鼓人失掉了一些眼前利益，但是这些巨大投入换来的是中国透平装备技术的长足进步，换来的是十万空分压缩机、百万吨乙烯压缩机、西气东输长输管线压缩机、AP1000 核主泵等一大批国产重大技术装备井喷式爆发。它们如同耀眼的勋章，彰显出沈鼓人耐得住寂寞、潜得下心性的坚守与求索；彰显出沈鼓人甘于奉献，勇于牺牲眼前利益的精神与胸怀；彰显出沈鼓人作为国之重器、国家砝码的使命与责任。②

多年来，沈鼓集团一直致力于模型级的开发，针对不同的介质特点、应用场合等不同需要，共完成了离心压缩机产品用五个大类 21 个系列共 185 个模型级的开发任务。例如轻介质压缩机用低马赫数、高能头模型级系列，为公司氢气、合成气等类型压缩机减少了级数或缸数，提高了效率，原模型级效率只能达到 83% 左右，采用新模型级以后，相同压比情况下压缩机级数可减少 1 级到 2 级，原来需要 9 级压缩完成甲醇合成气压缩现在只需要 7 级左右，炼油重整装置中配套的循环氢压缩机也由原来的 8

---

① 秦伟，陈曦，张饮深. 大国重器再创辉煌：沈鼓集团中国首台套十万空分装置机组研制纪实［J］. 装备制造，2015（9）：32-43.

② 秦伟，陈曦，张饮深. 大国重器再创辉煌：沈鼓集团中国首台套十万空分装置机组研制纪实［J］. 装备制造，2015（9）：43.

级压缩改进为 7 级压缩等。不仅如此,压缩机的多变效率也大幅提高,可达到 85% 以上,大大提高了此类产品的市场竞争力。在新工艺方面,开发了闭式叶轮的整体铣制,避免了热变形和焊接质量缺陷,提高气动性能的同时,也提高了叶轮强度;开发了叶轮电火花加工及叶轮快速成型技术,可广泛应用于小型或窄流道叶轮的加工中,加工误差小。另外,为提高流道表面光洁度,采用磨料流及外表面特种加工(毫克能)手段等,使机组的表面质量大幅提升,提高了机组效率。研究新型材料和表面处理技术,满足高强度、高温、低温、抗硫化氢应力腐蚀和抗酸性气体腐蚀等需要,解决了特殊场合压缩机应用问题。压缩机试验方面,沈鼓集团建有国内最大的风机研发实验基地,离心压缩机试车台位 20 个,最大功率达到 30000千瓦。沈鼓集团营口生产基地,具备 10 万千瓦汽轮机驱动和 2.5 万千瓦燃气轮机驱动的试验能力,满足大型空分压缩机、大型 LNG 压缩机、大型压力容器的加工制造与试验以及燃气轮机和汽轮机工程成套发展需要。压缩机服务方面,构建了一体化服务及远程在线监测系统,沈鼓的服务中心可以为用户提供整个产品生命周期的服务,为压缩机组安装、开车、运行、检修和维护等提供全过程服务,免除用户的一切烦恼。沈鼓集团测控公司的远程在线监测系统可提供 24h 监测数据,并记录大量的机组运行数据,为分析机组运行状态提供坚实的数据基础及分析诊断功能。[①]

据《风机技术》2016 年第 6 期的报道,自 2002 年开始,印度成为沈鼓集团第一个直接出口产品的国家。至 2008 年的 6 年时间里,沈鼓集团的产品几乎占领了印度整个冶金市场。随后,由于印度经济下滑,市场萎缩,沈鼓集团才把目光转向海外其他市场。2014 年,通过对印度政治局势及市场经济大数据的分析,沈鼓集团作出回归印度市场的决定,并重新启动了 EIL(英文"Engineers India Limited"的缩写,中文译名为"印度工程师有限公司")注册工作。EIL 是印度最大和最具影响力的工程公司,其工程范畴涵盖电力、锅炉制造、桥梁建筑、油田、石油炼化等各个领域。想要参与印度石化市场的竞争,通过 EIL 认证是必备条件。2016 年 7月,沈鼓集团正式通过 EIL 认证,成为其离心压缩机产品合格供货商。11月,沈鼓集团击败印度本土制造商 BHEL,成功赢得印度石化市场首台套炼油用离心压缩机订单。这一订单的取得是沈鼓集团实施"十三五"南亚

---

① 葛丽玲,史金龙. 沈鼓集团离心压缩机技术进步介绍 [J]. 通用机械,2017 (3):19-21.

市场战略的重要举措，是沈鼓积极响应国家"一带一路"倡议的显著成果，为复苏南亚市场、拓宽国际化发展道路奠定了坚实基础。

沈鼓集团十分重视商业模式的创新和新技术的研究应用，于2012年提出了"由制造向服务转型"的发展战略。沈鼓测控公司以自主研发的机组监测系统SG8000和远程监测中心为基础，打造"沈鼓云服务"平台，打通机组服务全流程，以实现数据驱动的机组全生命周期服务。2015年初，沈鼓在原有的远程诊断中心基础上，扩充系统服务功能，建立"沈鼓云服务"大数据平台，为用户创造更大的商业价值。2015年3月27日，举行"云服务平台远程监测中心"揭牌仪式，宣告"沈鼓2025"全新发展战略——打造新型数据经济模式。董事长苏永强表示：随着互联网技术发展，国家相继推出"两化融合"、"生产性服务业转型"、"互联网+"和《中国制造2025》等一系列国家战略规划和行动计划，在国际上工业4.0建设如火如荼，以智慧工厂智能制造、个性化服务相结合的"数据经济模式"成为工业发展的新方向，沈鼓集团必须迈进"互联网+"时代，勇于担当，为国争光。① 凭借着"沈鼓云服务"平台，沈鼓集团入选工信部2015年"互联网与工业融合创新试点企业"、2016年辽宁省首批12家"智能制造及智能服务试点示范标杆企业"，申报的"鼓风机远程运维服务试点示范"项目入围2016年国家智能制造试点示范项目名单，"沈鼓集团：大数据工业云平台，助力沈鼓集团服务转型升级"入选2016年"中国'互联网+'行动百佳实践案例"，② 在2019世界智能制造大会上，"沈鼓云服务实现远程智能服务和预知性维修"案例入选"2019中国智能制造十大实践案例"。

杨建华是沈鼓集团结构车间工人，高级技师，共产党员，全国劳动模范。他研究成功并投入生产应用的"离心压缩机、鼓风机机壳拼装制造技术"，于2008年初荣获国家科技进步二等奖，成为新中国成立以来全国第四位、辽宁省第一位获此殊荣的一线工人。1969年杨建华迈进沈阳鼓风机厂大门，被分配到结构车间当铆工。他细心观察师傅的操作，学习看图纸、放大样，一有时间还到别的师傅那儿"偷艺"。他用3年时间，把铆

---

① 特约顾问单位介绍　沈阳鼓风机集团股份有限公司：被党和国家领导人称为"国家砝码"[M] //李卫玲. 中国机械工业年鉴. 北京：机械工业出版社，2015：347-348.

② 国家发展和改革委员会高技术产业司，中国信息通信研究院，中国电子信息产业发展研究院. 中国"互联网+"行动百佳实践 [M]. 北京：中共中央党校出版社，2016：129-135.

工技艺练得炉火纯青，还自学了机械制图、金属工艺学等专业理论，写下了几十万字的学习笔记。他在国内无先例、国外无技术参考的情况下，攻克多道难关，成功拼装焊接出中国第一台鼓风机焊接机壳，被誉为"中国焊接机壳拼装第一人"。杨建华同志创造性地总结出压缩机焊接机壳"一四拼装法"，研制出10多种国内领先、填补空白的鼓风机、压缩机焊接机壳，形成了具有自主知识产权的重大科技成果，取得了重大经济效益。他于2003年倡导成立了公司劳模技师协会，带领劳模技师不仅在提合理化建议、进行技术攻关等方面做了大量工作，取得了显著成效，而且培养出近百名技术骨干。他勤奋学习，苦练技能，锐意创新，取得重要技术创新成果1000余项，在平凡的岗位上创造了不平凡的业绩，成为新时期知识型、创新型职工的杰出代表。逐步从一名普通工人成长为用先进理论和科学技术武装起来的高技能人才，被评为企业"首席工人专家"、沈阳市岗位技能带头人、沈阳市"铆工大王"、沈阳市十大能工巧匠、全国机械工业技能大师、辽宁省有杰出贡献高技能人才、辽宁省优秀共产党员、辽宁省特等劳动模范，并荣获"辽宁五一劳动奖章"和"全国五一劳动奖章"。2008年4月25日中共沈阳市委作出《关于开展向杨建华同志学习活动的决定》，号召紧密结合沈阳市建设世界级装备制造业基地和国家创新型城市的实际，着眼于培养和造就出更多的杨建华式知识型、创新型高技能人才，推动更多的企业加快自主创新和科技进步，促进产业结构优化升级，推进沈阳老工业基地振兴。①

2007年3月9日，全国总工会和国务院振兴东北办联合召开"东北地区老工业基地振兴杯"劳动竞赛总结表彰大会，沈鼓集团获"优胜企业"称号，集团员工徐强获"全国五一劳动奖章"。3月24日，沈阳市总工会和沈阳市对外贸易经济合作局联合召开沈阳市职工"争当双金勇士，争做开放先锋"活动总结表彰大会，沈鼓集团徐强班组荣获沈阳市"五一奖状"和"十大金牌班组标兵"双奖。2010年4月25日，沈鼓集团"徐强班组"被省政府授予"辽宁省优秀班组"称号，"百万吨级乙烯装置用裂解气压缩机组项目"荣获"辽宁省职工十大创新成果奖"。27日，徐强当选全国劳动模范。

中国通用机械网2016年1月14日报道，沈鼓集团石化泵公司自主研

① 中共沈阳市委关于开展向杨建华同志学习活动的决定 [N]. 沈阳日报，2008-04-28（001）.

制的大型循环水泵通过了试验验证，性能指标达到设计要求，用户对试验结果非常满意。这是依托神华宁煤 400 万 t/a 煤炭间接液化项目的大型泵类产品，高 2.55 m、长 3.4 m、宽 3.2 m，净重达 17 t，沈鼓集团石化泵公司以前从未生产制造过。面对"叫响品牌"关键之仗的考验，沈鼓集团石化泵公司领导高度重视、集中优势力量打好攻坚战，先后闯过了水力模型设计、铸造工艺、装备工艺、试验管路设计和生产制造等关隘，完成了第一台泵的加工制造，并如期取得了试验成功。这一具有开创性意义的业绩，标志着沈鼓集团在大型循环泵市场取得零的突破，将为沈鼓集团进一步拓展新市场领域奠定坚实基础。

2016 年 8 月，戴继双接任苏永强任沈鼓集团党委书记、董事长。2020 年 11 月 24 日，戴继双获"全国劳动模范"荣誉称号。在成为沈鼓集团新掌门人后，戴继双规划了沈鼓未来的蓝图：传承沈鼓"家风"，作国企改革先锋；实现企业发展新突破，让"大国重器"成为市场创造者。①

2017 年 1 月 13 日，沈鼓集团历史上最大的常规空分机组 H2199 机组一次性试车成功，再次实现了我国大型空分装备的重要突破，为保障国家能源安全、推进重大项目核心装备国产化增添了重要砝码。2 月 8 日，由四川空分设备（集团）有限公司总成的七台河宝泰隆焦炭制轻烃转型升级一期项目配套用 MCO 型 6.3 万 m^3/h 空分压缩机组在沈鼓集团一次试车成功。该机组是石油化工、煤炭深加工、化肥及冶金等行业广泛应用的核心关键设备，是沈鼓集团自主开发史上最大的产品。该机组叶轮直径达 1600mm，机组的转子悬臂端叶轮与主轴采用全新的连接方式，在转子动力学分析、稳定性分析等多个方面优势显著。其机械运转指标远超 API 标准要求，标志着我国大型 MCO 空分压缩机组研制取得关键技术突破，打破了国外公司对该类装置的垄断局面。3 月 23 日，沈鼓集团为林德华鲁恒升项目配套的 CO 深冷装置用压缩机一次试车成功，机组运行参数符合沈鼓优质产品验收标准，这是双方在单轴离心压缩机领域的首次合作，也是沈鼓集团首次为国际工程公司配套 CO 压缩机。5 月 5 日，沈鼓集团与浙江石油化工有限公司签订了 4000 万 t/a 炼化一体化项目一期工程合同，合同总价近 9.7 亿元。该项目作为国家"十三五"期间重点项目，是"浙江一号"工程，也是当时世界在建的最大的炼化一体化项目。8 月 8 日沈鼓集

① 杨晓宇."大国重器"掌舵人：记沈阳鼓风机集团股份有限公司党委书记、董事长戴继双［J］. 中国石油和化工，2019（10）：57-61，56.

团投资 8000 余万元的燃气轮机组在营口基地试验成功，此举标志着沈鼓集团成为全国第一家具备燃气轮机拖动长输管线压缩机组试验能力的企业。10 月 27 日，由沈鼓集团自主研发、设计、制造的中国首台（套）120 万 t/a 乙烯装置在惠州炼化二期现场一次试车成功。这标志着中国石化乙烯行业机组最大、调试最快、指标最优的新纪录诞生。12 月 11 日，沈鼓集团成功中标山东方宇润滑油有限公司 2×75000m³/h 焦制氢项目中两套 8 万 m³/h 等级空分压缩机组。该项目的成功签约，标志着沈鼓集团已打破超大型空分装置空分压缩机技术的国外垄断，实现了市场突破，推动了大型空分装置用压缩机组全系列产品的国产化进程。12 月 14 日沈鼓集团中标中化泉州石化有限公司 100 万 t/a 乙烯装置配套用乙烯、丙烯、裂解气三台离心压缩机组。[①]

2018 年 1 月，由中国国家知识产权局和世界知识产权组织共同主办的第 19 届中国专利奖颁奖大会在北京举行。在本届中国专利奖的评选中，沈鼓集团的一种大直径三元叶轮的铣制方法、一种循环气压缩机叶轮的热处理工艺两项发明专利荣获中国专利优秀奖。9 月 11 日，由沈阳鼓风机集团核电泵业有限公司和哈电集团哈尔滨电气装备有限公司共同承制的首台 AP1000 屏蔽电机主泵在沈鼓核电公司顺利完成全部产品试验和试验后拆检工作。AP1000 反应堆冷却剂主泵由于其设计、分析计算、制造、检验和试验技术难度大、要求高，从技术转让谈判、引进技术、消化吸收到国产化制造的全过程，一直备受业界的高度关注。在引进、消化、吸收 AP1000 屏蔽电机主泵技术的基础上，开展了多项关键制造技术的国产化攻关，为后续 CAP 系列电站主泵国产化供货提供了有力保障。试验数据显示，主泵各项性能参数均满足主泵设计规范书的要求，整体拆检各项指标均满足相关要求。10 月，根据《工业和信息化部办公厅关于开展第二批服务型制造示范遴选工作的通知》（工信厅产业函〔2018〕145 号）要求，经各组织单位推荐、专家评审、现场考查、网上公示等环节，最终确定沈鼓集团等 33 家企业为第二批服务型制造示范企业。11 月 9 日，由工业和信息化部指导，中国工业经济联合会、中国企业联合会、广东省肇庆市人民政府支持，中国工业报社主办的第十四届中国工业论坛在广东省肇庆市举行。在该次论坛上，沈鼓集团被授予"中国工业榜样企业"荣誉称号。由沈鼓集

---

① 中国机械工业年鉴编辑委员会，中国通用机械工业协会. 中国通用机械工业年鉴：2018［M］. 北京：机械工业出版社，2018：13-17.

团研制的 10 万 m^3/h 空分装置及空气压缩机组被列为 "2017 年度中国工业首台（套）重大技术装备示范项目"。11 月 17 日，沈鼓集团荣获 "改革开放 40 年中国企业文化优秀单位" 称号，沈鼓集团党委书记、董事长戴继双荣获 "改革开放 40 年中国企业文化先进工作者" 称号。12 月 10 日，中国机械工业联合会、中国通用机械工业协会在广东惠州组织召开国产首台（套）"120 万 t/a 乙烯装置用离心压缩机组" 产品鉴定会。在对机组的主要技术指标及性能、实际运行情况等逐项进行审核之后，由 14 名流体机械专业和石化行业知名专家、院士组成的鉴定委员会最终一致评定认为：沈鼓集团研制的 120 万 t/a 乙烯装置用压缩机组填补了国内空白，是装备国产化的重大技术突破，机组整体性能达到国际同类产品先进水平，其中机组工况适应能力、操作性等居国际领先水平。产品应用已经取得了显著的经济效益和社会效益，对我国实现更大规模乙烯装置大型压缩机组国产化具有重要意义，鉴定委员会一致同意通过鉴定。[①]

天然气长输管线压缩机组、大型管线球阀等关键设备国产化已在天然气管线工程中继续发挥着重要作用。为实现天然气保供的重要任务，2018 年国家要求在半年时间提供 14 台电驱压缩机组，沈鼓集团承担了 13 台任务，全部按期交货。其中，陕京四线输气管道（增压工程）托克托压气站 16 兆瓦级电驱压缩机任务最为紧迫，已顺利投产并投入使用。托克托压气站增压工程作为 2018 年国家天然气基础设施互联互通重点工程，是实现天然气管道 "全国一张网" 格局、提升管道输送能力、最大限度发挥天然气调峰能力、保障民生用气的基础性工程。[②] 沈鼓集团的 "1500kN 大型往复式压缩机组国产化研制" 项目获得 2018 年中国机械工业科学技术奖一等奖；2018 年，沈阳鼓风机集团股份有限公司攻克了某风洞动力系统主、辅压缩机初步设计等技术难题；完成了空分 MC0 系列压缩机撬块规划及设计，高能量头、高马赫数、大流量系数模型级开发等关键技术研究，开发新产品 363 种 511 台。典型产品主要有：（1）75/120 大化肥装置用 CO_2 压缩机组。该压缩机组为伊朗马苏（马斯吉德苏莱曼郡）75/120 化肥项目（一期）的核心设备。单元产能为 75 万 t 合成氨、120 万 t 尿素，是当前国

---

① 中国机械工业年鉴编辑委员会，中国通用机械工业协会. 中国通用机械工业年鉴：2019 [M].
　北京：机械工业出版社，2019：17-20.

② 中国机械工业年鉴编辑委员会，中国通用机械工业协会. 中国通用机械工业年鉴：2019 [M].
　北京：机械工业出版社，2019：5-6.

际上最大的化肥项目之一。该项目依托伊朗当地丰富的天然气资源，利用先进工艺技术将天然气转化成合成氨、尿素以及衍生品。机组由汽轮机+低压缸+增速机+高压缸组成，低压缸为轴向剖分型式（2MCL707），高压缸为径向剖分型式（2BCL356/A）。该机型首次采用全新、高效的基本模型级和CO_2专用模型级，机组整机性能达到国际领先水平。（2）380万t/a连续重整装置用氢气增压机组。该项目以浙江石化4000万t/a炼化一体化项目的一期项目380万t/a连续重整装置为依托，对重整氢增压机（BCL1207+BCL1209+BCL1110）进行研制。该项目机组的低压缸首次采用大流量、高效率的轻介质系列模型级代替常规模型级优化方案，机组在国际对标中处于先进水平；开发多缸大型筒式压缩机在线自动拆装方法，设计高精度智能检修设备，成功解决了多缸机组在线检修的多重难题；开发炼油机组在线清洗方法，设计清洗装置，实现了机组无损在线清洗；机组采用三维建模，提高了转子、定子的可靠性，解决了机组大型化带来的设计难题，实现了多缸机组安全、稳定运行。（3）40000m^3/h空分装置用空压机、增压机一体机。该机组用于某有色金属有限公司深冷空分装置40000m^3/h空分用空压、增压一体机，压缩机机型为SVK224-4S（3+1）。该机组为完全自主设计制造的最大的双侧驱动齿轮组装式压缩机，配置双侧离合器，通过离合器实现驱动机的自动切换。空压段、增压段配备各自独立的导叶调节系统，满足了空分流程的空压机、增压机独立调节要求。研究人员在悬臂叶轮小流量系数高效率模型级的开发与应用，空压、增压段叶轮同轴性能匹配及调节，大型空压、增压一体机多轴齿轮箱的完全国产化以及双侧离合器多驱动装置设计机组等方面取得多项关键技术突破。（4）260万t/a沸腾床加氢装置酸性气压缩机组。该机组的叶轮材质选用高抗腐蚀性能和抗硫化物应力开裂的镍基合金718，叶轮加工方式选用当前国际上先进的电火花加工，能保证出口宽度仅几毫米的超硬材料叶轮的加工精度和性能。其他与工艺气接触的定子件选用喷涂和堆焊的方式进行防腐处理，大大提高了整个机组的抗腐蚀能力，保证了机组长期稳定运行。该机组的成功研制，带动了整个酸性气压缩机市场重心向离心机的方向偏移。在相同或类似的工艺条件下，与往复机相比，离心机具有转速高、气量大、机械磨损小、易损件少、维护简单、连续工作时间长、振动小、运行平稳和对基础要求低等优点。①

2019 年 2 月 2 日，由沈鼓集团为浙江石化 4000 万 t/a 炼化一体化项目一期配套的 380 万 t/a 重整机组顺利产出合格油样，机组一次投料开车成功。7 月 23 日，由中石化组织召开的重大装备国产化攻关项目"高压立式湿绕组型强制循环热水泵国产化研发"设备出厂验收会在沈鼓集团举行。由沈鼓集团石化泵公司自主研制的高压立式湿绕组型强制循环热水泵顺利通过验收。10 月 24 日，第十五届中国工业论坛暨首届绿色新兴工业博览会在浙江杭州国际博览中心举行。会上颁发了 2018 年度中国工业影响力品牌、影响力企业、影响力人物及首台（套）重大技术装备示范项目 4 个奖项。沈鼓集团囊括了大会评选的所有奖项。12 月 25 日，由工业和信息化部、中国工业经济联合会联合组织的制造业单项冠军经验交流会在北京举行。会上公布了第四批及通过复核的第一批单项冠军名单，包括沈鼓集团在内的第一批制造业单项冠军示范企业（共 53 家）通过复核。② 2019 年，沈阳鼓风机集团股份有限公司攻克了新一代 MAC 空压机+SVK 增压机设计等技术难题，完成了全新的水平剖分型整体机壳开发等关键技术研究，新开发的典型产品主要有：为宁夏宝丰能源集团 220 万 t/a 煤制甲醇项目配套的 10.5 万 m^3/h 空分装置设计的新一代 MAC 空压机+SVK 增压机机组，为天津渤化化工发展有限公司 20 万 t/a 环氧丙烷（PO）、45 万 t/a 苯乙烯（SM）装置设计的 PO/SM 丙烯循环气压缩机组，为伊朗 BUSHEHR 炼厂 MEG 项目设计制造的 CO_2 压缩机组，为中国航空工业集团公司沈阳空气动力研究所设计制造的 161 结冰风洞动力段压缩机组。同年，沈鼓集团实现油田上游轻烃回收装置、空气储能装置等新市场开拓，签订中沙（天津）石化 130 万 t/a 乙烯扩建项目裂解气压缩机改造合同，实现潍钢 4 万 m^3/h 空分装置 EPC 总承包项目首个订单突破。各种主机产品的市场份额不断提升，大炼化市场离心压缩机占有率超过 85%，1250kN 以上往复压缩机市场占有率达 90%，煤化工市场离心压缩机市场占有率达 75%，长输管线用离心压缩机市场占有率达 90%，核主泵市场占有率达 100%。在天然气油田火驱工程、分布式能源、垃圾处理和核电等领域不断推出新产品。公司承

① 中国机械工业年鉴编辑委员会，中国通用机械工业协会. 中国通用机械工业年鉴：2019 ［M］. 北京：机械工业出版社，2019：90-91.
② 中国机械工业年鉴编辑委员会，中国通用机械工业协会. 中国通用机械工业年鉴：2020 ［M］. 北京：机械工业出版社，2021：13-17.

担的国家重点研发计划项目"流体机械新型节能与系统智能调控技术"，围绕流体机械新型节能方法及系统智能调控技术研发亟需解决的基本难题——流体机械复杂流场的可靠预测与诊断、流动的精细组织与设计、系统的高效匹配与协同，在流动预测能力提升、设计的精细化和全参数化、系统匹配设计与调控、专门技术创新与先进技术集成及示范验证等方面取得了重要的进展。海洋工程装备科研项目"天然气液化用大型混合冷剂压缩机研制"完成了大型混合冷剂压缩机详细设计，样机机械运转试验、气体密封试验、性能试验和晃动试验，并通过了船级社认证，具备验收条件。国家重点研发计划项目"面向 E 级计算机的大型流体机械并行计算软件系统及示范"完成了压缩机 40 万核能力型并行计算，并基于标模压缩机 NASA Rotor37、Rotor35 和 Stage37，完成软件精度和并行效率的实验验证；完成了 2.4m 连续式跨音速风洞压缩机安装调试、机械运转及闭式循环系统性能试验以及 5 个马赫数、32 条变开度曲线的性能测试；完成了流体机械多块并行连续伴随优化方法研究，开发了优化目标梯度计算量与设计变量数目无关的基于多块结构化网格的并行连续伴随优化设计求解程序；建立了第三代核主泵水力模型优化设计命题，确定核主泵水力模型优化设计的几何变量、目标函数及约束条件，完成第一轮次优化设计。2×180 万 t/a 煤制甲醇装置用离心压缩机组是沈鼓集团为中天合创能源有限责任公司煤炭深加工示范项目煤制甲醇装置研制的离心压缩机组，包括丙烯压缩机和甲醇合成气压缩机。该项目的研制成功，填补了国内空白，整体技术指标达到国际先进水平，部分性能指标达到国际领先水平，社会效益和经济效益显著。公司加大技术研发投入，持续推进创新成果升级换代和转化应用。2019 年共开发新产品 219 种，完成科研项目 113 项，科技成果转化率达到 94%；申报专利 118 项，获得科技拨款到账 5015 万元。公司荣获市级以上科技奖励 11 项，10 万 m^3/h 等级制氧量空分装置用压缩机组及成套装备研制和产业化应用项目荣获辽宁省科技进步奖一等奖。[①]

2020 年，沈鼓集团在产品研发和市场推广方面不断取得新的突破，依靠核心技术形成新的成长动能。通过优质的产品和完善的售后服务，沈鼓集团始终保持稳定、持续、协调发展的势头，各种主机产品的市场份额不断提升。同时，在天然气油田火驱工程、分布式能源、垃圾处理等领域不

① 中国机械工业年鉴编辑委员会，中国通用机械工业协会. 中国通用机械工业年鉴：2020［M］. 北京：机械工业出版社，2021：44-51.

断实现新产品的研发和推广。紧跟"一带一路"沿线国家的中资企业投资项目，拓展与中石油、中石化、中海油以外的央企、国企及外企合作，利用外资在华企业获取项目信息，提升项目参与度和中标率。2020年，实现了印度尼西亚、哈萨克斯坦、突尼斯等多个"一带一路"沿线国家出口项目近2亿元合同的签订。同年，沈鼓集团为中化泉州石化有限公司20万t/a环氧丙烷联产45万t/a苯乙烯项目研制的空气压缩机组，是沈鼓集团首台应用在PO/SM环氧丙烷、苯乙烯联合装置中的空气压缩机组，为PO/SM装置流程输送参与反应的空气；依托传统结构，结合对大庆炼化富气压缩机等国外机组的改造经验，在内蒙古汇能煤化工有限公司煤制天然气项目丙烯压缩机上首次采用整体端盖结构；为齐鲁制药（内蒙古）有限公司阿荣旗项目研制的轴流压缩机组，极大地提高了沈鼓集团轴流机组在市场上的竞争力。空气压缩机+空气增压机（MCO型+SVK型）是公司为宁夏鲲鹏清洁能源有限公司生产的68000m³/h制氧量空分装置的核心设备，三级MCO空压机和SVK多轴增压机是3万~8万m³/h空分装置广泛应用的机型，市场前景广阔。沈鼓集团还攻克了新一代乙烯装置用压缩机关键技术难题，完成了整体端盖形式的压缩机结构等关键技术研究，获得科研成果百余项，开发出新产品226种，共计281台。承担的辽宁省重大科技专项"140万t/a乙烯装置用压缩机组研制"项目，攻克了压缩机气动性能匹配性、高效性整体优化、叶轮结构完整性研究、新型高压力机壳开发、大型叶轮加工新工艺开发、大扭矩高转速转子系统动特性研究、控制方案设计与优化等关键技术，项目申请专利10项，形成关键核心技术2项。完成了10万m³/h等级离心压缩机节能优化设计，并进行了试验验证；完成了2.4m连续式跨声速风洞压缩机用户现场安装调试；研制的120万t/a PDH（丙烷脱氢制丙烯）装置丙烯制冷压缩机组是国内最大的PDH压缩机组，通过省级以上科技成果鉴定；承制的50万t/a高效合成气制乙二醇项目关键设备，首次在国内实现了单线50万t/a合成气制乙二醇装置用压缩机组的完全自主研制和成套应用，填补了国内空白，整体技术达到国际先进水平，关键技术指标达到国际领先水平。2020年，公司荣获省级以上科技奖励7项，其中，"大型蒸汽裂解装置用离心压缩机组的研制"项目获得中国石油和化学工业联合会科技进步奖特等奖、辽宁省科技进步奖一等奖，"大型高效合成气制乙二醇装置关键设备"项目获得中国机械工业科学技术奖二等奖、辽宁省科技进步奖三等奖，"大型乙烯装置乙烯制冷压缩机组研制"项目获得第十届中国技术市场协会金桥奖一等奖，"十万等级制氧量空分装置 MAC180 离心压缩机"项目获得"好设计"金奖，"MAC180 空气压缩机"项目获得"中德园杯"中国·东北"好设计"金奖。[①]

2021 年 1 月，福建美得石化有限公司 90 万 t/a 丙烷脱氢制丙烯项目配套的产品气压缩机组、丙烯压缩机组、乙烯压缩机组确定选用沈鼓集团的产品。该项目采用 Lummus 工艺，是目前全球应用这一工艺的同类最大装置。该项目的成功中标，实现了沈鼓集团该领域 Lummus 工艺配套压缩机组国产化的重大突破，推动了丙烷脱氢制丙烯行业 Lummus 工艺流程配套压缩机组全部实现国产化的进程，同时也必将坚定行业内其他客户选用沈鼓集团设备的信心。[②] 从 1953 年成为我国第一家专业风机厂开始，沈鼓不断实现产品升级和领域扩充，发展成为完全掌握核心技术和拥有自主知识产权的"国家砝码""大国重器"。沈鼓集团以敢为人先的勇气实现了核心技术从跟跑到并跑再向领跑迈进。截至目前，沈鼓集团产品已经覆盖能源与化工所有细分市场领域，累计承担了 200 余项国产化首台（套）的研制，并且 100% 成功，填补国内空白。产品主要性能指标达到世界一流水平，部分产品达到世界领先水平。在国家能源局 2022 年公布的 75 项首台（套）重大技术装备示范应用中，沈鼓集团就有 3 个项目上榜。目前，沈鼓集团已经具备年产 180 万吨乙烯、年产 140 万吨 PTA、年产 2000 万吨炼油、年产 800 万吨 LNG、天然气长输管线、15 万立方米等级大型空分、300MW 空气储能、大型清洁煤化工、大型航空试验风洞等装置用压缩机组、大推力往复式压缩机、EVA 超高压往复压缩机，以及国核一号、华龙一号核主泵等重大装备的研制能力。这也标志着沈鼓集团以自主知识产权为特征的重大技术装备研制能力已跻身世界先进行列，成为世界上少数几个能够设计制造大型复杂压缩机、高端核主泵等重大装备的制造厂商之一。时至今日，沈鼓正在完成世界级 150 万吨/年乙烯"三机"的研制任务，并具备 200 万吨/年乙烯"三机"的设计和制造能力。[③]

---

① 中国机械工业年鉴编辑委员会，中国通用机械工业协会. 中国通用机械工业年鉴：2021［M］. 北京：机械工业出版社，2022：166-169.

② 沈鼓中标世界最大 Lummus 工艺丙烷脱氢制丙烯项目［J］. 水泵技术，2021（2）：53.

③ 杨晓宇. 七十芳华奋进路　大国重器向未来：沈鼓集团建厂 70 周年重大装备成果发布会侧记［J］. 中国石油和化工，2022（12）：56-58.

2021 年 12 月 16 日，沈鼓集团透平销售中心华北分公司总经理马昊在中国钢铁工业协会冶金设备分会二届二次会员大会上表示，"沈鼓高炉装置用轴流压缩机、空分装置用压缩机的应用，尾气综合利用解决方案等，体现了装备企业与冶金企业同行的发展思路，为'双碳'背景下冶金行业设备优化提供了'沈鼓方案'。"他表示，传统钢铁行业排放的大量尾气，主要包括焦炉气、转炉气、高炉气"三股气"。一氧化碳、氢气是这"三股气"的主要有效成分，其高效综合利用是钢铁企业在"双碳"目标下实现节能降耗和低碳减排的突破口。而钢厂尾气利用的方式主要是通过燃烧进行加热和发电，其热值明显低于天然气，且造成更多的碳排放。面对着越来越严苛的排放要求，钢铁企业可通过新上尾气制甲醇、乙二醇、LNG及 CCPP 等装置，来满足降低碳排放的需求。沈鼓集团在这一过程中可为设备优化提供解决方案。在甲醇制备方面，沈鼓集团可为 8 万吨/年、10万吨/年、20 万吨/年、30 万吨/年到 220 万吨/年规模的甲醇装置提供各类压缩机产品和服务，并具备单线 300 万吨/年甲醇装置配套能力。在碳利用方面，沈鼓集团深耕二氧化碳捕捉、封存和综合利用技术，加快推进传统制氢+CCUS 工艺、二氧化碳和氢气制甲醇装置配套压缩机和膨胀机，以及超临界二氧化碳压缩机等新产品研发。同时，沈鼓集团可充分利用钢铁企业焦炉煤气、转炉煤气等气源优势，开发综合尾气制乙二醇联产 LNG 等装置成套解决方案。对合成氨装置、还原铁、燃气蒸汽联合循环发电项目，沈鼓集团均可提供压缩机组。[①]

2022 年 1 月 5 日，沈鼓集团与由国投招商投资管理有限公司管理的先进制造产业投资基金举行战略合作签约仪式。先进制造产业投资基金将以增资扩股方式投资沈鼓集团，成为其第二大股东。这次签约也标志着历时近三年的集团混改取得了决定性成果。作为高新技术先导型企业，沈鼓集团始终将企业技术进步、追求科技自立自强作为企业高质量发展和转型升级的战略支撑。截至 2021 年，沈鼓集团主持或参与修订国家、行业及企业标准累计 157 项，创建 20 档标准机壳数据库，新一代"6+1"空分压缩机样机研制成功，国产首台 120 万吨/年和 140 万吨/年乙烯"三机"相继出厂，国内首套 17MPa 储气库用离心压缩机在用户现场顺利投运。据统计，2021 年，沈鼓集团完成新产品开发 330 种 482 台，完成科研项目 147 项，

---

① 李倩. 为冶金行业绿色低碳提供"沈鼓方案"［N］. 中国冶金报，2021-12-23（006）.

重点科研项目完成率100%，获批市级以上科技项目22项，荣获市级以上科技奖励荣誉44项；完成工业总产值同比增长8.9%，其中自营产值同比增长17.3%；营业收入同比增长11.1%；利润总额同比增长近一倍；产品订货同比增长9.5%；出口交货值同比增长47.4%；全员劳动生产率同比增长14.2%。① 2022年11月22日，由沈鼓集团与哈电集团联合研发的三代核电技术屏蔽主泵在沈鼓集团顺利发运，标志着国内首台具有自主知识产权的、目前全球最大的三代核电技术屏蔽主泵正式开始交付用户，对中国的核电事业具有里程碑意义。该项合作2009年开始预研，2011年确定参数，2012年签订产品合同，2013年获得重大专项立项批准。经过十余年的攻坚克难，终于成功研发完成。②

据沈鼓集团官方网站的报道，2022年11月2日，沈鼓集团建厂70周年重大装备成果发布会在沈阳举行，来自国家部委、行业协会及地方政府的有关领导，行业客户，工程设计院、科研院所代表等出席盛会，共同祝贺沈鼓70年发展所取得的丰硕成果。发布会上展示和推介了沈鼓集团的15项重大装备新品，包括：大型烯烃装置用压缩机组、SV系列多级悬臂组装式工艺气压缩机组、SACC（6+1）系列大型空气压缩机组、大型齿轮一体式空气压缩机组、空气储能系统解决方案、40MPa等级单缸双段式天然气离心压缩机组、大型FLNG装置用混合冷剂压缩机组、大功率向心/轴流式膨胀发电机组、多轴齿轮增速型二氧化碳机组、SWA系列轴流压缩机组、EVA用超高压压缩机组、迷宫压缩机组、CAP1400屏蔽电机主泵、6W10/100型撬装式往复式空压机、面向"双碳"目标的流体机械系统高效节能技术。

2023年3月16日，国务院国资委公布《关于印发创建世界一流示范企业和专精特新示范企业名单的通知》，7家地方国有企业入选创建世界一流示范企业，200家国企入选创建世界一流专精特新示范企业。其中央企所属企业143家，地方国有企业57家。沈鼓集团入选创建世界一流专精特新示范企业，系唯一入选的辽宁省地方国有企业，从此开始了建设世界一流企业的新征程。③ 5月24日，沈鼓集团召开全国科技工作者日座谈会，

---

① 李宇佳. 各类资本相互融合 多元结构相互制衡 [N]. 经济参考报, 2022-03-21 (005).
② 沈鼓集团与哈电集团联合研发的三代核电技术屏蔽主泵顺利发运 [J]. 水泵技术, 2022 (6): 63.
③ 刘国栋. 向世界一流专精特新企业奋力迈进 [N]. 沈阳日报, 2023-03-25 (001).

戴继双在会上指出，沈鼓集团在高速发展进程中，攻克了一个个国家重大专项，解决了一个个"卡脖子"难题的根本，源自科技创新，而科技创新离不开沈鼓的广大科技工作者夜以继日的付出与努力。戴继双强调，沈鼓集团将进一步加大对科技工作者的关心与支持，进一步营造尊重知识，尊重创新的良好氛围。同时，集团科协要建设好科技工作者之家，大胆创新，持续开展活动，进而使广大科技工作者在辽沈实施全面振兴新突破"三年行动"中，在沈鼓集团建设世界一流企业的征程中贡献力量。5 月 27 日晚，沈鼓集团党委书记、董事长兼 CEO 戴继双受邀亮相中央广播电视总台《对话》栏目，介绍沈鼓集团的历史与高质量发展。戴继双在发言中表示，沈鼓集团作为一个具有 70 多年历史的企业，从传统制造业到先进制造业的转型，一是持之以恒抓技术创新，二是持之以恒抓转型升级，三是持之以恒深化改革。在未来，沈鼓集团将秉持"制造强芯，装备世界"的企业使命，扎根辽宁工业沃土，持之以恒走创新驱动发展之路，为新时代辽宁振兴发展贡献沈鼓力量，奋力谱写中国先进制造业高质量发展新篇章。

第三章 沈阳凿岩机械与气动工具制造企业技术创新史

凿岩机械气动工具行业是国家机械工业重要组成部分。划属本行业的产品共有两大类：一是凿岩机械，二是气动工具。直接动力源有气动、液压、内燃和电动四种。它们的主要服务领域是冶金、有色、煤炭、水利、电力、公路、铁路、建材、建筑、地质、农业、国防及机械、石油、化工、电子等部门。作为向能源、交通、原材料和机电等工业部门提供现代化装备和机械化工具，并且与这些国民经济重点部门的发展密切相关的重点行业，它的形成和发展与我国国民经济的发展脉搏相一致。我国的凿岩机械与气动工具是从建设沈阳风动工具厂开始的。1955 年 1 月，我国凿岩机械与气动工具的第一个专业厂家沈阳风动工具厂诞生，标志着我国凿岩机械与气动工具行业进入了发展起步的新时代。到 20 世纪 60 年代初，我国已建成 6 个凿岩机械与气动工具制造厂和 1 个行业研究所。[①]

第一节　1996 年以前的技术创新

沈阳风动工具厂的前身是 1937 年日本大阪金属株式会社投资 50 万日元建成的"满洲金属株式会社"，专门生产手榴弹壳、雷管、60 迫击炮等军火武器。1945 年 8 月日本帝国主义投降后，该厂由苏联红军接管。1946 年 1 月，苏军将工厂移交国民党政府。3 月初，国民党东北保安司令长官部又将其与接管的满洲协和胶皮株式会社、汤浅电池株式会社、东亚酸素株式会社等工厂合并，定名长官部汽车修造总厂。1946 年 5 月，工厂隶属国民党后勤部，更名为第十六汽车修理厂。6 月，又将原伊藤铁工所等 7个工厂并入该厂，生产发动机零件、蓄电池、汽车内胎、风扇皮带、刹车

---

① 石强. 凿岩机械与气动工具行业发展概况 [J]. 今日工程机械，2014 (6)：68-71.

皮碗等汽车配件，兼营氧气和修理汽车。9 月更名联合勤务总部第十六汽车机件制造厂。沈阳解放后，人民解放军军管会将联合勤务总部第十六汽车机件制造厂改为沈阳汽车总厂（该厂为第三机件厂），归东北军工部领导。1949 年 6 月，改名为东北机械七厂（风动工具厂为第三现场），有南北两个厂区，接受试制凿岩机任务，成立凿岩机测绘试制工作组。工厂决定仿制日本 R39 型凿岩机。8 月，我国第一台日式 R39 型凿岩机试制成功，当年生产 319 台，解决了抚顺矿和鞍山矿停产危机，并为建设气动工具制造行业打下了基础。1950 年该厂又仿制日本 S49 型气动凿岩机 880 台。1950 年 7 月，政务院把东北机械七厂（第三现场）列为"一五"计划重点建设项目，由苏联援助扩建成年产 2 万台凿岩机械和气动工具的专业化工厂。1950 年 9 月政务院批准苏联援助方案，1952 年 7 月正式破土动工，苏联提供 13 种气动工具的样机和整套技术资料，还援助 226 台金切设备、11 台锻压设备和 21 台各种热处理加热设备，以及各类计量、理化、全相实验检测仪器等。全厂工程技术人员和工人在苏联专家的帮助下，于 1952 年试制成功 OM506 型手持式凿岩机，并陆续将苏联的 12 种机型全部试制成功，淘汰了日本的 R39 型、S49 型、S55 型凿岩机。根据工厂生产产品类型的区别，1954 年 4 月 8 日，经第一机械工业部、辽宁省和沈阳市人民政府批准，以东北机械七厂第三现场的铁路副线为界，南院定名为沈阳气体压缩机厂，北院定名为沈阳风动工具厂。1954 年 5 月，沈阳风动工具厂制成中国第一台苏式风镐。[1] 1955 年 1 月 21 日，是沈阳风动工具厂正式开工生产的典礼之日，当时的设计规模为凿岩机、风动工具 2 万台 6050 吨。[2] 沈阳风动工具厂扩建投产后，在生产 OM506 型凿岩机的过程中，探索了很多宝贵的设计经验。为了尽快统一我国的气动工具型号系列化标准，沈阳风动工具厂编制《产品型式规范系列》（草案），并于 1956 年试行把 OM506 型凿岩机改为 01-30 型凿岩机，实现了我国气动工具产品型号系列化。自此，沈阳风动工具厂着手试制我国自己系列的产品，走上气动工具自行设计的道路，先后设计试制成功内燃凿岩机、电动凿岩机、潜孔凿岩机、钢轨穿孔枪等 91 种新产品。因工厂生产能力所限，陆续将内燃凿

---

① 宋东泽. 辽宁创造 300 个"全国第一"：二 [J]. 共产党员，2014 (5)：55.

② 《人民日报》社国内资料组，中国工业经济协会调研组. 中华人民共和国工业大事记：1949—1990 [M]. 长沙：湖南出版社，1992：391.

岩机无私地转让给宜春风动工具厂，将潜孔凿岩机转让给宣化工程机械厂。①

　　沈阳风动工具厂是我国生产凿岩机械的重点企业，是我国第一个五年计划期间由苏联援建的156项重点工程之一，是全国生产气动工具历史最久、规模最大、经济效益最好、产值和利润最高、产品质量最优的大型骨干企业，也是156项重点建设项目中第一个完工投产的工厂，提前16个月达到设计水平。工厂的建成投产，结束了我国不能生产凿岩机械的历史。我国产煤量很大的煤矿，如辽宁的抚顺、沈阳、铁法、阜新、北票、南票等煤矿，黑龙江的鹤岗、双鸭山、七台河、鸡西等煤矿，吉林的通化和开滦，以及阳泉、大同、徐州等煤矿以及一些小型煤矿，山东的金矿、湖南的锑矿、铀矿，广西的锡矿，江西的坞矿，辽宁的钼矿，湖北的铁矿，还有其他一些金属矿，多年来都是用沈阳风动工具厂生产的凿岩机械开发地下矿藏。② 1985年，生产各种凿岩机及气动工具5万台，配件398吨，完成工业总产值3065万元，实现利润868万元，上缴国家利税402万元，产品产量2291吨，生产能力为原设计能力的409%。产品销往全国29个省、市、自治区以及37个国家和地区，主导产品凿岩机销售量占全国市场的65%以上。③

　　沈阳风动工具厂职工徐连贵从1953年以来，多次被评为辽宁省和沈阳市劳动模范，1956年和1959年获全国先进生产者光荣称号。徐连贵从事车工多年，技术水平高，经验丰富，在生产中勇于创新，坚持发明创造。1952年，他带头学习苏联高速切削及高速挑扣的先进经验，使产量平均提高20多倍，从而带动了全厂职工学习先进经验的高潮。1953年11月，在技术人员和其他同志的大力协助下，试验成功凿岩机缸体、机头套料刀，使产量提高70%以上，同时提高了材料利用率，全年可节省钢材24吨。《辽宁日报》为此发表社论向全省推广。袁济田积极创新，改进了日式皮带车床，利用多刀多刃加工，班产由20多件提高到130多件，因此被厂授予劳动模范称号。袁济田在担任青年小组组长时，为提高零件质量，主动与工检沟通，建立"三勤"（勤量、勤问、勤送检）制度，还成立了质量互助小组，解决了生产关键问题，保证了产品的质量和数量，同时也提高

① 《沈阳风动工具厂志》编纂委员会. 沈阳风动工具厂志［M］. 内部资料，1988：5-7.
② 沈阳市统计局. 沈阳百厂概况［M］. 内部资料，1985：228.
③ 《沈阳风动工具厂志》编纂委员会. 沈阳风动工具厂志［M］. 内部资料，1988：3.

了大家的技术水平。小组的生产任务月月提前完成,1953 年提前 127 天完成国家计划。在厉行节约方面,小组建立了节约箱,俗称"百宝箱"。大家把掉在地上的旧零件收集起来,放在箱子里备用,节约了材料的领用。小组还把切料剩余的料头储存起来,将这些料头再加工成零件,为国家节约了大量的钢材和资金。①

沈阳风动工具厂技师何景藩,根据用户的意见和要求,在领导的支持和大家的帮助下,克服缺乏设计参考资料和实样的困难,深入矿山,与工人打成一片,设计成功一种新型潜孔凿岩机,进行深孔爆破,提高了采矿效率。他经常注意节约钢材和改进产品的设计,如改进 OM506 产品配气机构,取消柄体垫圈,改进节气瓣把手的设计,按 1958 年的生产任务计算,全年可为国家节约钢材 34 吨,价值 23700 元,同时还节约了工时。何景藩1953 年、1954 年和 1958 年三次被评为辽宁省和沈阳市劳动模范。沈阳风动工具厂铣工陈玉言,1956 年以来,连续 9 年被评为沈阳市和辽宁省劳动模范,1956 年和 1959 年被评为全国先进生产者。她一贯积极工作,努力钻研技术,虚心学习先进经验。她利用苏联高速切削法先进经验,不断突破产量定额。加工凿岩机活塞部件由过去最高 170 个提高到 213 个,在一年中完成了 14 个月零 8 天的工作量,提前 66 天完成 1957 年的国家计划。在生产中严格执行"三勤"制度,遵守工艺规程,并与检查员取得联系,贯彻先确定标准件制度,发现问题及时研究,全年加工两万多个零件,从未出过废品。在节约方面精打细算,使用消耗材料和工具时,做到可不用的尽量不用。她还经常学习别人的经验,特别是学习老工人实际操作经验,使自己的技术不断提高。②

沈阳风动工具厂于 1957 年正式成立气动工具研究室,并于 1960 年建立气动工具研究所,集中技术力量开始气动工具理论方面的研究工作。在大量仿制和理论研究的基础上,设计队伍日趋成熟,进入到类比设计阶段。1958 年到 1960 年,自行设计 69 种新产品,其中有些产品在试制定型后无私地转让给兄弟单位进行生产,有些因暂时没有力量试制而将底图入库。③

① 中共辽宁省委党史研究室. 历史,永远铭记创业的辉煌:"一五"时期辽宁重点工程建设始末［M］. 沈阳:辽宁人民出版社,1995:372-373.
②《沈阳风动工具厂志》编纂委员会. 沈阳风动工具厂志［M］. 内部资料,1988:389-390.
③《沈阳风动工具厂志》编纂委员会. 沈阳风动工具厂志［M］. 内部资料,1988:124-125.

1959年，沈阳风动工具厂仿制成功一种 YN 型内燃凿岩机，并经室内性能试验和厂外工效及油耗试验，均比 01-17 型风动凿岩机为优。这种内燃凿岩机装有一台单缸二冲程的汽油机，在汽缸内有两个运动方向相反的活塞，其中一个推动发动机的曲轴，另一个是自由活塞，在汽缸延伸部分作冲击运动。燃料的压缩与点火在两个活塞间的燃烧室内进行。曲轴通过摆动轴，转轮装置转动钎子。在冲击活塞下面有一空气压缩室，用以清除炮眼中的石粉。这种凿岩机移动方便，特别适用于工程分散和修建山区公路，一个人就可以背到任何地点去进行工作。此外，效率较风动凿岩机为高，油耗也较省。[①]

沈阳风动工具厂于1963年试制成功 YG50 导轨式凿岩机和 CZ300 轮胎式钻车，经过一年多时间的实验室性能试验、矿山工业试验和在南芬露天铁矿生产使用后，于1965年1月份进行了国家鉴定，已基本定型并开始进行小批量生产。该产品属小直径深孔凿岩设备之一，可作为中小型露天采矿场、采石场以及石方建筑工地露天钻凿炮孔作业的主要工具，也适用大型露天矿山用来切除根底，减小底盘抵抗线及扫除孤岛等工作。该凿岩机具有大的冲击功、扭矩及排粉能力，因而适宜深孔凿岩；适应性广，可钻水平及向下任意方向的炮孔，适应干式、湿式凿岩；操作集中、自动润滑、移动方便，大大减轻劳动强度和节省辅助时间。[②]

1964年1月，沈阳风动工具厂自行设计、试制成功 YT-25 型导轨式凿岩机，填补国内空白。[③] 该机可在井下或露天，对软岩和中硬岩、钻凿水平和倾斜的炮眼施工，钻眼直径34~38毫米，钻眼深度可达1米。机器备有自动注油和注水装置，能保证良好润滑及湿式凿岩。YT-25 型凿岩机集中了日本、瑞典的几种新颖凿岩机的优点，结构先进，操作方便，凿岩效率高，耗能低，属于采用气腿式支架的新型产品。在设计过程中，YT-25 型凿岩机设计组指定有经验的技术人员为责任设计师，配备一定设计力量，进行明确分工，使设计人员能够专心致志，钻深钻透，加快了设计进度、提高了设计质量。为了严格保证设计质量，在设计和试制阶段，设计人员都到现场验证数据，随时解决技术问题。样机诞生后，又下矿山进行

① 周正达. 内燃凿岩机的简单介绍 [J]. 公路，1959 (7)：30.
② 杨敷祈，朱仲荣. YG50 导轨式凿岩机 CZ300 轮胎式钻车试制成功 [J]. 工程机械，1965 (2)：24.
③ 宋东泽. 辽宁创造300个"全国第一"：七 [J]. 共产党员，2014 (19)：53.

工业试验，在井下操作，掌握第一手资料，并在矿山召开鉴定会，虚心听取用户意见，及时改进设计，获得了矿工及专家们的好评。1963 年底的新产品鉴定会上，专家们严格检查了 YT-25 型凿岩机的各项指标，证明设计合理，性能先进，质量优良，可以投入大批量生产。从此彻底淘汰了 01-30 型凿岩机，改过去采掘工作的手动式支架为半自动气动式支架，大大减轻了劳动强度，提高了采掘效率和自动化程度。YT-25 型凿岩机的试制成功，使我国气动工具行业已接近当时的世界先进水平，标志着由仿制到独立设计新阶段的到来。①

1966 年沈阳风动工具研究所由沈阳搬迁至甘肃天水，更名为天水风动工具研究所，坐落于天水风动厂厂区内。1967 年，沈阳风动"一分为二"，分出部分人员、设备和产品搬迁到甘肃省天水县。1988 年，天水风动工具研究所在原产品实验室的基础上组建了"机械工业凿岩机械气动工具产品质量监督检测中心"。②

7655 型"反帝修"1 号凿岩机采用风水联动，气压调节等机构；控制手柄集中在柄体上，操作方便；气腿能快速退回，动作灵活，推进均匀有力；配有消音装置，又能随意改变排气方向，降低噪声，可改善现场工作条件。③ 后来，技术人员在"反帝修"凿岩机基础上，设计成功 7655 型气腿式凿岩机，并于 1972 年投入大批量生产。7655 型气腿式凿岩机具有效率更高、故障率低、操作方便、震动小、噪声低等诸多优点，用户非常满意，在 1975 年全国同行业评比竞赛中独占鳌头，成为工厂的"拳头"产品。7655 型凿岩机的设计和制造成功，标志着沈阳风动工具厂设计和加工力量有了明显进步，具备了设计和制造国内第一流凿岩机产品的能力。④

SY4P5 型向上式高频凿岩机，是沈阳风动工具厂于 1973 年设计、试制的新产品。主要用于采矿和竖井掘进中的凿岩作业，钻凿与水平面成 60°~90°范围的向上炮孔，也可安装楔缝锚杆和用于吊罐开凿天井。该机结构简单，操作维修方便，重量轻，扭矩大，效率高，噪声低，具有独特风格。该机通过国家鉴定，并投入大批量生产。⑤

————————

① 《沈阳风动工具厂志》编纂委员会. 沈阳风动工具厂志 [M]. 内部资料，1988：127.

② 石强. 凿岩机械与气动工具行业发展概况 [J]. 今日工程机械，2014（6）：68-71.

③ 王希仁. 7655 型反帝修 1 号凿岩机使用情况介绍 [J]. 化工矿山技术，1972（5）：38-39.

④ 《沈阳风动工具厂志》编纂委员会. 沈阳风动工具厂志 [M]. 内部资料，1988：127-128.

⑤ 沈阳风动工具厂. YSP45 型向上式高频凿岩机 [J]. 凿岩机械与风动工具，1977（2）：9-10.

　　CTJ-200.2 型轮胎式掘进台车是沈阳风动工具厂与武钢程潮铁矿、武钢矿山研究所实行生产、科研、使用三结合，现场设计和厂矿共同试制的产品。从 1976 年初开始，经一年多的时间试制出样机。该台车系配用 YG-35 型导轨式凿岩机。它主要用于无底柱分段崩落法采矿的金属矿山巷道（进路）中，进行凿岩作业和打巷道支护用的锚杆眼，亦可用于其他无轨运输巷道的掘进凿岩作业和打锚杆眼。该台车用电机驱动，轮胎行走。车体采用铰接式，转弯半径小。行走采用后轮驱动，前轮靠方向盘操纵随动阀控制液压缸转向，随动杆反馈，操纵方便。[①]

　　CGJ3 型三机轨轮式掘进台车，是沈阳风动工具厂与抚顺红透山铜矿、东北工学院（今东北大学）协作共同研制的新产品。该台车于 1971 年 9 月完成设计，于 1973 年 9 月试制成功，并先后在抚顺红透山铜矿、湖北程潮铁矿和邯郸西石门铁矿进行了为期四年多的工业性试验考核和不断完善，于 1976 年 7 月经一机部和冶金部共同主持进行了鉴定。该台车配用 YG35 型导轨式凿岩机，主要用于金属矿山掘进水平巷道，如施工方法作相应的改进亦可用于铁路隧道、水利和国防等地下工程的凿岩作业。它的研制成功，为我国"开发矿业"大打矿山之仗，实现平巷掘进机械化提供了新的设备，并为我国掘进台车系列增添了新的品种。该台车配备行走机构，不必牵引。台车结构完善、合理，动作灵活、稳定，工效比气腿式凿岩机提高 2 倍左右，大大减轻了工人的劳动强度。[②]

　　沈阳风动工具厂研制的 D9 和 D4 型捣固机，于 1977 年 5 月 23—24 日在沈阳风动工具厂召开的鉴定会议上进行了鉴定。经过鉴定代表们认为，早期生产、使用的 10-11 型捣固机是苏联 40 年代落后产品，后曾用 D10 型捣固机代替，但只是部分结构上的改进。D9 型捣固机是我国自行设计的全新产品，在结构上作了彻底改进，性能有所提高，D4 型捣固机过去没有定型产品，这次填补了产品系列上的空白。D9 型捣固机与 D10 比较具有重量轻，性能好，外型美观，冲击力大，噪声小，使用寿命可提高一倍以上等优点。D4 型捣固机属小型捣固机，适用于造芯或机械造型的补充捣固等，它具有体小轻便，外型美观，动作灵活，冲击力较大和噪声小等优点。鉴定会议认为：D9 和 D4 型捣固机的研制是成功的，可以定型进行批

① 沈阳风动工具厂. CTJ-200.2 型轮胎式掘进台车 [J]. 矿山机械，1977 (5)：54-55.
② 沈阳风动工具厂，抚顺红透山铜矿，东北工学院. CGJ3 型三机轨轮式掘进台车 [J]. 凿岩机械与风动工具，1977 (2)：22-24.

量生产，在批量生产前应进行小批生产，以便验证工艺和进一步考核结构，同时希望在今后生产中注意质量和提高产品性能，以优质高性能的产品供应给用户。①

YT27 型气腿式凿岩机是 1980 年由沈阳风动工具厂研制成功的，是7655 型气腿式凿岩机的换代产品。它是一种以压缩空气为动力的轻型高效气动凿岩机械，主要用于中硬和坚硬岩石巷道掘进中的凿岩作业。该机与7655 型凿岩机相比，消声机构设计合理，使排气噪声得到降低；气腿换向阀改用径向控制，操作省力、方便；水带采用螺纹连接。该机装有橡胶减震手把，操作时手感舒适，不发凉，为工人提供必要的劳动保护，受到矿工们普遍欢迎。1984 年，金州石棉矿向厂方订货 40 台，在井下大面积推广。②

1984 年 6 月，沈阳风动工具厂同瑞典阿特拉斯·科普柯公司鉴定了引进液压凿岩机技术，为产品更新换代，赶超世界先进水平创造了有利条件，为企业发展增添了后劲。③ 1984 年凿岩机械与气动工具行业科技成果奖评审中，沈阳风动工具厂"凿岩机性能测试系统的研究"获一等奖，"YGZ50 型导轨式独立回转凿岩机""用人造金刚石磨内孔（沈阳风动工具厂）""凿岩机械与气动工具防锈通用技术条件""凿岩机械与气动工具防锈工三艺规程"等获得二等奖。④

1990 年 10 月 30 日，江泽民总书记视察沈阳风动工具厂，并对工厂技术改造工作作重要指示。随后，国家计委把沈阳风动工具厂技术改造列入国家"八五"技改项目。省市领导对此极为重视，多次到厂视察指导工作，并要求该厂把这个项目建成沈阳市技术改造的"样板工程"。为此，沈阳风动工具厂确立以市场为导向、以产品为龙头的技术改造方针，按照产品开发"四个扩展"的需要搞好"八五"技术改造。所谓"四个扩展"是指产品由单纯生产井下设备向生产露天设备扩展，由单纯生产气动产品向生产液压产品扩展，由单纯为矿山服务向为冶金、工程、市政建设、建

① 《凿岩机械与风动工具》编辑部. D9 型和 D4 型捣固机已鉴定定型 [J]. 凿岩机械与风动工具，1977（4）：88.

② 王遂兴，周衍明. YT27 新型凿岩机 [J]. 建材工业信息，1984（11）：18.

③ 《沈阳风动工具厂志》编纂委员会. 沈阳风动工具厂志 [M]. 内部资料，1988：11.

④ 1984 年凿岩机械与气动工具行业科技成果奖评审结果 [J]. 凿岩机械与风动工具，1985（3）：2.

筑、水电等领域扩展，由单纯生产主机向附具配套扩展。① 沈阳风动工具厂职工积极投入工厂"八五"改造，从 1991 年 3 月开始动工，团结奋斗两年半，提前 14 个月全部完成改造任务。1993 年 10 月 30 日，国家正式通过沈阳风动工具厂"八五"技术改造项目竣工验收。改造后的沈阳风动工具厂锻造水平显著提高，比如，达到 20 世纪 80 年代国际水平的 1600 吨高能螺旋压力机，具有高效节能、打击能量大、闭模精度高等特点，替代3 吨蒸汽模锻锤后，大大提高了终锻生产率；50 千焦液压模锻锤等设备，从根本上改变了锻造的生产作业环境，提高了锻造工艺水平和锻造质量。为了缩短工厂高新产品的设计周期和提高产品设计水平，沈阳风动工具厂从远东公司引进美国计算机组建计算机中心，将当时最先进的软件技术直接用于产品开发和企业管理。为了提高机械加工质量，沈阳风动工具厂分别引进日本深孔高精度磨床和大量的数控车床、铣床、镗床等。为了实现现代化理化计量检测，工厂引进德国产裂纹深度计、日本显微硬度计、美国红外线碳硫测定仪，以及万能金相显微镜、全密封粉碎机等仪器仪表。同时，在改造期间还积极开发新产品，先后开发全液压掘进钻车、露天潜孔钻车、轻型导轨式液压凿岩机、劈裂机、气动破碎机等新产品，并同日本古河公司合作生产 HCR180、300 全液压潜孔钻车。②

1994 年，在沈阳市工业企业实现利税总额前 100 名企业中，沈阳风动工具厂排名为第 32，工业企业实现利润总额前 100 名企业中排名第 33，当年产品远销亚、非、欧、美 40 多个国家和地区，主导产品包括 HCR-180 露天钻车、CTJ500.2A 掘进钻车、YYG150 液压凿岩机、PCY180 液压冲击器、B87C 气动破碎机、7655 牌气动凿岩机等，年产量 2800 吨，其中 7655 牌气动凿岩机被评为全国"百个用户满意产品"。③

1995 年，沈阳风动工具厂为克服市场下滑和资金短缺对企业经济运行的严重困扰，采取限产促销，以销定产，强化销售催款和市场开拓力度等项措施，保证经济工作的持续健康发展。全年货款回收比 1994 年增长23%，达到历史最好水平。自有产品出口比 1994 年增长 28%，"双增双节"活动创效益 620 万元；7655 凿岩机被中国质量管理协会用户委员会及

---

① 沈阳风动工具厂. 按照市场要求搞改造　改出新水平　改出新活力 [J]. 辽宁经济, 1994 (6)：8-9.

② 沈阳风动工具厂. 乘胜前进　再展雄姿 [J]. 凿岩机械与气动工具, 1994 (1)：1-2.

③ 沈阳市人民政府地方志办公室. 沈阳市志·1994 [M]. 沈阳：沈阳出版社, 1995：151.

用户委员会建设机械设备委员会评为"用户满意产品";在沈阳市机械工业管理局组织的现场管理大检查中,沈阳风动工具厂被评为现场管理优秀单位。在1995年沈阳市工业企业实现利税总额前50名企业中沈阳风动工具厂排第36名。在新产品开发方面,工厂继续贯彻落实科技兴厂方针,加快产品开发步伐。完成了CTQ500和KQLl20钻车改进设计,并开发5种新产品;7655D凿岩机当年设计,当年出产,并投放市场;通过KQLl00型切削潜孔两用钻机的工业鉴定,在现场试验中受到用户的欢迎;完成KQLl70的制造和调试任务,QC90冲击器和Y19DY凿岩机完成鉴定。①

第二节　1996年以来的技术创新

1996年,沈阳风动工具厂按现代企业制度要求,由工厂制转为公司制,改组为沈阳凿岩机械股份有限公司(简称"沈凿")。针对行业市场滑坡现象,公司强化销售回款力度。新成立的销售服务二处专门销售新产品,新产品销售收入比1995年增长52%,自营出口创汇98万美元,比1995年增长9%。全年鉴定新产品9种,YLl8型凿岩机当年鉴定并批量生产,完成KQL120改进设计以及与韩国合作生产液压冲击器系列产品的消化吸收与试制任务。工厂"九五"技改项目获得国家批准,并通过中国工商银行沈阳市分行资信情况的评估论证,贷款资金已到位。② 沈阳凿岩机械股份有限公司是在辽宁省首批建立现代企业制度试点中发起成立,并于1997年3月完成转制的股份制企业。③

1998年,沈阳凿岩机械股份有限公司在进行充分市场调研和论证的基础上,把目标对准广大农村的农机具市场。根据辽宁省"3655"工程和沈阳市"一带四区"建设的规划要求,瞄准农用节水灌溉设备这个潜力巨大的市场。为此,调集精兵强将,成立专门机构和攻关小组,仅用两个月时间就研制出移动卷盘式喷灌机,并很快通过国家水利部节水灌溉设备质量检测中心的检测,认为该机"主机结构合理,运行正常,其性能符合喷灌使用要求"。移动卷盘式喷灌机的研制成功受到沈阳市主管领导及水利部

① 沈阳市人民政府地方志办公室. 沈阳市志·1995 [M]. 沈阳:沈阳出版社,1996:136.
② 沈阳市人民政府地方志办公室. 沈阳市志·1996 [M]. 沈阳:沈阳出版社,1997:121.
③ 沈阳年鉴组委会. 沈阳年鉴:2004 [M]. 北京:中国统计出版社,2004:513.

门专家的重视与肯定，并把沈阳市"一带四区"建设所需部分喷灌机的生产任务交给该公司，同时要求在 100 天内交付两种型号的移动卷盘式喷灌机 100 台，投入到农村春耕生产第一线。接到任务后，公司克服批量生产过程中的各种技术难关，放弃元旦、春节等节假日休息，连续奋战了一百天，终于在 1999 年 4 月 30 日胜利完成 100 台喷灌机的生产任务。[①]

为适应大环境，沈凿早在 1999 年就开始合资谈判，以寻求一条生路。经过艰难谈判，到 2003 年，沈凿合资谈判终于有了结果。2003 年 9 月 8 日，在第二届中国国际装备制造业博览会召开之际，我国最大的凿岩机械和风动工具制造企业——沈阳凿岩机械股份有限公司和世界最大的凿岩机械制造商瑞典阿特拉斯·科普柯公司签订并购合资协议。[②] 当时双方采取的是全面合资的形式，其合资的主要内容包括：沈凿的无形资产、分布在全国各地的 28 个销售网点、装配喷包生产线以 5600 万元人民币的价格出售给阿特拉斯·科普柯公司，阿特拉斯·科普柯公司成立了新的独资企业——阿特拉斯·科普柯公司（沈阳）矿山建筑有限公司（简称沈阳阿特拉斯·科普柯公司）；沈凿的其他优良资产、固定资产和流动资产与阿特拉斯·科普柯合资组建了中瑞合资沈阳瑞风机械有限公司（简称"瑞风"），瑞风总投资 6000 万元人民币，其中阿特拉斯·科普柯公司现金投入 1500 万元人民币，占总投资额的 25%，沈凿净投入 4500 万元人民币，占总投资额的 75%；除一部分职工分别进入了合资和独资公司外，沈凿其余职工、银行贷款、应付账款、职工欠款等仍保留在沈凿。与其他合资一样，上述独资和合资公司均租用沈凿的厂房和设备，一年的租金是 400 多万元人民币（包括车间采暖费及物业费等）。通过和阿特拉斯·科普柯的合资，沈凿一分为三，品牌、市场及总装等被阿特拉斯·科普柯公司买走成立独资公司，其他优良资产并入了合资公司，壳公司沈凿则成为大量负债的载体。沈凿从一开始，走的就是"卖技术、卖品牌和卖市场"的路子，在技术、品牌和市场被外资买走后，沈凿已经资源枯竭，没有了生产经营和造血机能。其实，阿特拉斯·科普柯公司的技术比沈凿强得多，这家公司是世界上公认的凿岩机行业的"老大"。对于沈凿而言，所谓的"卖技术"，是指沈凿在与阿特拉斯·科普柯公司合资后，不能再从事这个行业的产品的研制。沈凿原有的技术人员一部分流入到沈阳阿特拉斯·科普柯公司，

① 冀登义. 沈凿开辟农机市场闯出新天地 [J]. 农业机械化与电气化, 1999（3）: 44.
② 葛传东. 沈凿如何引来世界行业老大 [N]. 辽宁日报, 2003-09-10（003）.

剩下 14 人留在合资公司，主要从事生产工艺方面的工作。由于技术、产品和市场被阿特拉斯·科普柯公司收购，这意味着沈凿在凿岩机领域的声音已消逝。仅仅两年时间，沈凿相继失去中国工程机械协会副理事长、气动凿岩机分会理事长的位置。记者隆啸在报道沈凿出售的"记者手记"中指出，关于沈凿的合资，以为是的观点为：合资的大方向是对的，避免了企业的破产，使一部分人有了再就业的机会；而以为非的观点为：沈凿放弃了市场、品牌和技术，放弃了自我发展，成为了跨国公司的附属，且并未卸掉沉重的包袱。从总体上看，从长远上看，沈凿的合资是不合算的，被卖掉的不仅仅是品牌和市场，而是未来自主创新的能力，自我发展的机会。而正是自主创新能力和自我发展机会，才有可能真正使沈凿的广大员工过上好日子。[①]

---

① 隆啸. 出售沈凿：湮没在历史中的现实 [N]. 中国工业报，2005-12-12（A01）.

第四章　沈阳重型机械制造企业技术创新史

北方重工集团有限公司（简称"北方重工"）组建于 2006 年，是一家大型跨国重型机械制造公司，前身是分别始建于 1921 年和 1937 年的被誉为"中国重机工业的摇篮"的沈阳矿山机器厂和沈阳重型机器厂。2019年通过混合所有制改革，北方重工成为方大集团旗下的控股公司。改制后，北方重工从销售、设计、采购、生产、技术等方面不断进行改革和创新，带来了业绩的提升。2020 年，北方重工完成总产值 14.5 亿元，实现销售收入 12 亿元。[1]

第一节　2006 年以前的技术创新活动

一、沈阳矿山机器厂的技术创新

沈阳矿山机器厂始建于 1921 年，是我国重型矿山机械行业的大型企业之一。当时的中国正处于军阀割据和混战的局面，奉系军阀张作霖为了扩大势力，把"奉天军械修理所"扩建为兵工厂，委任参议杨宇霆为督办，杨宇霆借机斥巨资兴建"大亨公司铁工厂"。"大亨公司铁工厂"有着相当的实力和规模，据记载，为当时最大的民族工业企业之一。产品主要有马拉炮车、火车车厢等。1931 年九一八事变爆发后，"大亨"被日本侵略者强行占领。1934 年，日本资本家根本富士雄、奥春鹿太郎等把"大亨"改名为"株式会社满洲工厂"，主要生产军用物资、车辆、矿山机械、油桶等。1945 年 8 月日本投降后，中国共产党以张学思、朱其文为代表在沈阳

---

① 中国机械工业年鉴编辑委员会, 中国重型机械工业协会. 中国重型机械工业年鉴: 2021 ［M］.
北京: 机械工业出版社, 2022: 152.

建立"辽宁省民主政府",商定维护社会秩序、恢复工商业、发展生产、重建国家大计,但因国民党单方面撕毁国共两党达成的停战协定,于1946年发动全面内战,沈阳成为敌占区,工厂纷纷倒闭,"大亨"也难逃厄运。1947年,国民党接收大员以所谓经济调查委员会的名义,接管"大亨"并改名为"中央机器公司沈阳机器四厂"(有其名无其实)。这些国民党要员把厂内所剩无几的机器设备连同厂房盗卖一空,工厂破损严重,除几栋破旧的厂房外,别无它物。新中国成立后,1952年4月9日,人民政府着手恢复建厂工作,并指定东北第五机械厂(原中捷友谊厂,现机床集团公司)负责对南分厂进行恢复工作,组成了以韩克礼为组长的8人建厂小组,领导40余名工人开始恢复建厂。1953年8月4日,被正式命名为"沈阳矿山机器厂"(简称"沈矿"),为中央第一机械工业部直属企业。为了推进国有企业管理体制改革,1985年2月6日国家机械部将沈矿下放到沈阳市管理。1996年5月8日,沈阳矿山机器厂改制为沈阳矿山机械(集团)有限责任公司,并召开公司创立大会,这是沈矿发展史上的里程碑。沈阳矿山机械集团为培养高端科技人才,于2004年4月与辽宁工程技术大学签订产、学、研合作协议,使沈矿成为辽宁工程技术大学博士生培养基地。2005年4月20日,沈矿整体搬迁改造工程举行开工奠基仪式。中国机械工业联合会、市区等各级领导共同为工程奠基。同年6月1日,受全国总工会委托,沈阳市总工会领导专程来沈矿颁发由全总授予的"全国模范职工之家"牌匾和荣誉证书。

1953年5月28日,沈矿试制成功我国第一台直径为1000毫米的圆盘给矿机,9月28日试制成功我国第一台TVU万能悬挂筛,12月30日试制成功我国第一台直径为2000毫米的冷却给矿机。1954年1月,沈矿试制成功我国第一台2800×6000圆筒混合机,2月试制成功我国第一台带宽650毫米的电动卸料机以及我国第一台650毫米的电动漏矿车,6月试制成功我国第一台GKP-11型链式刮板输送机、桅杆起重机、FW24型浮游选矿机,10月试制成功我国第一台BTA振动筛和BTO振动筛,12月试制成功我国第一台选矿用筒型真空过滤机,过滤面积为28平方米。1955年6月,沈矿试制成功我国第一台DC-100型仿苏带式磁选机,为我国金属选矿提供了新的技术装备。同年还试制成功了我国第一台螺旋直径为2000毫米的双螺旋分级机、带宽为1000毫米的带式磁选机、过滤面积为32平方米的鼓型过滤机。1956年,仿制成功国产首台YB-1型煤用惯性卸料离心脱水机，试制成功我国第一台 2400×4000 重型板式给料机、6A-M 型浮选机、无活塞鲍姆式洗煤机、圆盘直径为 2000 毫米的移动式和封闭式圆盘给料机、FYJI-2 型万能悬挂筛（仿苏）。1958 年 9 月，沈矿接受制造 4 套 500 毫米轧钢机的任务。轧钢机需要的大量铸钢件，一般铸钢件也要达到 7 吨重，而该厂的电炉却只能容纳两吨钢水，人们用"茶壶不能煮猪头"来形容这个矛盾。在这种情况下，该厂职工把碱性炉改成酸性炉，扩大炉膛，用两吨炉一次炼出了 7 吨钢水，后来增加到 8 吨、11 吨，用"茶壶煮了猪头"。这一首创轰动全国，国内许多报刊、杂志都纷纷予以报道。[①]

改革开放以来，沈矿产品走向自行设计、不断发展创新阶段，一些产品还填补了国家空白。沈矿自行设计并试制成功我国第一台 CTB-1024 型永磁筒式磁选机，为我国自行设计建设的攀钢、酒钢提供新型高效的选矿设备，该产品于 1984 年荣获国家质量银质奖。1985 年 1 月 14 日，沈矿自行设计并制造的可移动式胶带运输机，在云南省小龙潭布沼坝露天煤矿一次移动成功，这是我国研制成功的第一台可移动式胶带机，它为我国露天矿的高效运输提供了先进设备。沈矿牌 GYW-12 筒型外滤真空磁选机是自行开发的一种新型脱水设备，它可以成倍提高生产效率，该产品于 1985 年获得国家银质奖。沈矿为元宝山露天矿提供的运量 7800t/h，带速为 5.85m/s 的皮带机，被称为带速之王。

20 世纪 90 年代以来，沈矿先后为宝钢、武钢、本钢、唐钢、首钢等提供了高炉上料带式输送机。其中宝钢二号高炉上料带式输送机上料能力 5500t/h，为国内同类产品之最。沈矿为山东日照、天津南疆港等企业制造的数十条 B＝2200mm 带式输送机，均为国内皮带最宽的带式输送机。沈矿开发的以装载机为主的工程机械产品到 20 世纪 90 年代已经形成 ZL 系列和中日合作生产的 FL 系列轮式装载机，同时还衍生了除雪机、挖掘装载机等产品。沈矿在"九五"期间开发研制应用于建材、冶金、港口等行业的散料处理设备，先后为长春双阳水泥厂、秦皇岛浅野水泥厂、辽宁凌源钢厂、山东兖州矿等提供多种类型的堆取料机。

2002 年，被国家列为重大创新研制项目的日产万吨水泥生产线堆取料机成功应用在安徽海螺集团铜陵水泥厂。沈矿制造的这套 YGC250/80 顶堆侧取式堆取料机环保性高，为国内首创，达到国际先进水平，荣获国家、

① 林源，鲍贤耀，王品第. 沈阳经济发展简史［M］. 大连：东北财经大学出版社，1988：140.

省、市科技奖。2003年，沈矿为大连港设计制造的30万吨级矿石专用码头带式输送系统集机械、电气、土建、环保、计量、消防等学科先进技术为一体，达到国际先进水平，填补了国内空白，荣获国家、省、市科技奖。沈矿通过中日合作生产为上海宝钢70万吨不锈钢生产线制造的气浮式皮带机为国内首条、世界第二条大型环保皮带机，这台先进的输送设备一直运行良好。沈矿于2004年对锻造分厂锻锤进行技术改造，将原来蒸汽锤改为电液锤，使这台锻锤的打击能力由原来的1.5吨提高到3.5吨，满足了锻件生产不断增长的需要。2006年沈矿为国家重点工程秦皇岛港煤五期工程设计制造的5000万吨港口散装输送系统填补了国家空白，技术水平达到国际领先。YGC2000/120顶堆侧取式取料机是沈矿为霍林河露天煤业股份公司煤炭装车系统设计制造的，其全自动实现取料量恒定的控制技术达到国际领先，荣获国家、省、市科技奖。沈矿为安徽海螺集团生产的单机9.6公里长距离胶带机是目前国内自主设计、自主制造、安装的距离最长、工况最复杂、技术最先进的一条平面转弯胶带机，填补了国内空白，先后荣获国家和沈阳市科技奖。

二、沈阳重型机器厂的技术创新

沈阳重型机器厂是新中国最早建立的制造重型机械设备的主导厂。它的前身是日本住友财团于1937年在沈阳开办的"满洲住友金属株式会社奉天工场"，当时主要生产机床主架、货车轮、外轮、轮芯及矿山机械。1946年3月由国民党资源委员会接收，改名为沈阳炼钢分厂，后又改名为沈阳钢胎厂。沈阳解放后，工厂归并沈阳第一机械厂。1949年6月，独立为"沈阳实验厂"，隶属东北机械工业管理局。1950年9月改名为"沈阳第二机器厂"。1952年，国家组建第一机械工业部，工厂隶属第一机械工业部，更名为"沈阳重型机器厂"（简称"沈重"）。1985年2月，下放地方，隶属沈阳市机械工业管理局。① 1996年12月30日沈重依据《中华人民共和国公司法》由工厂制改制为公司制，注册成立了沈阳重型机械集团有限公司，标志着沈重工厂制时代的结束，具有划时代意义的有限责任公司制的开始。

1949年10月31日，沈重人炼出了共和国第一炉钢水。1949年，沈重

① 辽宁省统计局.辽宁奋进四十年：1949—1989［M］.北京：中国统计出版社，1989：236-238.

仿制出国产第一台 500 公斤蒸汽-空气悬臂自由锻锤。1950 年采用日本图纸,制造出 250 公斤空气锤和 400 公斤空气锤,这两种空气锤共生产 502 台,后因发展蒸空两用锻锤,于 1959 年停止生产。1951 年,采用日本图纸制造出国产第一台 430 毫米×250 毫米复摆颚式破碎机,主要用于矿山、建材、筑路及化工工业破碎矿石和岩石,先后共生产 97 台。1952 年 12 月 16 日,沈重人克服重重困难,试制成功新中国第一台 5 吨蒸汽空气两用锻锤,开创了新中国能够自己设计制造重型机器产品的新篇章。这台设备是为鞍钢制造的,全高 9.5 米,重达 150 吨。当时《沈阳日报》用整版篇幅作了详细报道。12 月 24 日的《沈阳日报》头版刊登了一封沈阳重型机器厂职工给毛主席的报捷信。信中这样写道:现在,我们向您报告一个胜利的消息,在 12 月 16 日,我们试制的巨型机器——五吨蒸汽锤成功了。在当时,五吨蒸气锤的试制成功,解决了国家不能锻大型部件的困难,给大规模经济建设作出了重大贡献,同时也给继续试制大型工作母机创造了技术条件。[①] 鉴于沈重设计制造锻锤发展较快,一机部于 1976 年委托沈重起草自由锻锤型式与基本参数标准,工厂设计的 1 吨、2 吨、3 吨、5 吨自由锻锤列为部标准。1980 年以后,经过整顿和修改设计又将 1 吨、3 吨双动模锻锤列为工厂定型产品。

1950 年抗美援朝战争爆发时,为支援志愿军,沈阳重型机器厂接到上级命令,在两个月内赶制出十万把军镐,用于前线挖掘战壕,厂全体员工在接到命令后,克服不利条件,创新技术,采用"叠芯串铸"的方法,依靠人海战术,仅在 19 天内就完成任务,谱写了一段援建抗美援朝战争的奇迹。经过从"一五"开始的多次大规模改、扩建,到 20 世纪 70 年代,沈重厂区面积达到 118.7 万平方米,已经发展成为设备齐全、技术实力雄厚,具有相当规模的中国重型装备制造行业的大型企业。到 1985 年,沈阳重型机器厂已为国民经济建设提供近百万吨、一万多台(套)大型机器产品,有 40 余种产品填补国内重型机械产品空白,创造 40 多项"共和国第一",为我国国民经济发展作出了突出贡献。在创造物质财富的同时,沈重还培育了大批技术和管理优秀人才,特别是在国家兴建第一重型机器厂、第二重型机器厂、太原重型机器厂、洛阳矿山机器厂、陕西压延设备厂等重点装备制造企业时,沈重从人力、物力、技术等方面都进行了有力的支持,

---

① 《当代工人》编辑部. 沈重之光 为中国工业注入沸腾的血液 [J]. 当代工人(C 版),2021(4):17.

故享有"中国重型机械工业的摇篮"之美誉。此外，在1979、1980年的全国重型机器行业厂际竞赛评比中，沈重连续两年荣获第一名，被一机部命名为"全国重机行业排头兵"。

1952年，采用苏联图纸先后制造出2吨、3吨自由锻锤，共生产200台，除国内需要外，还出口罗马尼亚、巴基斯坦、朝鲜、越南等国家。同年消化吸收苏联图纸，制造出3.15吨模锻锤，共生产106台，出口罗马尼亚、阿尔巴尼亚、叙利亚、巴基斯坦等国家。同年，沈重依靠自身力量将散存在鞍山的20MN自由锻水压机进行修复。次年投产使用，成为中国当时唯一的一台中型锻造液压机，沈阳重型机器厂也成为能设计制造锻水压机的第一家企业。[①]

1953年，沈重制造出国内第一台800千瓦水轮机转轮。当时沈重厂铸钢车间大转子小组在全国劳动模范陈富文带领下不仅开创了我国水轮机转轮的生产历史，而且在30多年累计生产出各种规格的高质量水轮机转轮171台，总容量占当时全国混流式转子装机容量的65%，成为享誉全国机械战线的一面红旗。1977年，大转子小组创造出先进的分辨铸造新工艺，成功制造当时具有世界领先水平、国内最大的30万千瓦水轮机发电机转轮。3台30万千瓦水轮发电机转轮都安装在吉林白山水电站。大转子小组1959年曾出席全国群英会，1964年荣获"全国机械工业红旗小组"称号，1977年被第一机械工业部命名为"产品质量信得过班组"。[②]

1953年，沈重采用苏联图纸和资料设计与试制出国内第一台Φ2100毫米标准型弹簧式圆锥破碎机。1954—1957年，试制出细碎用的Φ1650毫米等3种短头型弹簧式圆锥破碎机和中碎用的Φ900毫米标准型等2种弹簧式圆锥破碎机，初步形成系列。仿照苏联图纸制造出国产第一台30毫米×3000毫米三辊卷板机，结束了从国外进口大型卷板机的历史。1954年，利用日本遗留的残缺不全的图纸，经过补充和修改，制造出国产第一台用于烧结铜、铅、锌矿的18平方米带式烧结机，改变了中国有色金属矿依赖烧结锅进行烧结的局面。1955年，沈重采用苏联图纸和参考资料设计制造国内第一台用于破碎油母页岩的Φ915毫米×1830毫米单齿辊破碎机。之后，沈重相继设计制造用于破碎烧结矿的Φ1000毫米×2120毫米等7种规格的

① 蔡埔. 我国自由锻液压机和大型锻件生产的发展历程［J］. 大型铸锻件，2007（1）：37-44.

② 《辽宁经济统计年鉴》编辑委员会. 辽宁经济统计年鉴：1983［M］. 沈阳：辽宁人民出版社，1983：102-104.

单齿辊破碎机，用于煤、油母页岩和焦炭破碎的 Φ750 毫米×500 毫米等 4 种规格双齿辊破碎机和 Φ900 毫米×700 毫米四光辊破碎机。自行设计制造国产第一台 20 兆牛多层热压机，填补了国内自行设计与制造多层热压机的空白，在此基础上，增加 13 种规格。同年又仿照苏联图纸资料，分别制造出 50 平方米和 75 平方米两种烧结机，其中，75 平方米烧结机是当时全国最大的烧结机。1956 年，参照引进的苏联图纸资料，设计与制造了国产第一台 15/20 兆牛双动冲压液压机。同时，仿照苏联图纸制造出 Φ2500 毫米×3900 毫米钢球磨煤机。这种磨煤机不仅广泛应用于国内，并远销国外。随后又仿苏联图纸制造出 Φ2070 毫米×2600 毫米等四种规格钢球磨煤机。1957 年，自行设计制造国产第一套年产 60 万吨钢坯的 Φ700/500/500 毫米初轧机，开创中国成套生产轧钢机的历史。

1958 年，沈重自行设计制造国产最大的 1500 毫米×2100 毫米简摆颚式破碎机，机器重量 225 吨，是当时国产最大的颚式破碎机。沈重还与机械工业部重型矿山机械研究所和东北工学院（今东北大学）联合设计国产第一台 Φ4000 毫米×1200 毫米干式自磨机，与鞍山钢铁设计院联合设计与制造 Φ6000 毫米×2000 毫米干式自磨机，与沈阳矿山机械研究所联合设计与制造 5500 毫米×1650 毫米湿式自磨机，与大连重型机器厂、太原矿山机器厂联合设计制造年轧 50 万吨方坯的 Φ750/550/500 毫米初轧机、1 台 4000 千牛热剪机、1 台 2500 千牛热剪机等总重 1500 吨。同年，参考苏联图纸设计制造国产第一套年产 100 万吨的 Φ800/Φ650 毫米×3 大型型钢轧制机组，还自行设计制造国产第一台 25 兆牛自由锻造液压机，机器重量 511 吨，结束了中国不能生产液压机的历史。1959 年，参考苏联图纸资料，自行设计与制造国产第一台 10 兆牛卧式电极挤压液压机。1960 年以后相继设计与制造出 25 兆牛卧式和 5 兆牛、20 兆牛立式电极挤压液压机。同年，与第一重型机器厂联合设计了迄今国产最大的 125 兆牛自由锻造液压机。1960 年，设计与制造出可硫化 100 吨载重汽车轮胎的 32 兆牛/Φ4000 毫米硫化罐。相继设计与制造了 14 兆牛/Φ2000 毫米等 10 种规格的橡胶轮胎硫化罐，彻底改变了中国橡胶工业依赖进口的局面并达到自给。同年，仿照从民主德国进口的设备，制造出 Φ3200×8500 毫米中间排料的管磨机。同年，参考美国和苏联资料，设计与制造出以液压调整代替螺纹调整的 500/50 毫米顶部液压调整旋回破碎机。随后设计与制造 900/100 毫米等 3 种规格的液压旋回破碎机，700/130 毫米等 4 种规格的颚旋式旋回破碎机，出口巴基斯坦和阿尔巴尼亚等国。同年，还自行设计与制造国产第一台Φ3200 毫米×4500 毫米湿式棒磨机。[①]

为发展航天工业和加强三线建设，1961 年 5 月 10 日，国家科委给沈阳重型机器厂下达"九套重大技术装备"之一的 125 兆牛有色金属卧式挤压液压机的设计制造任务。此种设备当时仅美苏两国拥有。在一无资料二无经验的情况下，工厂为设计制造该设备反复研究，1964 年完成样机设计，1965 年制造完毕，1971 年在西南铝加工厂安装完成并投产，1980 年被评为国优产品，获国家银质奖。125 兆牛卧式挤压液压机的设计制造成功，使中国成为世界上第三个拥有 100 兆牛级挤压机的国家，标志着中国设计制造大型挤压液压机已达到国际水平。通过 125 兆牛挤压机的设计实践，锻炼培养了一批设计员。此后，沈重先后设计并制造出 4.4 兆牛、35 兆牛等 5 种规格的挤压机。[②] 1961 年根据国家计委关于"马鞍山车轮、车箍厂所需设备成套安排生产并成套组织供应的决定"，设计与制造了 10 兆牛折断水压机、30 兆牛定径墩粗水压机、30 兆牛车轮压弯水压机、Φ1900 毫米卧式轮箍粗轧机、Φ2500 毫米轮箍精轧机等设备，从此结束了中国铁路用车轮、轮箍依赖进口的历史。1962 年，设计与制造用于冷轧复铜钢薄板的 Φ530 毫米×550 毫米冷轧机。相继又设计与制造了 Φ420 毫米×1200 毫米四辊冷轧机、Φ508 毫米×760 毫米黑色金属薄板轧机、Φ360 毫米×1100 毫米铜板轧机、Φ580 毫米×1200 毫米铝板轧机。1963 年，参考苏联样机仿制出国内第一台 40 兆牛精压机，同年，自行设计与制造液压离台分段启动的 1200 毫米×1500 毫米简摆颚式破碎机。随后参考联邦德国在 20 世纪 50 年代中期的破碎机资料，先后设计出 400 毫米×600 毫米，175 毫米×250 毫米冲击型颚式破碎机。同年又自行设计与制造 30 毫米×3000 毫米等 5 种规格的卷板机。1965 年，参考苏联图纸资料，设计与制造 Φ1500 毫米滑座式热锯机，Φ1800 毫米四连杆式热锯机，1000 千牛张力矫直机，公称压力 1.5 万千牛等 8 种张力矫直机，机械传动的 1.5 万千牛拉伸矫直机，100 千牛等 5 种规格的拉伸矫直机，20 兆牛/1200 毫米×8500 毫米单层柱式平板硫化机。1965 年，与西安重型机械研究所联合设计与制造 130 平方

---

① 沈阳市人民政府地方志办公室. 沈阳市志：三 工业综述 机械工业 [M]. 沈阳：沈阳出版社，2000：118.

② 同①：133-134.

米烧结机，1975 年通过第一机械工业部组织的技术鉴定，1978 年获全国科学大会奖。[①]

1974 年，沈重研制成功的本钢 1700mm 热连轧机剪切线中的重要设备——摆式飞剪，不仅为国内首创，而且达到当时国际先进水平，获得比利时布鲁塞尔第 36 届尤里卡金奖。1975 年，沈阳重型机器厂根据国家计委、外经委、冶金部和一机部联合通知，为援助阿尔巴尼亚设计 35 兆牛钢管挤压液压机和 12 兆牛穿孔液压机等全套设备。这台挤压液压机穿孔形式为内置式，采用回转换模等新技术，设备性能和生产效率均有提高，1979 年制造完成。[②] 1975 年年底，具有国内先进水平的 350 吨快锻水压机，在沈阳重型机器厂安装调试完毕并胜利投产，锻出第一批合格锻件。这台机器采用了数控电子技术，能对锻件自动进行尺寸测量和控制，可以减少锻件余量，提高锻件尺寸精度；实现了快速锻造，每分钟达 90 次以上；移动工作台和一吨锻造操作机相配合，大大提高了生产效率和操作机械化水平，进一步改善了工人的劳动条件。这台设备的试制成功并投入生产，为小型水压机取代自由锻锤又闯出了一条道路，同时标志着我国水压机的设计、制造技术跨入了世界先进行列。[③]

为了推广机夹刀具，1976 年沈阳重型机器厂成立以工人为主体的"三结合"推广小组。发动群众，依靠群众，大搞技术革新，把学、创和生产实践结合起来，创造了沈重燕舞式车刀。这种车刀的特点包括：采用刀片和刀体上均磨有 1：50 的斜度，在预加压力后刀片便紧紧楔在刀体上，使得卡紧牢固；刀片不经焊接，没有螺钉和压板，制造简单，使用方便；同一个刀体可以更换不同材料的刀片，刀片耐用度比焊接刀具高；刀体可以多次运用，节约刀杆材料的消耗。[④]

1978 年，设计与制造 2.5-10×2000 毫米十三辊矫直机，1979 年根据机械工业部安排进行重新设计，确定 1.5-6×2000、1.5-7×1500、2.5-10×2000、2.5-10×1500 毫米十三辊矫直机；4-6×2500、4-18×2000 毫米十三辊矫直机；5-20×3200、5-12×2500 毫米七辊矫直机为定型产品。同年，

---

① 沈阳市人民政府地方志办公室. 沈阳市志：三 工业综述 机械工业［M］. 沈阳：沈阳出版社，2000：118-119.

② 同①：134.

③《锻压机械》编辑部. 350 吨快速锻造水压机胜利投产［J］. 锻压机械，1976（3）：58.

④ 沈阳重型机器厂技术协作委员会. 沈重燕舞式车刀［J］. 机械工人技术资料，1976（12）：10，18.

自行设计与制造国产最大的 Φ3600 毫米×600 毫米湿式格子型球磨机。还相继设计与制造 Φ3600 毫米×4500 毫米湿式棒式磨机、Φ3600 毫米×4500 毫米湿式格子型球磨机，Φ3600 毫米×6000 毫米湿式溢流型球磨机，形成了 Φ3600 毫米系列（棒）磨机。同年还以技贸结合的方式，从联邦德国动力与技术有限公司（EVT）引进 KSG-S、KSG—N 两个系列 50 种规格风扇磨煤机的设计与制造技术，合作生产额定小时产量 45 吨用于磨碎和干燥硬褐煤的最大规格 S45·50 风扇磨煤机。这种新型磨煤机广泛应用于发电厂加工煤粉、化工和造纸厂的动力锅炉制粉，其主要技术指标已达到联邦德国 EVT 公司同类产品先进水平。1979 年，自行设计与制造国内最大的 Φ7500 毫米×2800 毫米湿式自磨机。这台自磨机的制造成功，标志着中国已进入设计与制造大型湿式自磨机的阶段。1980 年，自行研制出国内第一台板材定尺摆式飞剪。1984 年 9 月通过机械工业部重型矿山机械工业局组织的技术鉴定，主要技术性能接近和达到 20 世纪 80 年代国际水平，并获第 36 届布鲁塞尔尤里卡国际发明金奖，国家科委发明三等奖。1981 年，自行研制出国内第一台采用 M6800 微机控制的旋转飞剪，1984 年 9 月通过由机械工业部重型矿山机械工业局组织的技术鉴定。1983 年，为 1400 毫米铝合金板材轧机设计与制造 0.2-2×1400 毫米铝合金板材纵横联合剪切机组。同年，参照美国诺德贝格公司的样本和资料，设计与制造 Φ600 毫米超细碎旋盘式弹簧保险圆锥破碎机。还与美国富勒公司合作生产国内最大的 54″旋回破碎机。1984 年，自行研制出热板坯高速飞剪，该飞剪在国内尚属首创，其主要技术性能已达到 20 世纪 80 年代初期国际水平。同年，参照联邦德国图纸，全部采用国产件制造出 S18·75 风扇磨煤机，并生产出 S9·100、S12·75、S14·75、S16·75 等型的风扇磨煤机，使国产的风扇磨煤机提高到国际先进水平。①

1984 年，沈重引进德国比松公司技术制造国内第一套年产 3 万立方米刨花板生产线成套设备，后来又合作生产国内第一套年产 5 万立方米的刨花板生产线。1985—1995 年，沈重引进和消化吸收国外先进技术，主导产品技术水平相当于 20 世纪 80 年代中期国际水平。通过科技攻关和新产品开发，基本掌握了冷热连轧精整区设备的核心技术，450m² 烧结机、3600m³/h 斗轮挖掘机、MPS 中速磨煤机、54-74 液压旋回破碎机、西蒙斯

---

① 沈阳市人民政府地方志办公室. 沈阳市志：三 工业综述 机械工业［M］. 沈阳：沈阳出版社，2000：116-120.

圆锥破碎机的设计、工艺制造技术。1987年底，沈重高质量完成上海宝钢一期工程2050热连轧精整线5个机组146项1816吨产品的制造任务。这套设备是与德国西马克公司联合设计、合作生产的，填补多项国家空白，达到当时国际先进水平。

1988年，沈重为株洲车辆厂设计制造国内最大的38/44MN大型双动厚板冲压机，是填补国家空白的重大产品。另外，通过全体员工和科技人员的努力，800/600型钢轧机、125MN卧式挤压机、φ7500×2800自磨机、3.5MN快锻液压机、H型钢轧机等80多种自行设计、制造的产品，也填补了国内重机产品的空白。1989年，沈重与日本日立造船株式会社联合设计制造、装备在上海宝钢二期工程中的450平方米烧结机，获得国务院重大技术装备奖。

沈阳重型机器厂自1991年以来已为天津大港铝合金总厂等11个厂家设计制造了12台16MN、12.5MN、8MN、5MN铜、铝挤压机，同时还承担了挤压机技术改造及配置装置，为挤压机的设计制造作出了贡献。在消化吸收国内外先进技术的基础上，不断提高挤压机技术水平。一是改进挤压机本体结构，使之更加合理。对挤压机的动梁和挤压容室的导向结构作了重大改进完善，以提高挤压机运行精度和确保挤压机同心性。二是采用新技术。铝挤压机采用固定式挤压垫技术，节省了挤压垫分离和传送机械，简化了工艺流程。三是液压传动系统的改进。采用插装阀集成块，结构紧凑，性能可靠，不易泄漏，提高了整机效率。四是采用PC机控制。在新设计制造的挤压机上采用了技术先进、性能可靠的PC机控制。在老设备的改造上，由于采用了PC机控制，使挤压机性能明显提高，产量大幅度增加。[①]

1992年，国内首台H型钢轧机由沈重自行研究设计制造成功，获得国家科技进步二等奖。沈阳重型机器厂注重调整产品结构，推进技术进步。1994年建成了年产39000立方米中密度板生产线，完成了2LK-Y5218平板流化机等4项新产品试制任务、新型圆锥破碎机等12项新产品设计工作、MFZ2935筒式钢球磨煤机等5项老产品改造。新产品产值达1.5亿万元，实现利税468万元。发电机炉环外补液胀形工艺研究等6项科研成果获沈阳市科技进步奖；MPS中速磨煤机获沈阳市人民政府"振兴杯"奖。[②]

---

① 王凤鸣. 沈重挤压机设计制造动态 [J]. 有色设备, 1992 (6)：52.
② 沈阳市人民政府地方志办公室. 沈阳市志·1994 [M]. 沈阳：沈阳出版社, 1995：150.

1995 年 4 月，沈重与德国曼·塔克拉夫公司合作制造的 3600m³/h 大型斗轮挖掘机在内蒙古元宝山露天煤矿安装调试成功。这台长 140 米、高 38 米、自重 2475 吨的庞然大物是陆地上能自行移动的、最大的机器设备，达到国际先进水平，获得国家机械部科技进步二等奖。沈重为海军装备部研制生产的"海红旗七号"导弹发射转塔是世界先进的超低空舰载防卫武器系统，获得国家机械部科技成果二等奖。1995 年完成 MPS225 中速磨、D 型钟摆式飞剪、YDE2500 水压机等 13 项新产品设计工作，完成 550 型钢桥直机、EYJT−W2500 铜挤压机、350m² 烧结机等 8 项产品改造工作，完成宝钢 1580 热轧分卷机组、攀钢 1#、2#横切机组等 8 项新产品试制任务。①

1996 年，沈阳重型机器厂在改革试点的基础上，将炼钢、锻造、铸钢、智能制造、液压设备制造以及设计院等单位组成独立核算、自负盈亏的分支机构。下半年，加快组建企业集团步伐，于 12 月 30 日正式成立沈阳重型机械集团有限责任公司，成为整体改制的国有独资公司，具有外贸自营权。当时的主要产品有锻压、轧钢、矿山、烧结、电站、水泥、橡胶、采掘、人造板、军工等 10 大类 400 多个品种机器设备的配件，主要装备国家基础产业，年生产能力 3 万吨，产品遍布全国，远销 30 多个国家和地区。同年，开发 30300 四辊卷板机等 7 项新产品，完成新型 380/830 钢球磨机等 49 项产品修改设计工作，国外图纸转化完成出口泰国的剪切机组等 134 项。②

1997 年 7 月，由沈阳市人民政府批准成立沈阳重型矿山机械集团（简称"沈重集团"）。该集团是集科研、生产、经营、进出口贸易及咨询服务为一体的大型经济联合体。集团由沈阳重型机械集团有限责任公司、沈阳矿山机械集团有限责任公司、沈阳凿岩机械股份有限公司、沈阳东北蓄电池股份有限公司、沈阳起重运输机械厂、辽宁液压工业有限责任公司、沈阳二一三电器有限责任公司、沈阳金钢焊接材料有限责任公司等 8 户全资控股子企业、5 家关联企业、5 家协作单位组成。1997 年集团资产总额为 54.4 亿元，工业总产值（不变价）14.4 亿元，现价 14.55 亿元，工业增加值 3.7 亿元，销售收入为 14.6 亿元，利润 1434 万元，利税总额 1.22 亿元，负债总额 36.1 亿元，负债率 66.3%。集团先后为宝钢二、三期工

① 沈阳市人民政府地方志办公室. 沈阳市志·1995 [M]. 沈阳：沈阳出版社，1996：135.
② 沈阳市人民政府地方志办公室. 沈阳市志·1996 [M]. 沈阳：沈阳出版社，1997：120.

程，鞍钢、攀钢、本钢及大庆、辽河、胜利油田的技术改造，30 万、60 万千瓦机组火电站，3000 万吨级散料码头，2000 万吨级大型露天矿等国家重大技术装备和重点工程项目提供大批先进的设备。[①] 1999 年，沈重集团在工作中坚持"三个并举"：发展高新技术产品与跨行业产品并举，根据市场需要，大力发展工程机械、环保机械、成套电控、农业机械、建筑材料等产品，全年开发研制新产品 18 种，实现产品产值 28500 万元；加强技术开发与技术改造并举，集团 22 个技术开发项目已经申报国家财政技改专项及贴息，在建的 10 个技改项目完成技改投资额 3284 万元，为计划的 109.5%；加大分配制度改革与技术投资并举，集团所属企业实行科技人员津贴制，同时注重加大技术开发投入，全年共提取技术开发费用 2700 万元，占销售收入的 1.25%。[②]

2000 年，由沈重集团自行研制的国内首台 SZ-200 型高能圆锥破碎机经过空负荷试车成功，各项指标均达到设计要求。SZ-200 型高能圆锥破碎机是一种高科技产品，技术含量很高。架体外侧用多个液压油缸代替传统的弹簧加压，主轴固定，由偏轴驱动，可破碎各种矿石、岩石等；具有外形美观、结构紧凑、体积小、重量轻等特点，是破碎机的更新换代产品，市场前景非常好。过去，由于我国不能生产此类产品，许多用户单位都需要引进美国贝格公司的产品，价格非常昂贵。早在 1999 年 9 月，沈重集团经过市场分析和调查，决定开发此产品，技术人员经过 7 个月的研制与生产，国内首台高能圆锥破碎机终于问世。[③] 2002 年 11 月 26 日《中国机电日报》报道：沈重集团以技术创新为支撑点积极打造现代化企业，不断增强企业产品的高新技术含量，生产的日产 5000 吨水泥立式磨项目属于国际先进水平；而双进双出磨煤机、大型烧结机、电工钢检切线等产品，因技术含量高而在国内市场具有绝对优势。[④]

2002 年，用于中国实验快堆工程的设备——中子堆堆顶固定屏蔽支承环，由沈重集团生产出来，并通过了中国原子能科学研究院中国实验快堆工程指挥部专家的鉴定。这是沈重集团又一项填补国内空白的制造项目。快堆是由快中子引起原子核裂变链式反应的反应堆，用于发电，是一种可

① 沈阳市人民政府地方志办公室. 沈阳市志·1997 ［M］. 沈阳：沈阳出版社，1998：128.

② 沈阳市人民政府地方志办公室. 沈阳市志·1999 ［M］. 沈阳：沈阳出版社，2000：96.

③ 刘晓东. 沈重研制出国内首台高能圆锥破碎机 ［N］. 中国机电日报，2000-06-21 (012).

④ 沈文. 沈重5.3亿元订单在握 ［N］. 中国机电日报，2002-11-26 (T00).

持续利用能源。当时美俄等国家已建立了 40 多个不同功率的快堆。国务院把建立中国实验快堆列入 2000 年国家 "863 计划"的能源领域重点项目,沈重集团被国家确定生产快堆工程的堆顶固定屏蔽支承环设备,该设备属于快堆的核心配套装置,对快堆起到保护作用。[①]

2003 年,沈重集团自主开发的 MQS-T2754 脱硫湿式球磨机在北京京能热电公司实施的国家烟气脱硫国产化示范项目中成功运行,该设备总体技术水平优于进口产品,达到国际同类产品先进水平,得到推广应用。2004 年 8 月,沈重集团为国家重点工程上海宝钢生产的具有世界一流水平的五米宽厚板冷板、热板矫直机分别试车成功,填补了又一项国家空白。这两台世界最大的矫直机可以矫直管线钢板、造船钢板结构钢板、锅炉钢板、耐大气腐蚀钢板以及模具钢板等,年产量可达 140 万吨。

2005 年,沈重集团在热处理厂举行多功能数控淬火机床竣工投产庆典仪式。投资 120 多万元的多功能数控淬火机床是沈重的重大技改项目之一。该设备采用先进的计算机数控系统、水溶性淬火介质和水套淬火冷却系统,可以实现齿轮类、齿板类、车轮类等零件的表面淬火。该设备的投产结束了公司对碳钢、低合金钢及直径超过 1m 齿轮不能进行感应热处理的历史,同时也大大提升了公司热处理工艺装备水平,为公司提高产品性能提供了重要保证。[②] 同年,沈重集团中标青海西宁威斯特铜业有限公司德院尔尼项目所需的最大的球磨机订货合同。该项目为 4 台球磨机,价值4000 多万元,其中两台是直径为 8.5 米。这种大规格的球磨机过去一直依赖进口,国内还没有生产的先例。沈重的中标不仅扭转了公司在球磨机市场的被动局面,同时也开创了国内大型球磨生产制造的新纪元。[③] 2005 年3 月 8 日,沈重集团与德国维尔特钻掘设备制造公司、法国 NFM 技术公司三方共同投资,创建了沈阳维尔特重型隧道工程机械成套设备公司。生产挖掘硬岩用机械的德国维尔特公司和生产挖掘软土用机械的法国 NFM 公司,均是国际知名的掘进机制造厂商。4 月份和 6 月份,合资公司先后接到了为武汉过江隧道工程生产两台盾构机和为青海隧道工程生产一台盾构机的订单,合同总额近 4 亿元。三台盾构机的主要部件由沈重集团生产,其余配套件由德国维尔特钻掘设备制造公司和法国 NFM 技术公司提供。盾

---

① 沈阳年鉴组委会. 沈阳年鉴:2003 [M]. 北京:中国统计出版社,2003:115.

② 刘晓东. 沈重数控淬火机床投产 [J]. 机械制造,2005(10):22.

③ 刘晓东. 沈重中标 4000 万元球磨机订单 [J]. 机械制造,2005(10):22.

构机于 11 月末亮相。沈重集团在当年完成第一台盾构机生产后，2006 年 5 月再造一台盾构机。①

双进双出磨煤机主要用于火力发电厂，为直吹式锅炉磨制煤粉。2005 年 12 月 28 日，沈重集团设计研究院专业设计总师于廷伟向《沈阳日报》记者表示，双进双出磨煤机实现自主创新后，性能可以和洋品牌媲美，价格却只有洋品牌的 1/3。过去，国内火力发电市场的磨煤机是清一色的洋品牌，现在，洋品牌的市场份额越来越小。1989 年，沈重集团从法国阿尔斯通公司引进双进双出磨煤机技术。由于轴瓦、油站、高压系统耗件、传动齿轮、耐磨材料等主要零部件都依靠高价进口，沈重双进双出磨煤机生产成本始终降不下来。因价格太高，竟然八年没卖出一台。1996 年，沈重集团设计人员展开降成本攻坚战，新的国产化双进双出磨煤机设计方案出台。按照这套方案，在保证产品性能不变的前提下，零部件都由沈重自己生产，从做木型开始，到炼钢、浇铸、造型，全在企业内部完成。经测算，新产品价格只是国外同类产品的 1/3，彻底挣脱了洋品牌的控制。②

第二节　2006 年以来的技术创新活动

2006 年 12 月 18 日，沈重、沈矿两厂组建为北方重工集团有限公司，历史翻开了新的一页。2007 年 8 月 28 日，北方重工以绝对控股的方式成功并购法国 NFM 公司，实现跨国经营。这也标志着在盾构机的研发设计和生产制造方面，北方重工已经站在世界高度。2009 年 5 月 17 日 12 时 59 分，沈重炼钢厂房的 5 吨电炉炼了最后一炉钢后封炉。火红的钢水注满钢锭模，"铁西·NHI·北方重工"几个端庄凝重的大字，凝聚了岁月沧桑，永久记载下铁西的辉煌。2009 年 5 月 18 日北方重工搬迁仪式启动。老厂区正式停产，企业迁至沈阳经济技术开发区。由北方重工设计研究院设计、金属结构分公司制造的高达 26 米的"持钎人"主题雕塑作为纪念永久矗立在沈重老厂原址。

北方重工成立后坚持开拓创新，实现了快速发展，连年进入"中国机械 500 强"行列，2008 年进入"世界机械 500 强"排序，2009 年、2010

① 彭跃东. 商机无限 沈重挖掘机掘出"隧道经济"[N]. 沈阳日报，2005-11-15（C01）.
② 彭跃东. 自主创新逼洋品牌出局 [N]. 沈阳日报，2006-01-03（001）.

年连续两年入围"中国企业500强",企业还获得"全国五一劳动奖状",北方重工"沈重牌"商标荣获2010—2011年度"中国驰名商标"。现拥有完整的设计、试验、检测和计量手段,拥有200余项专利和专有技术、200余台(套)新产品填补国家空白,100余项产品和技术获国家各级科技奖励。北方重工是国家技术创新示范企业,拥有国家级技术中心,全断面掘进机国家重点实验室、院士工作站、博士后工作站。总面积达6000多平方米的"全断面掘进机国家重点实验室"已开展多项核心技术研究,引领行业技术发展方向。公司主导产品包括隧道工程装备、电力装备、建材装备、冶金装备、矿山装备、煤炭机械、石油压裂装散料输送与装卸装备、环保装备、现代建筑装备、锻造装备、传动机械、汽车电器及工程总包项目装备。围绕重大装备高端成套的主攻方向,北方重工实施产品结构的战略调整,企业自主创新能力大大提升,一批重大新产品的开发取得突破。

2006年北方重工研制开发一批国内领先并达到国际先进水平的新产品,这些产品有的已开始大量进入市场。全年共完成矿渣立磨、湿式脱硫系统等新产品19项,新产品预研项目5项,科研项目8项,科技攻关32项。完成6种规格的立式矿渣磨设计,完成350MN模锻液压机年内项目计划课题和大型稀泥浆泵等产品的国产化转化设计。"沈重"牌磨煤机(包括风扇磨煤机、辗盘磨煤机、钢球磨煤机、双进双出磨煤机)由中国名牌战略推进委员会授予"中国名牌产品"称号,并获辽宁省出口名牌称号,5000t/d及以下MPS立式辊磨机获2006年度"中国著名品牌"称号,散状物料设备连续获省、市名牌产品称号,带式输送机、混匀堆取料机设备获建材行业名牌产品称号,装载机、选矿设备获沈阳市名牌产品称号。在盾构机产品的生产和市场开发方面取得突破性进展,先后中标10台(套)盾构机,合同总金额13亿元,北方重工已成为国内盾构机生产的主要承包方,为公司带来新的经济增长点。[①]

2007年,沈重自主研制的新产品获得多个奖项。其中,MQY5064溢流型球磨机获中国机械工业科学技术二等奖、辽宁省优秀新产品二等奖、沈阳市科技进步二等奖,MPF1713辊盘式磨煤机获辽宁省科技进步二等奖、辽宁省优秀新产品二等奖,30mm×2400mm滚切式定尺剪获辽宁省科技进步三等奖、辽宁省优秀新产品二等奖,MQS-T2754脱硫湿式球磨机获

① 中国机械工业年鉴编辑委员会,中国重型机械工业协会.中国重型机械工业年鉴:2007[M].
北京:机械工业出版社,2008:168-171.

辽宁省优秀新产品二等奖，1725mm 热轧联合剪切机组获辽宁省优秀新产品二等奖，50mm×3000mm 滚切式双边剪通过中国机械工业联合会主持的新产品鉴定并获沈阳市科技进步奖一等奖。该设备总体技术水平达到国际同类产品的先进水平，该设备的研制成功，改变了我国中厚板滚切剪技术完全依赖进口的局面，提高了中厚板剪切的质量、精度和效率，创造了巨大的经济和社会效益。2007 年 11 月，沈重自主研制的 MQY5585 溢流型球磨机通过沈阳市科技局主持的新产品鉴定，该球磨机是我国首台自主研发具有自主知识产权的大型磨矿设备，其主要性能指标达到国际先进技术水平。2007 年，沈重负责起草了《单缸液压圆锥破碎机》《煤用锤式破碎机》《石灰石用锤式破碎机》《风扇磨煤机》《环锤式破碎机》5 项行业标准。共申请"木质麦秸复合型定向结构板生产工艺""滚切式双边剪移动剪的定宽横移装置""膨润土泥水加压平衡盾构机""全断面隧道掘进机主轴承多层密封结构"等 17 项国家专利，其中发明专利 14 项，实用新型专利 2 项，外观设计 1 项。2007 年全年支出技术开发经费 1.3144 亿元，技术开发经费实际支出比 2005 年增长 5060 万元，技术开发经费占销售收入的比例达到 5.3%。[1] 2007 年 12 月 7 日，北方重工历时 10 个月制造出我国最大直径为 11.97 米泥水平衡式盾构机，这台专门为北京铁路地下直径线工程研制的"巨无霸"经分体拆解，运往首都。这是北方重工制造出的第 8 台，也是 2007 年制造的第 4 台盾构机。此台盾构机全长 60 来，总重量 1600 余吨，总功率达到 11870 千瓦，创下中国之最。11 月 5 日，这台盾构机通过专家验收，各项指标均满足出厂要求。这台盾构机的完成，标志着北方重工集团向打造世界最大的盾构机制造基地又迈出坚实的一步。[2] 2007 年 8 月，北方重工沈重集团公司为常熟凯士达锻造科技有限公司生产的 25 兆牛快锻液压机在沈重一次试车成功，成为国内首台采用缠绕工艺的快锻产品。这台 25 兆牛快锻液压机是由沈重设计院与清华大学联合研发的，主要应用于对大型毛坯的自由锻造。该液压机在结构上改变了以往此类产品"三梁四柱"的连接方式，采用缠绕式连接，这在工艺设计上是一大创新，成为国内首台采用缠绕工艺的快锻产品。这台产品总重为 290 吨，高 11.2 米，底面为十字形状，长宽分别为 14.2 米和 15.3 米，活动梁行程

---

① 辽宁省科学技术厅. 辽宁科技年鉴：2008 ［M］. 沈阳：东北大学出版社，2009：349-350.
②《辽宁年鉴》编辑部. 沈重造出我国最大直径盾构机 ［J］. 辽宁年鉴，2008：124.

为 1.65 米，可承受最大锻件重量为 49 吨。[①]

2008 年，北方重工共申请"用于盾构机始发的加压平衡装置""刀具破岩机理与耐磨试验机""土压平衡盾构机背装式刀盘泡沫喷射装置""带式刨花与纤维均匀化装置"等 14 项国家专利，其中发明专利 12 项，实用新型专利 2 项；起草了《带式烧结机》《旋回破碎机》《MP 型辊盘式磨煤机》《矿渣水泥立磨》《热钢坯剪断机基本参数》《热锯机基本参数》《型钢辊式矫直机基本参数》等 7 项行业标准。截至 2008 年年底，北方重工共拥有专利 19 项，起草、修订国家和行业标准 40 余项。通过自主创新，开发并研制一批具有自主知识产权的新产品，新产品销售收入占到全年销售收入的 80%。其中，年产 40 万吨废钢破碎成套技术、废钢破碎机、大型脱硫立磨、Φ3180 毫米复合式盾构机、日产 3500 吨立式辊磨机、3500 毫米宽厚板精轧机、1780 毫米不锈钢连续退火酸洗平整机组、1000 兆瓦机组用 MP265B 辊盘式磨煤机、1600 大型液压旋回破碎机等产品，填补国内空白，产品技术指标达到国际先进水平。[②]

2008 年 12 月 22 日，中国机械工业联合会在沈阳召开了北方重工沈重集团研制的"QJRN-112 泥水平衡盾构"新产品鉴定会。由国内一流专家组成的鉴定委员会认为，该产品符合国家相关标准和新产品要求，具有自主知识产权，填补了国内大型泥水平衡盾构设计、制造领域的空白，成功替代了进口，打破了国外的技术垄断，整机技术性能指标达到国际同类产品先进水平，部分指标达到国际领先水平。据介绍，"QJRN-112 泥水平衡盾构"采用自主知识产权技术，首次开发研制出能够同时在高水压、软硬不均、渗透性强、高石英含量等复杂地质构造中进行隧道掘进的大直径（直径 11.182 米）膨润土气垫式泥水平衡盾构；该产品拥有主推进和刀盘驱动系统优化设计等多项核心技术，建立了大型泥水平衡盾构设计研发体系；该产品自主开发研制的适应软硬不均复杂地层的大直径复合式刀盘、方便地下拆机运输的双层盾壳和分块结构、六自由度真空吸盘式管片拼装机等为国内首创，整机技术水平达到了国际先进水平，其中大直径高承压（0.7MPa）泥水压力舱压力控制精度、主驱动系统等关键性能指标达到国际领先水平。鉴定委员会认为，"QJRN-112 泥水平衡盾构"成套设备满足我国隧道施工领域对大型泥水平衡盾构的急需，并已成功运用在广深港铁

① 刘扬，李莉. 国内首台 25 兆牛快锻液压机沈重诞生 [N]. 沈阳日报，2007-08-10（003）.

② 辽宁省科学技术厅. 辽宁科技年鉴：2009 [M]. 沈阳：东北大学出版社，2011：311-312.

路客运专线狮子洋隧道施工中。^① 2008 年，北方重工集团就生产大型盾构机 15 台，雄居世界第二位，沈阳、广州、深圳等地铁项目都用上了"中国制造"的这一大型设备。2006 年以前，"中国制造"在大型盾构机领域还是一个空白，地铁等大型地下工程项目所用盾构机完全依靠进口。2009 年 3 月，北方重工重装车间正在同时热火朝天地装配 9 台盾构机。载重 150 吨的吊车轰鸣开过，吊起几十吨的盾体，在空中翻动；工装架上数台盾构机及数十节拖车焊花飞溅；一个个几十吨重的刀盘上百只刀具正在安装……而总指挥就是曹佰库，他娴熟地发出一个个指令，指挥着 107 名工友同奏一曲大工业生产的交响乐。^② 2009 年 6 月 6 日，沈阳市委决定，在全市开展向曹佰库、马鹏飞和市公安局消防支队启工中队学习的活动。^③

2009 年 1 月 19 日，北方重工与巴西淡水河谷公司签署《阿曼球团成套项目暨合作备忘录》，北方重工获得 4870 万美元的订单，将向巴西淡水河谷的阿曼球团厂提供 20 条带式输送机和一套取制样系统以及所有附件及辅助设备。这是北方重工 2008 年获得淡水河谷的赛哈苏和莫桑比克项目之后签署的又一大项目。巴西淡水河谷公司是全球第二大矿业公司及全球第一大铁矿石和球团生产商，是举足轻重的国际矿业巨头。在短短不到半年时间，连续与巴西淡水河谷全方位、多领域合作，表明北方重工的国际市场竞争力进一步提高，国际化步伐进一步加快。2009 年北方重工研制的GYW-18 筒型真空外滤式永磁过滤机，拥有独创的双端吸气、高场强磁系、磁场和橡胶双重密封，优化设计的上置给料装置、新型过滤介质等创新技术，是世界上规格最大、结构最先进的筒式永磁过滤机。过滤面积 18m^2，生产能力达 50~90t/h，滤饼水分为 8%~10.6%，荣获中国机械工业科学技术二等奖。北方重工研制的 PG-200 大型真空盘式过滤机，设备生产能力大，效率高，振动器采用偏心块形式，维护量小，且激振力易调整，同步器不参与振动，能够提高双轴圆振动筛双轴同步运动的可靠性与稳定性。该设备首次采用双轴驱动、强迫同步、圆运动、双层筛面，可使筛机处理能力加大，筛分效率提高，振动筛的智能化及监控、故障诊断装置，筛机的密封除尘系统，合理的矩形双层板梁框架结构筛框刚性、强度好，寿命长。过滤面积 200m^2、滤盘直径为 4100mm，生产能力达 50~80t/h，

① 刘国栋."沈阳籍"盾构机打破国外技术垄断 [N].沈阳日报，2008-12-23（002）.
② 顾威."中国制造"何以"笑傲全球"[N].工人日报，2009-06-09（001）.
③ 刘国栋."中国创造"的时代先锋 [N].沈阳日报，2009-06-08（001）.

滤饼水分为 18%～23%，也荣获中国机械工业科学技术二等奖。2009 年，北方重工还积极参与中国重型机械工业协会洗选设备专业委员会行业标准的制修订工作，同会员单位共同修订 JB/T 9040—1999《带式压滤机》、JB/T 1653—1991《筒型内滤真空过滤机》、JB/T 3276—1999《折带过滤机》、JB/T 9039—1999《电磁双辊强磁选机》和 JB/T 5502—1991《浅槽型机械搅拌浮选机》5 项行业标准，与抚顺隆基电磁科技有限公司合作修订 6 项磁选机、球磨机磁性衬板、磁性材料等产品行业标准，与淮北矿山机器制造有限公司联合对浓缩机标准进行全面修订，并联合起草中心传动浓缩机标准。上述修订工作大大提升行业的共性技术水平，使得标准覆盖面更广，适用性更强。同年，为适应城市地铁工程、引水工程、交通建设等对大量全断面掘进机的需要，北方重工集团开发了盾构机产品并建立了专业化组装生产线，形成年产 30 套盾构机的生产能力，并成功收购对软土型盾构机具有丰富设计经验的德国维尔特控股公司、法国 NFM 公司，成为目前国内全断面掘进机产品品种和制造能力最强的企业。该产品已成为北方重工的主导产品之一。①

2010 年 1 月，北方重工工程机械公司新型纵轴掘进机 EBZ230 研发成功并通过国家安全标志抽样检测。该机采用多项专利技术，适用于半煤岩及全岩、硬岩巷道的掘进，同时增配了自主研发的除尘系统和侧支撑，能够有效降低掘进过程中的粉尘和提高工作的稳定性。此前该公司已开发有 EBH90 和 EBH132 两种横轴掘进机和 EBZ160、EBZ132 纵轴掘进机。更加先进的 EBZ230 型掘进机是北方重工与辽宁工程技术大学合作开发的纵截割方式掘进机，标志着北方重工拥有了横、纵两种截割方式的系列掘进机，可以更好地满足市场的需求，也为公司扩大掘进机市场奠定了基础。北方重工集团持续改进创新，基于人性化设计开发的系列掘进机都具有整机结构紧凑、配置先进、生产工艺性高、故障率低、生产成本低等特点。2 月，北方重工工程机械公司成功研制了 ZZ9000 支撑掩护式特种自行液压支架，大大提高了液压支架撤出工作的安全性，降低了支架撤出成本，提高了回撤速度。它的研发成功填补了国内煤矿综采工作面液压支架机械化支护的一项空白。5 月 4 日，北方重工重矿机械设备制造有限公司自主研发、设计制造的 50MN 双柱上传动多拉杆预应力框架快锻压机一次性试生

---

① 中国机械工业年鉴编辑委员会，中国重型机械工业协会. 中国重型机械工业年鉴：2010［M］. 北京：机械工业出版社，2011：209，85-87，21.

产成功。该压机是国内拥有自主知识产权的具有国际先进水平的首台大型自由锻造液压机。液压机主机的框架为多拉杆预应力结构，预紧操作容易且预紧力准确，这种机架具有较强的抗偏载能力和良好的刚性，活动梁的四面导向和导向间隙可调也是现代压机应有的功能。其液压系统采用Wepuko-Pahnke公司的RX500型正弦泵，由伺服缸、伺服阀和传感器等组成的伺服机构可改变泵摇杆的偏向，从而改变泵的流量及实现换向，同时不需要大量主控阀就能完成空降加压、卸压及回程全过程。压机的电控泵系统采用西门子多CPU、DP总线控制，具有微机自动控制尺寸和压机与操作机联动的功能，使该压机具有高速、高自动化、高锻造精度、高可靠性等先进性能，锻造精度达±1.5mm，快锻次数达70次/分。①

2011年3月11日，由北方重工研制的两台QJRN-112泥水平衡盾构机在广州狮子洋隧道右线水下60m深处成功实现无缝精确对接，开创了国产盾购机穿江越洋的新时代。广深港铁路客运专线狮子洋隧道全长10.8km，分左右两条隧道，左线隧道已于2010年12月8日对接，实现水下对接洞内解体。北方重工采用自主知识产权技术，首次开发研制出能够在高水压、软硬不均、渗诱性强、高石英含量等高复杂地质构造中进行隧道掘进的大直径泥水平衡盾构机。QJRN-112泥水平衡盾构机有10项相关专利技术，满足了我国隧道施工领域对大型泥水平衡盾构机的急需，填补了国内大型泥水平衡盾构机设计、制造领域的空白，成功替代进口，打破了国外产品的技术垄断。8月16日，北方重工与国家开发银行签署"十二五"100亿开发性金融合作备忘录。国家开发银行的大力支持，大大促进了北方重工在"十二五"期间实施全球化布局、形成完善的国际化经营服务网络体系建设，使北方重工产品大量实现本地化制造，实施海外扩张和国际化经营，加速实现北方重工产品的国际化进程。双方的合作为北方重工带来新的发展机遇。北方重工"十二五"发展目标是，建设五个国内产业基地：沈阳核心研发制造产业基地、铸锻产业基地、临港极限制造产业基地、华南产业基地和西部产业基地；实现打造八个海外研发销售服务中心，其中包括欧洲研发生产中心、拉丁美洲研发生产中心、澳大利亚生产中心、印度生产基地；实现拓展十大服务领域，包括隧道、矿山、建材、

---

① 中国机械工业年鉴编辑委员会，中国重型机械工业协会. 中国重型机械工业年鉴：2011［M］.
  北京：机械工业出版社，2012：220-222.

冶金、锻造、煤炭、港口、电力、环保和海洋工程。[①]

2012 年 7 月，北方重工旗下法国 NFM 公司斩获莫斯科地铁盾构机项目，用于莫斯科地铁 2 号线主体工程隧道工程。这条地铁线是莫斯科市启动的一条长 70 km 地铁项目的一个部分，用以缓解交通压力。该公司已经为俄罗斯市场提供了两台盾构机。10 月 22 日，在越南公青电厂招标中，北方重工成为项目"交钥匙工程"总承包方。两期项目金额分别为 6.59 亿美元和 9.03 亿美元，折合人民币近 100 亿元，是 2012 年之前沈阳市以及辽宁省获得的单项最大海外订单。越南公青电厂两个 66 万 kW 机组燃煤电站工程 EPC 项目（工程"设计、采购、施工"总承包），包括两期电厂及输煤码头建设。北方重工将负责整个电厂及码头从设计、设备供应、土建安装、设备调试运行、人员培训，到将电厂整体移交给业主的所有工作。北方重工由单纯制造商向工程承包商身份的转变在国际市场获得了丰厚的回报。同年还先后中标乌兹别克斯坦欧洲水泥集团日产 6000t 水泥生产线 EPC 项目和印度钢铁管理局有限公司波卡罗钢铁厂 2 号烧结生产线及原料处理系统项目；与非洲矿业公司签署了采购意向书，获得塞拉利昂铁矿一期改造项目合同；获得中东地铁项目的采购意向书。前三季度北方重工实现自营出口 1.81 亿美元，走在沈阳机电行业前列。[②]

2013 年 4 月，北方重工在中东地区中标一台直径 6.93m 泥水敞开硬岩掘进机，货值近 2000 万欧元。硬岩掘进机代表了隧道掘进机行业的最高水平。北方重工通过收购德国维尔特集团控股公司和自主研发，现已形成全系列隧道掘进机产品技术体系，拥有世界最先进的全断面隧道掘进机核心技术和知名品牌，在国内处于领军地位。北方重工硬岩产品的市场占有率不断提高，实现了从硬岩、双模式、泥水到土压平衡盾构机产品的"全套出口"，海外订单已占企业总订单量的 21% 以上，成为国内出口全断面隧道掘进机产品最全的企业，也是国内唯一能与国际知名硬岩隧道掘进机供货商同台竞标的中国企业。北方重工为印度 Reliance 公司生产的"超长距离大运量节能型越野带式输送机"，输送距离 14.22km，运量 4500t/h，带速 5.6m/s，综合参数、当量物流量世界最大。在产品的设计过程中将绿

① 中国机械工业年鉴编辑委员会，中国重型机械工业协会. 中国重型机械工业年鉴：2012［M］. 北京：机械工业出版社，2013：224-229.
② 中国机械工业年鉴编辑委员会，中国重型机械工业协会. 中国重型机械工业年鉴：2013［M］. 北京：机械工业出版社，2014：243-246.

色、节能的设计理念应用到带式输送机中，将带式输送机的布置型式与带式输送机的运行、检修、维护等深度融合，提出降低压陷阻力，提高安装精度，开发节能部件，改进转载等设计，使综合模拟摩擦系数达到 0.0149 设计指标。项目已经通过中国重型机械工业协会组织的新产品鉴定，总体技术水平达到国际先进水平，部分性能指标达到国际领先水平。2013 年矿山机械行业开发的主要新产品包括：北方重工的新型 PXF60-110 旋回破碎机、直径 5.8m 双护盾硬岩掘进机、年处理能力 40 万 t 废钢破碎成套设备。北方重工集团矿山冶金设备分公司面对严峻的外部市场环境，直面挑战、迎难而上，拓宽思路，进一步开展与知名院校的强强联合，提高产品研发的起点水平线，加速核心产品研发升级，提升企业核心竞争力，先后中标一批重点项目。同时全力技术支持集团销售公司、进出口公司、工程成套分公司三大公司的订货，实现了日照营口 600m² 烧结项目、宣钢烧结项目、上海外经厄立特里亚铁矿项目、昆钢峨山铁矿项目、台朔越南河静钢厂项目、老挝金矿项目单机功率最大的磨机设备、伊朗带式焙烧机、土耳其镁冶炼项目等重点及出口项目的订货。公司在国内、国外市场的订货都实现了突破，烧结、球团、破碎及粉磨设备产品正向国际化、大型化发展，圆满完成了集团公司下达的任务指标。北方重工集团矿山冶金设备分公司的设计团队坚持自主开发技术创新、生产组织和质量管理模式创新，完善售后服务体系，严格控制生产成本、加大监督考核力度，落实产品质量检验控制，强化供应商质量保证能力，实施过程质量监控，全面确保产品质量。拓宽思路，进一步开展与知名院校的强强联合，提高产品研发的起点水平线，加速核心产品研发升级，提升企业核心竞争力。扎实推进新产品研发及老产品技术升级工作，为企业不断赢得订单。2013 年，矿山冶金设备分公司升级换代的 PXF6089 液压旋回破碎机实现了伊朗选厂项目和云南迪庆普朗铜矿井下破碎项目的订货。自主开发的 Φ5.1m×22m 混合机、Φ5.1m×26m 混合机在日照钢铁项目中实现了订货。开发的 Φ9.15m×5m 半自磨机在老挝金矿项目中实现订货，该设备实现了公司单电机驱动磨机最大规格、最大功率的突破。该项目共提供选矿车间两条生产线的 2 台 Φ9.15m×5m 半自磨机、2 台 Φ6.4m×10m 球磨机设备，在矿山冶金设备分公司出口磨机设备业绩上具有历史性的突破。开发的 Φ3.3m×55m 回转窑首次应用在镁冶炼工艺中。同时，矿山冶金设备分公司还对传统破碎产品 PXZ1417 旋回破碎机、PXZ1216 旋回破碎机进行了升级改造。为适应市场发展需要，还开发了 φ7.9m×13.6m 双电机驱动球磨机、φ10.37m×5.7m 双电机驱动半自磨机、PXZ60110 旋回破碎机。北方重工集团研发的 NTY-53 型周边传动中心搅拌式液压分段提耙浓缩机获得中国机械工业科学技术奖二等奖。2013 年北方重工集团有限公司一批重大新产品开发继续取得突破。开发设计出新型 PXF60-110 旋回破碎机、目前国内最大的轨距为 55m 的门式斗轮堆取料机和斗轮堆取料机无人值守控制技术。3150t 热模锻压力机实现当年开发当年进入市场，逐步提升公司高端锻压产品的竞争力。其研制的年产 250 万 t 球团带式焙烧机成套装备，填补了我国球团矿焙烧工艺技术空白。[①]

　　2014 年 7 月中旬，北方重工集团装卸设备分公司承担的包钢项目"YD514P 滚式混取料机"的 YD514-1-1P 筒体顺利制造成功。该筒体是整机中最为关键的部件，制造工艺复杂。筒体总长 38200mm、直径 4932mm、重 120138kg，是分公司近年来生产的最大筒体。其结构特点是：筒体内部内环形支撑多，拼接焊缝多，并且要求焊接成型后进行熔透探伤。北方重工集团矿山冶金设备分公司则将技术支持前移到项目初期，继续加大煤化工中速磨、矿渣磨、烧结机技术改造和节能环保等新兴领域的开发力度，尽早将塔式磨机、高能圆锥破碎机等新产品推向市场。针对破碎、球磨、烧结、球团等成套、成线产品，成立综合营销团队提升市场开发能力，争取实现烧结球团、烧结余热发电移动半移动破碎站等设备总包项目新突破。积极探索设计、制造和现场安装调试"三位一体"的新服务模式，为开创服务盈利模式不断积累经验，逐步向增值服务方向转型。矿山冶金设备分公司的设计团队坚持自主开发技术创新、大力开展技术革新，加速推进产品结构优化创新，从设计源头实现降本增效。当年全面完成 6 项科技发展规划项目和"群狼计划"，新增 6 项磨机关键部件标准，完成碳酸锂酸化窑和太钢 660m^2 烧结机 2 项技术鉴定。2014 年，北方重工集团有限公司实施"重大装备、高端成套国际化经营战略，积极开发国际市场，秉承"得国际市场者得天下"的理念，实现由单机设备向成套装备的经营转变。与海螺集团等各大水泥集团、各大矿务局、各大钢铁集团等成立以带式输送机、钢结构制造等为主业的合资公司或建立战略合作关系，大幅增加公司销售产值。对产品进行差异化设计，以满足目标客户需

---

① 中国机械工业年鉴编辑委员会，中国重型机械工业协会．中国重型机械工业年鉴：2014 ［M］．北京：机械工业出版社，2015：23，66，77-78，85，98．

求为目的，进行产品设计和销售，加速技术整理，全面总结提升产品技术水平，加速技术选型样本的编制工作，实现产品的标准化系列化，联合软件公司自主研发了滚筒参数化设计软件，该软件可以在输入几项重要参数后，自动进行参数化设计，直接生成生产图样及工艺文件，基本做到无须工程师进行滚筒设计工作。自主研发的同时引进国际一流的带式输送机设计软件、带式输送机动态分析的软件、三维建模软件、有限元分析软件、动态仿真设计软件、钢结构设计软件等，建立健全设计研发手段，提高设计效率和设计准确性，同时达到与国际一流带式输送机生产企业接轨的目标，提高市场核心竞争力。2014 年，北方重工试制完成用于老挝 KSO 金矿的国内首套变频驱动的大型球机和超大型半自磨机，标志着北方重工大型磨机驱动技术获得提升；试制完成国际首台用于煤矿岩巷的全断面掘进机和用于煤巷的矩形截面全断面掘进机，并分别开始井下试掘进，开辟了全断面掘进机的全新应用领域；正在研制的香港莲塘 φ14.1m 土压平衡盾构机，为目前国内同类产品最大规格；北方重工主导产品的技术继续向着智能化、大型化方向迈进。2014 年，北方重工通过国家级高新技术企业资格复审，由大连理工大学、北方重工等单位组成的辽宁重大装备制造协同创新中心通过国家级评审，全年有 7 项重大新产品获得省、市科技奖项，其中 1725 热轧/1650 冷轧镁合金板材轧制成套装备、NTY-53 型浓缩机分获辽宁省科技进步奖二等奖和三等奖，年处理能力 40 万 t 的废钢破碎成套设备、GHC 型永磁筒式磁选机分获辽宁省优秀新产品一等奖和三等奖，全年获得各级政府技术支持资金 5200 余万元。[①]

2015 年，北方重工自主研发国内首台矩形全断面高效掘进机，是全断面高效快速掘进系统的核心技术装备。2015 年 2 月 25 日，在大柳塔煤矿掘进进尺 76m，26 日掘进进尺 82m，累计进尺达 158m，创历史新高。2015 年初，北方重工收获了美国 BV 公司越南沿海二期燃煤电厂输煤系统成套项目订单，合同金额 2380 万美元。此外，北方重工签署伊朗 Pasco 钢铁集团石灰石破碎筛分及烧、还原铁系统项目合作意向书（LOI），金额达 737 万美元。北方重工还顺利将中电国际普安电厂工程 12 台双进双出磨煤机、山西神头发电公司 2×1000MW 燃煤电站项目胶带输送机等传统优势产品订单收入囊中，两项合同总计超过 1.1 亿元。5 月中旬，中机联在沈阳组织

① 中国机械工业年鉴编辑委员会，中国重型机械工业协会. 中国重型机械工业年鉴：2015［M］. 北京：机械工业出版社，2016：24，45，47，81，131.

专家对北方重工集团有限公司开发的"千万吨级极贫磁铁矿石深度破碎高效选矿工艺技术及成套装备"新产品进行了鉴定。该装备系由北方重工自主开发的 PXZ-1417 型液压旋压回破碎机、PCKF1825 可逆双反击锤式破碎机、CTG-1030 干式筒式磁选机、MQY3660 节能溢流型球磨机、NZY-38 中心液压多点驱动高效浓缩机等组成，处理能力、选矿效率和水资源利用率大幅度提高，并且有效地降低了能耗。投入实际运行后，为相关企业带来了很好的经济和社会效益。北方重工 2015 年相继完成多项科技成果及新产品：完成 $\varphi12.2m\times8m$ 半自磨机、GYG1408 高压辊磨机、$\varphi7.2m\times50m$ 球团窑和 $\varphi5.5m\times115m$ 红土镍矿焙烧窑等新产品的研发设计工作，完善了产品系列化产业链，为抢占国内外大规格设备市场奠定了技术基础；完成 7ft（1ft＝0.3048m）西蒙斯破碎机和 PEFO912 复摆式破碎机的升级改造工作，在降低产品重量的同时，使整机性能达到国际先进水平。2015 年，北方重工自主开发的新产品包括：PC 预制构件全自动混凝土布料机、混凝土预制构件边模系统、YLC3000 压裂车、浆体管道输送技术、QQ（LS）1000·11.8 长型料场螺旋取料机、$\varphi12.2m\times8.0m$ 半自磨机、$\varphi7.2m\times50m$ 回转窑、金属矿山用 GYG1408 高压辊磨机、仓储式风扇磨煤机、年产 60 万 t 水泥粉磨站用四辊熟料立磨、城市生活垃圾焚烧发电成套技术、0.6-3.0×1725mm 差厚板轧机机组、EBZ160Z 悬臂式掘进机等 23 项。2015 年，北方重工共获得省、市级科技奖项 6 个。其中"超长距离大运量节能型越野带式输送机"获得中国机械工业科技进步奖二等奖、辽宁省科技进步奖二等奖。该输送机的单机输送距离长达 14.22km，运量 4500t/h，带速 5.6m/s，驱动功率 4×1700kW，沿途跨多条道路、桥梁、高低压输变电路，地形上下起伏 128 处并伴有 2 个大角度转弯。该项目是我国自主设计制造的综合参数最大、工况最繁杂、技术难度最大的带式输送机，包含着许多新的设计理念：提出降低压陷阻力，提高安装精度，开发节能部件，改进转载设计等，使综合模拟摩擦因数小于 0.0149 的设计指标；提出增弹降阻理论并应用到带式输送机中，使整机节能效果达到 15% 以上；项目还采用新型低转动阻力托辊，托辊旋转阻力降低 46%。在钢结构轻量化方面，用无走台桁架结构加自动巡检装置的钢结构形式代替传统的桁架走台加人工巡检的形式，节省钢材近 3000 吨。而巡检方式的改变取消了安全保护系统全线供电及信号采集系统，又节约 1500 万元。在智能化控制方面，构建带式输送机智能化控制系统，研制出无人值守带式输送机监测检修单元、智能动态可控张紧装置。该项成果总体技术水平达到国际先进水平，部分性能指标达到国际领先水平。①

2016年6月28日，北方重工继2007年并购法国NFM公司后，又成功并购美国罗宾斯公司，并举行股权交割签约仪式。10月，北方重工加大结构调整，与丹麦艾法史密斯公司在华组建合资公司，双方持股比例相同，在高端破碎领域开展深度合作，引进旋回破碎机、圆锥破碎机、移动破碎站、高压辊磨机、颚式破碎机5项新技术。北方重工2016年度获得专利授权46项，其中发明专利21项，实用新型专利25项，并成功将5项新产品推向市场，其中用于双江口水电站的心墙骨料掺和系统技术填补公司业绩空白，移动式散料系统工艺在青海盐湖料场项目中取得成套领域突破；大型洗选设备计算机流体仿真等3项共性技术开发为集团公司相关产品技术提升奠定了基础。同时，还有20余项产品完成数字化设计，公司主导产品继续向智能化方向发展。北方重工以现有MES系统为基础，构建切合企业实际的ERP系统，缩短周期，提高产品质量。搭建国际化信息管理服务平台，加强对海外业务的管控；搭建备品备件网上服务平台，为客户建立电子档案，实施动态跟踪管理，抢占备件市场；建立与法国NFM公司、美国罗宾斯公司及艾法史密斯公司协同设计、制造与服务平台，实现资源共享和高效利用；应用远程监控、诊断、服务功能，实现主导产品和成套装备服务远程化、智能化和国际化，逐步推动北方重工从单机制造商向工程服务商转型。②

2017年4月19日，北方重工集团有限公司承建的埃塞俄比亚哈巴莎水泥项目竣工投产。埃塞俄比亚总理海尔马里亚姆出席了竣工仪式。该项目的工作范围涵盖3000t/d水泥生产厂的设计、生产、采购、供应、交货、土建、安装、培训、测试、试运、性能试验、移交等全部环节。7月，北方重工集团有限公司与莫桑比克签订年产25万t水泥粉磨站工程。公司陆续与土耳其科林集团签订了价值2980万美元的6台土压平衡盾构机销售合同。2017年北方重工的新产品市场推广取得进展，压裂设备以租用方式抢占市场，自主研制的国内最大不锈钢连续退火酸洗机组成功运行，国内首

---

① 中国机械工业年鉴编辑委员会，中国重型机械工业协会. 中国重型机械工业年鉴：2016 [M]. 北京：机械工业出版社，2017：27-29，50-54，69.
② 中国机械工业年鉴编辑委员会，中国重型机械工业协会. 中国重型机械工业年鉴：2017 [M]. 北京：机械工业出版社，2018：23，45，98-99.

台烧结机在线换台车技术实现突破并成功试车，MLL355 螺旋立式磨机试车成功，自主研发的 Φ7.83m 敞开式岩石掘进机顺利通过了工厂验收，将应用于 EH 供水工程。建立国际技术标准资料库和标准查询系统，为全面执行国际标准提供了技术保障；对标美卓等国际领先企业，在旋回破碎机等产品上应用闭环控制与数据采集、分析技术，提升了产品智能化水平；盾构机应用 PDM 系统实现了中法两地联合设计，提升设计效率和设计质量；基于物联网技术的产品远程监测技术得到了进一步推广应用。φ7.83m 敞开式岩石掘进机等 3 个项目获批为沈阳市科技创新"双百工程"项目，大型散料装卸设备被认定为辽宁重点名牌产品，磨煤机等 4 种产品被认定为辽宁名牌产品。全年新增授权专利 54 项，其中发明专利 26 项。集团公司入选"中国品牌 500 强"，品牌知名度得到进一步提升。[①]

2018 年 9 月，由北方重工集团有限公司设计制造的国内最长的湖州南方物流码头"空中运输走廊"输送机建成，全长 22km，年运输能力 1050 万 t。该输送机穿过群山、航道与水运码头无缝衔接，使水泥熟料运输实现"空水联运"模式。2018 年，中建交通建设集团有限公司盾构机扩径改造项目在北方重工成功完成工厂最终验收。盾构机直径从 6.28m 扩大到 6.48m，对盾构机刀盘、盾体、连接桥、一次和二次管片进行重新设计。北方重工研制的国内最大的立式螺旋磨机试车成功，该磨机装机功率达到 1200kW，高度达 15m。"QJSYT-094 硬岩土压双模式掘进机"项目获 2018 年度中国机械工业科技进步奖二等奖。该掘进机的刀盘最大转矩为 17308kN·m，最高转速为 3r/min，主机最大推进力达 73275kN，最大推进速度 80mm/min。2 台掘进机分别完成马什哈德地铁 2 号线 7000m 和 5500m 的隧道掘进，取得在伊朗当地大直径掘进机最高日进 33m，平均月进 360m 的良好应用纪录。该产品是国内首台具有完全自主知识产权的硬岩土压双模式掘进机，在刀盘刀具的多地质适应性、刀盘驱动控制技术的多样化、开挖仓自动伸缩保压受料装置、开挖面膨润土保压系统和快速高效的管片储运技术等方面具有独特的技术创新。整机技术性能达到国际同类产品先进水平，部分功能与性能达到国际领先水平。此外，"全断面岩石掘进机高新破岩刀盘设计制造关键技术与应用"获 2018 年度辽宁省科技进步奖一等奖。同年北方重工还起草发布国家标准《全断面隧道掘进机　泥水平

---

① 中国机械工业年鉴编辑委员会，中国重型机械工业协会. 中国重型机械工业年鉴：2018 [M].
北京：机械工业出版社，2019：15，143-144.

衡盾构机》《全断面隧道掘进机 单护盾-土压平衡双模式掘进机》，建立北方重工技术标准查询平台，形成《北方重工国际标准目录》，其中，国际标准化组织标准（ISO）695项，国际标准化组织/国际电工委员标准（ISO/IEC）6项，国际电工委员会标准（IEC）240项、国际计量组织标准（OIML）7项，欧洲标准化委员会标准（EN）50条，美国标准213项，英国标准学会标准（BS）58项，加拿大标准协会标准（CSA）1项，德国标准117项，俄罗斯标准（GOST）8项，法国国家标准（NF）3项，日本工业标准（JIS）42项，澳大利亚国际标准公司标准13项。①

2019年4月30日，辽宁方大集团顺利完成北方重工司法重整工作，依法成为公司第一大股东。方大集团正式成为北方重工第一大股东，北方重工由国有控股公司变为由方大集团和金融普通债权人共同持股的混合所有制公司，这是北方重工发展进程中的重大历史性变革，标志着一个崭新历史发展时期的开始。重整后，北方重工整合原分散在二级单位的技术资源，成立技术研发总公司，通过方大集团投入巨资，实现技术系统的软、硬件升级，并建立新产品研发、传统产品优化等激励机制。② 10月1日，经国家市场监督管理总局、国家标准化管理委员会批准并公告，由北方重工集团有限公司主持编写的国家标准GB/T 37400.13—2019《重型机械通用技术条件 第13部分：包装》正式实施。12月25日，北方重工集团有限公司举行"新煤1号"煤矿半煤岩全断面掘进机工厂验收仪式，并通过山东新矿集团的验收。这是北方重工集团有限公司进行混合所有制改革后签订的首个盾构机制造合同。同年，由北方重工集团有限公司和中国科学院沈阳自动化研究所等单位共同研发的国内首个重型装备智能云服务专家管理系统正式上线。智能云服务专家管理系统是实现传统工业向服务经济转型进程中的重要一步，也是未来开展个性化服务的基础。同年，北方重工自主研发的EQC6330大直径煤矿岩巷全断面掘进机开始在地质复杂的1000m地表下完成200m试掘进。该掘进机是国内首台应用于煤矿岩巷施工的、具有自主知识产权的敞开式全断面掘进机，也是我国第一次引领世界煤矿岩巷施工重大技术变革的技术装备。该设备的研制实现了我国煤矿岩巷掘进机在大直径、大埋深、复杂地层施工的新突破，其创新点包括：

---

① 中国机械工业年鉴编辑委员会，中国重型机械工业协会. 中国重型机械工业年鉴：2019［M］.
北京：机械工业出版社，2020：20-24，116-117.

② 余芳倩. 混改后的北方重工［J］. 现代国企研究，2019（16）：78-81.

特殊的主梁设计，解决了支护锚杆必须通过隧道截面中心线的施工难题，此项技术在国内以往的地下硬岩工程中从未做到过；解决了支护速度跟不上掘进速度的老难题，设计掘进速度500~800米/月。较普通悬臂式掘进机效率提高了5~7倍；采用盘形滚刀破岩机理，利用全断面刀盘一次破岩成洞，将水平梁敞开式TBM掘进机与煤矿运输、支护等特殊施工要求相结合，集掘进、出渣、支护、除尘、通风、导向、防爆技术于一体，是高度机械化、自动化的煤矿岩巷施工设备。该装备为解决我国煤矿发展的岩巷施工瓶颈问题奠定了坚实基础，是我国煤矿采掘装备发展一个重要的里程碑，将给我国煤炭企业带来新的技术革命，引领世界煤矿岩巷掘进工程进入新的时代，成为整个煤炭施工领域的下一个发展方向。①

2020年3月1日，由北方重工自主设计研发的国内首台T12主动式多功能履带铲运机在工况条件下试车成功。该产品集机电液装备于一体，具有铲土、运输、推平、整理等功能，可实现一次完成铲土、运输、推平、整理等施工作业，每小时铲运量可达到300m³。3月27日，北方重工集团有限公司与甘肃华建新材料股份公司签订500万t/a精品骨料项目总承包合同。项目设备总投资约7000万元，整条设备生产线具有投产快、效率高、能耗低、安全可靠和智能操控的特点。7月，北方重工集团有限公司为日本制铁株式会社自主设计制造的RSM1250自移式伸缩环形堆料机试车成功。该设备最大堆料半径为50m，可实现移动臂带动输送机做伸缩补料，自带的柴油发电机组可为设备提供动力源并可以自行移动。2020年，北方重工完成11项新产品立项、13项产品升级或改造项目。40MN炭素挤压成型机、PXF4265旋回破碎机、PCZ2125锤式破碎机、SD-360带式烧结机、7620×5645矩形土压平衡顶管机、MP280D单辊加载中速磨煤机等41个项目通过了技术评审。自主开发的伸缩式自移环形堆料机的各项指标均达到国际一流，PXF4265旋回破碎机也实现了产品当年研发、当年进入市场。2020年，北方重工共申请专利14项，获得专利授权4项。②

北方重工瞄准高端技术装备领域，加大科技投入，不断推出新品，持续提升企业竞争力，被评为中国重型机械行业"2021年度专精特新冠军单

---

① 中国机械工业年鉴编辑委员会，中国重型机械工业协会. 中国重型机械工业年鉴：2020 [M]. 北京：机械工业出版社，2021：41-43，55.

② 中国机械工业年鉴编辑委员会，中国重型机械工业协会. 中国重型机械工业年鉴：2021 [M]. 北京：机械工业出版社，2022：22-26，152-153.

位"。2021年，北方重工研发的世界首台主梁中置换步行走式（全适应型）煤矿掘进机，实现对主机设计、后配套行走、自动锚杆等数十项重大工艺及技术优化提升，解决了困扰煤矿掘进机施工的诸多难题，在煤矿井下复杂的地质条件下实现小转弯、快支护、零空顶等操作。该掘进机机身全长98m，总重量超过600t，刀盘直径5.87m，由20个复杂系统构成，具有开挖、支护、出渣、喷混、瓦斯检测等多种功能，每天最快可挖掘100m长的隧道，掘进速度是传统施工方法的数十倍。北方重工为沈阳地铁1号线东延线项目量身研制的盾构机实现了技术突破，国产化率达到100%，实现我国在高端制造的一个新跨越。该盾构机配备有6台主电动机，单机功率达210kW，总驱动功率高达1260kW，达到同类级别盾构机的世界之最，平均月掘进长度可达500m。北方重工与东北大学合作设计研发的无人值守堆取料系统，助推企业减人增效；研发的世界装机功率最大的4500马力立式螺旋磨机的节能特性得到市场的普遍认可，可助力用户降低运营成本，持续提高经济效益。自主研制成功耐高温大运量超长距离带式输送成套装备，打破发达国家对超长距离高温散料输送装备技术的长期垄断，多项节能技术的应用，使总装机功率降低15%。2021年申报国家专利14项，其中发明专利6项，实用新型专利8项，通过科技成果评价2项。[1]

2022年末，由北方重工研发生产的MLL1200螺旋立式磨机、EQC5870矿用全断面掘进机、RSM1250自移式伸缩环形堆料机三种新型装备入选中国重型机械工业协会发布的《重型机械行业专精特新成果目录2022》。根据成果目录的介绍，MLL1200国产螺旋立式磨机是将一定粒度的矿石或其他物料磨制成更细粒度的超细磨设备。该设备装机功率1200kW，是国内最大功率的螺旋立式磨机。其创新性分体式组合焊接螺旋抽结构、可拆分式护轴衬板结构和顶部抽取式模块化传动轴结构等，提高了设备可靠性、运行稳定性、可维护性和使用寿命，全智能化控制可实现无人值守运行。该机2018年11月正式运行，2020年11月2日通过中国机械工业联合会成果鉴定，认定该机的整机技术性能达到该领域国际先进水平，填补国内的空白。EQC5870矿用全断面掘进机是北方重工为阳煤集团开元矿区东西回风巷道施工设计研发的全新隧道掘进装备。该装备创新性设计中置主梁、双支护系统、换步行走机构等，具备在岩石抗压强度20~170MPa的环境

① 中国机械工业年鉴编辑委员会，中国重型机械工业协会. 中国重型机械工业年鉴：2022［M］. 北京：机械工业出版社，2023：44，118，116.

下单机掘进距离 15km 的能力；换步行走轮组式后配套台车结构，有效解决了底板破碎造成的拖拉力剧增的问题；渣水分离装置，对涌水、涌泥不良地质具有良好适应性。该项目的核心技术已完全自主国产化，成功打破国外技术垄断，完善了我国全断面掘进机煤矿岩巷施工技术，带动了全断面掘进机行业的迅速发展，满足矿山建设特殊需求，加速了全断面掘进机隧道施工技术的发展，实现显著的社会效益。RSM1250 自移式伸缩环形堆料机是用于日本码头出口水渣的装船作业设备，该设备尾部双履带、前部两组轮胎式车轮装置及连接横梁行走底盘，全自动智能控制堆存控制程序、伸缩系统等，可实现将物料按要求自动堆积到指定位置。特殊工况下，可进行远程控制。该设备的研发制造，不仅填补了国内空白、打破了国外技术的垄断，还让我国在该类产品的研制上处于世界领先地位。

第五章　沈阳变压器制造企业
技术创新史

　　沈阳变压器厂（简称"沈变"）是我国第一家变压器专业制造厂，也曾是我国变压器行业中人数最多、技术力量最强、设备最全、规模最大的一座电工厂，是全国重点企业之一，是输变电设备主要制造厂。沈变的前身是1938年开办的"日本株式会社满洲日立制作所"，1939年2月，工厂建成并开始生产，主要生产韧性铸件、电气设备和机械设备。1945年8月抗日战争胜利后，原日立制作所的机器设备有340台套，其中重大设备21台被苏军拆迁。1946年4月，国民党政府接收日立制作所，易名为经济部沈阳第二机械总厂，工厂再次受到破坏，之后基本上没有正式生产过产品。1948年11月2日沈阳解放后定名为东北工业部机械工业管理局沈阳第一机械厂第二分厂。1949年8月至1953年8月，工厂隶属关系和名称几经改变，1949年8月为东北工业部机械工业管理局第五厂，同年11月为东北工业部电器工业管理局第五厂。1953年1月，工厂改为中央所属第一机械工业部电器工业管理局沈阳变压器厂，此后开始走上专业化生产的轨道。1969年改为市属企业，称为沈阳市机电工业局沈阳变压器厂。[①]1990年隶属沈阳市机械工业管理局和东北输变电设备集团公司，1995年9月正式改组为沈阳变压器有限责任公司（简称"沈变公司"）。2003年11月，特变电工对沈变实施重组，成立特变电工沈阳变压器集团有限责任公司。2005年，国家发改委、财政部、海关总署、税务总局联合发布公告，认定特变电工沈阳变压器集团有限公司技术中心为国家级企业技术中心，确立了沈变在行业技术创新中的主导地位。2011年沈变公司入选国家火炬计划重点高新技术企业。2022年1月28日，国家发展改革委等部门关于印发2021年（第28批）新认定及全部国家企业技术中心名单的通知显示，特变电工沈阳变压器集团有限公司技术中心具有国家企业技术中心资

---

① 《沈阳变压器厂志》编纂委员会. 沈阳变压器厂志［M］. 内部资料，1986：3-15.

格。

第一节　2003 年前的企业技术创新活动

　　1949 年 8 月，沈阳变压器厂生产出首批韧性铸铁件。1952 年，东北工业部电工局技术处有关变压器设计和制造的人员转入电工五厂，工厂逐步奠定了技术管理基础，职工的生产技术水平有所提高，生产已基本稳定。这期间不但完成了 150 千伏安变压器的系列设计，而且大量投入生产。代表 1952 年生产水平的最大产品变压器单位容量 5000 千伏安，电压等级为 44～66 千伏，当时被职工称为"五千号"的变压器（仿苏 TM-5000/44～66 三相油浸式电力变压器）投入生产，其产品容量比解放前的最高产品容量大 100 倍，标志着我国变压器制造技术提升到新的高度，结束我国不能制造大型变压器的历史。为完成生产大型变压器的挑战，沈阳变压器厂的技术工人们克服重重困难。据时任大型变压器车间工段长王凤恩回忆，变压器绝缘筒由于此前都是苏联进口，国内没有卷筒机器，在第一道工序便停滞不前，每次实验卷出来的绝缘筒都是褶子。看着成堆的废料，王凤恩心急如焚。一次，他在家中看到妻子正在熨衣服，就坐在一边看，看来看去突然起身抢过熨斗就往外跑，来到厂里便用熨斗在绝缘纸上一按一推，困扰工厂多年的绝缘纸起皱问题就此解决。每次设备出现故障，王凤恩就像医生把脉一样细听机器运转的声音，曾经在机器旁一蹲就是三天三夜，最终攻克难关。正是凭着这样一种精神，沈阳变压器厂在基础落后、设备短缺的条件下，造出卷线机、卷筒机、焊接机、伸颈式大台面冲床、卷管机、脱管机、绝缘筒等机器设备，才成功制成了当时最高生产水平的 5000 千伏安大型变压器。1961 年，工人出身的王凤恩被提升为工程师，并参加全省职工技术协作活动，为沈阳机床厂等 31 家工厂解决技术难题 72 项，为沈阳乃至辽宁工业发展作出了积极贡献。"五千号"大型变压器试制成功后，被源源不断地支援到国内 20 多个省市的工厂、矿山、电站和农村的基本建设，成为官厅水库（新中国成立后建立的第一座大型水库），丹东、吉林电网和鞍钢、包头、武钢等国家重点工程的配套设备，并为支援朝鲜、越南、蒙古和南斯拉夫等国家生产建设作出了重要贡献。[①] TM-5000/44~66 三相油浸式电力变压器通过东北机械工业部电器工业管理局鉴定合格后，沈变厂将产品试制过程和技术文件全部整理归档，并编制出新产品试制程序。从此，新产品的研制与鉴定制度列为工厂重要章程执行。

1953 年 9 月 25 日，中国第一台 48.5 吨重的 13500 千伏安、11 万伏的高压变压器在沈阳变压器厂试制成功。苏联专家曾大力协助。11 月 13 日，中国第一台 2000 千伏安变压器在沈阳变器厂试制成功。1954 年 3 月 4 日，沈阳变压器厂试制成功 11 万伏的大型电流互感器。[②]

第一个五年计划（1953—1957 年）期间，沈变是国家重点扩建工程单位，新建改建工程 34 项，投资 2600 万元。1957 年 12 月 12 日，沈阳变压器厂作为中国最大的变压器制造厂家改建完成并投入生产。[③] 1958—1960 年期间，沈变进行第二、三期扩建工程，兴建长 258 米、宽 108 米、面积为 27864 平方米的大型厂房。厂房高 33 米、中跨为 36 米，装有 2 台 200 吨吊车，还兴建装有 2250 千伏工频试验设备和 3600 千伏冲击电压发生器的高压试验大厅。1980 年又进行第四期扩建工程，新建绝缘车间和温升试验工程，安装 6 万千伏发电机组。五厂房增设空气净化设施，厂房内日降尘量可控制在 10 毫克/平方米。"一五"期间完成科研 51 项，完成苏式 TM 系列图纸翻译工作和 SJ 系列变压器统一设计，提高了变压器标准化和系列化水平。先后试制成功 138 种新产品，其中，变压器的关键部件 11 万伏 400 安的有载分接开关，在技术装备和制造技术方面达到国际水平，标志着变压器制造技术已经进入一个新阶段。[④]

据 1954 年 5 月 5 日《沈阳日报》的报道：从 1953 年 11 月到 1954 年 5 月初，沈阳变压器厂已实现有关生产技术革新的合理化建议 230 余件。冷作车间除冷压围管机外，陆续出现自动吹砂机、自动转盘架、自动瓦斯器、自动上水器、围圆机以及一些机械化工具，仅这些主要创造一年即可为国家节约 750 余亿元的财富。冷作车间原来只有 20% 的生产工序是机械加工，目前已经有一半以上的手工作业由机械化生产所代替。许多工序机

① 辽宁省档案馆编研展览处. 我国自主生产的第一台大容量变压器"五千号"[J]. 兰台世界，2014（10）：2.

②《人民日报》社国内资料组，中国工业经济协会调研组. 中华人民共和国工业大事记：1949—1990 [M]. 长沙：湖南出版社，1992：389-390.

③ 龚育之. 中国二十世纪通鉴：第三册 [M]. 北京：线装书局，2002：3757.

④《沈阳变压器厂志》编纂委员会. 沈阳变压器厂志 [M]. 内部资料，1986：3-4，17.

械化的结果，使冷作车间第一季度按月提前完成生产计划，同时，劳动条件也改善了，工人的伤病率大为降低，而且通过这一运动，提高了工人的创造信心和热情，逐步树立起集体创造的习惯，为以后不断突破生产薄弱环节和关键问题打下了基础。沈阳变压器厂在开展技术革新运动中重点关注如下六个方面：第一，抓紧对骨干分子的教育和领导，使他们成为不断开展技术革新的核心力量，团结广大职工一道前进，把领导的意图带到群众中去，同时把群众的意见及时反映上来；第二，有计划地发动群众，根据生产关键和薄弱环节进行技术革新，以出"课题"的方式，将群众智慧和力量集中在主要问题上；第三，以生产会议来组织职工进行集体研究，经常把一项创造所涉及的有关部门、人员召集到一起，采取"一人提出大家研究"的方式，直至最后成功；第四，发动技术人员和工人结合，使创造更加科学合理，防止走弯路；第五，领导不但提倡而且大力支持技术革新，派技术人员下车间，具体帮助工人制图，解决技术问题；第六，为保证技术革新运动的经常开展，该厂整顿合理化建议组织，在技术科设立了合理化建议专业组，有专责技术人员研究工人的合理化建议。各种创造和改进研究成功后，变压器厂都及时进行奖励。①

　　1954年，《沈阳变压器厂扩大产品品种的经验》被收集在《东北机械工业新产品工作的经验》之中。《沈阳变压器厂扩大产品品种的经验》指出，1954年投入生产的变压器以大型和特种变压器为主，每月生产的品种规格在150种上下。同时，这些新产品都是按照苏联标准设计，具备了多方面的优越性能。首先是同类产品结构型式一致，零件通用程度很高。如小型变压器零件通用率高达95%。其次是材料规格简化，温升限度合理提高，节约了大量关键材料。在工艺方面，采用苏联真空干燥处理方法后，绝缘性能也得到充分保证。因此，当时生产的变压器完全符合苏联先进技术标准。《沈阳变压器厂扩大产品品种的经验》还指出，在学习与收集苏联技术资料时，要反对抄袭模仿、不加钻研创造的偏向，应推敲其与设计有关的规律，如哪些零件可以通用，哪些结构是基本的型式，以便根据实际情况加以推广。过去曾根据一套苏联变压器图纸和两台实样，设计出109种变压器，就是很好的例证。《沈阳变压器厂扩大产品品种的经验》认为，随着产品品种的迅速扩大，图纸及技术资料数量急速增加，生产管理

---

① 武衡. 东北区科学技术发展史资料：解放战争时期和建国初期机械工业卷［M］. 北京：中国学术出版社，1989：152-155.

也日趋复杂，此时就要达到标准化的要求，需要做好如下一系列准备工作：（1）建立有关图样管理的一系列制度，包括图纸系统、图样编号技术、文件种类和内容、图样更改制度以及资料管理等；（2）制定明确的材料标准；（3）确定产品规格及性能标准；（4）事先进行零部件设计，合理决定标准零件；（5）编制统一的设计参考资料，决定各项标准；（6）设计关键问题、设计原则，应事先充分研究，广泛讨论，作出正确决定。

沈阳变压器厂进行系列设计，倡导全面的整体的设计方法。首先，掌握系列设计规律，进行系列设计。沈阳变压器厂在学习苏联国家标准后了解到，苏联的产品设计是以结构标准化和零件通用化为基础形成的一个标准系列。在设计同一类型产品时，对结构问题只需全面考虑一次，确定后就不必再逐一进行推敲。摸清这个规律后，就可以对每一系列产品同时进行设计。其次，有了成套系列设计之后，要在已有的结构基础上，根据不需改变基本尺寸和零件即可作出新产品设计的原则，厘定设计标准尺寸。这样就为增加新产品品种设计创造了便利条件。

随着产品品种的不断增加，需要通过进一步分工，培养专业化技术人才，使技术人员具备一定的创造和改进能力，能负责解决专门技术问题。为此，沈阳变压器厂对劳动组织作了合理的调整，将设计科划分为计算组、结构设计组（计算组和结构设计组再按产品品种分为专业互助小组）、标准零件组、描图组、资料组，工作人员业务范围及钻研方向得到进一步明确，培养专业化设计人才也有了明确的方向。同时，由于结构与计算分开，使结构设计开始为大家重视，结构设计工作及图纸工艺性都获得提高，而零件通用分析及标准化方面也随着标准零件组工作的展开有了进展。同样，在工艺工作方面，也抽调老技工数人成立了工艺规程组，组内又划分金工、冷作、铸造几个专业小组，分工明确，职责肯定，使各种工艺文件，如操作规程、工艺过程卡片等都能结合发展新产品工作配合制定。

沈阳变压器厂还积极做好生产前的三个方面技术准备工作：（1）设计方面必须增编技术文件。由设计科编制产品零件明细表，内容包括产品或部件、组件的全部项目及零件数量、材料名称规范及购料尺寸、图纸尺寸、装配图解、表面处理、外购标记等。除零部件明细外，设计科还编制通用零部件分析卡片以及通用零部件技术分析表。（2）充实工艺资料。工艺资料内容包括确定零部件加工过程，制定零部件过程卡片，编制车间生产明细表、材料明细表、产品工具表，编定操作规程和工艺卡片等。（3）组织科室平行作业，缩短技术资料准备过程。图纸、工具、材料的准备工作同时进行，大大缩短了准备工作的时间。还制定了生产前技术准备工作制度，制定综合进度图表，按技术准备的各个阶段列出具体工作项目，对于促进科室工作计划和保证技术准备工作起了一定的推动作用。①

　　为适应我国大规模经济建设的需要，1957 年 2 月 16 日，沈阳变压器厂在参考苏联设计资料的基础上，试制成功了我国第一台 40500 千伏安、高压 154 千伏的巨型电力变压器，其型号为 SFL-40500/154，是供 154 千伏电网输电用降压变压器。这台变压器是三线卷的结构型式，重 151 吨，高 7.4 米，安装面积 46 平方米尺，由大小两万多个部件组成。为了证实它的耐压力，超过其本身两倍以上的外施高压和感应高压被送入其中，控制仪表盘显示正常，它通过了最后一道考验，正式宣告诞生。由这台变压器变出来的电流，可以供给相当于当年 6 个沈阳城的照明用电，或是供给 16 个 3000 人工作的机器制造厂的生产用电。这台变压器用 154 千伏高压电做了连续 16 小时的试验，证明它的性能和质量都达到国家标准。② 1957 年 5 月，沈变试制成功仿苏 ОДГ-20000/220 单相油浸风冷电力变压器，从此开始成批生产 220 千伏级变压器。

　　在第二个五年计划期间，工厂开展了群众性的技术革新、技术革命运动。1959 年 1 月，党委决定成立沈阳变压器厂"三结合设计院"。全场成立 53 个产品革命三结合小组，20% 的工人直接或间接参与"三结合设计"。1958—1959 年间，试制成功 74 种新产品。改革后的电炉变压器总重量由原 19 吨减轻到 6 吨，小体积开关柜由原 115 公斤减轻到 70 公斤，1 台制作工时由原 29 小时降为 9 小时，为国家节约材料 300 吨。两年间实现技术革新 6722 项，但其中相当一部分项目缺乏科学依据，有一部分项目由于生产、技术发展等种种原因而被淘汰，只有少数项目仍在生产中发挥作用。1960 年，在 16 类产品中，有 10 类产品得到了改革，其中绝大多数陆续投入生产。"二五"期间，开发生产一些大型和特型的产品，1958 年生产了 SFPL-60000 千伏安/110 千伏变压器，1959 年生产了 DEF-60000 千伏安/220 千伏变压器，1960 年生产 SFPL-260000 千伏安/220 千伏变压器，

① 东北行政委员会财政经济委员会. 东北机械工业新产品工作的经验 [M]. 沈阳：辽宁人民出版社，1954：55-56.
② 辽宁省档案馆档案开放鉴定处. 我国第一台巨型电力变压器 [J]. 兰台世界，2017（8）：2.

1961 年生产 YDJ—2250 千伏工频试验变压器，1962 年生产向古巴出口的变压器。①

"四五"期间，沈阳变压器厂实现技术革新 994 项，其中重大革新 101 项，对提高产品质量和工作效率，改善工人劳动条件，提高制造技术水平起到了应有作用。这些革新项目包括在全场学习推广可控硅和射流新技术，金工零件改用无氰镀锌新工艺，并成功地使用铁氧体法处理含铬污水处理技术，110 千伏互感器改用 8 字型新结构，大型高电压变压器完成绝缘成型件的制造工艺，9 万千伏安以下的变压器铁心采取不涂漆新工艺。②

1978 年 3 月，沈变整顿技术管理体制，建立健全以岗位责任制为中心的各项技术管理制度，恢复总工程师负责制。整顿主导产品 134 个品种 724 个规格 32000 多张图纸。6 月，贯彻一机部关于企业整顿提高产品质量电话会议精神，开展以生产为中心，以提高产品质量为重点的整顿活动，调整主要管理机构，扩大质量管理部门的职能，补充专职检验人员，由原来的 194 人增加到 208 人。建立健全 12 项质量管理规章制度和各类人员岗位责任制，明确厂长、总工程师、质量管理科长及各部门的有关人员所负的责任。制定 241 项提高产品质量措施规划。11 月，整顿生产管理，调整机构，将生产计划科分为经济计划科和生产调度科，两科分别充实人员，13 个车间均配备计划统计员、调度员。整顿和恢复产品生产大纲，建立和健全两级作业体制和五个月的生产周期。建立每周一次生产例会，每天一次生产调度电话会议和生产、技术科室碰头会的"三会"制度。③

为了适应四个现代化建设的需要，加速我国电力工业的发展，沈变生产了超高压大容量变压器及超高压互感器。1976 年，一机部下达计划任务书，批准对沈阳变压器厂进行局部技术改造。1977 年，又批准"辽宁省 60 万千瓦火电主要设备配套辅机措施项目"扩大初步设计。1978 年，批准"关于调整'提高大型变压器温升试验能力措施项目初步设计'意见"。1980 年，批准"沈阳变压器厂神头—大同—北京—天津输变电设备紧急措施方案"（即"关于调整'改善生产厂房清洁卫生和高压室屏蔽条件措施项目初步设计'的意见"）。经过两次调整后，确定为"沈变 50 万伏输变电措施工程"。这次改造的目的是使沈变具备生产 50 万伏变压器和互感器

①《沈阳变压器厂志》编纂委员会. 沈阳变压器厂志 [M]. 内部资料，1986：22-23.

②《沈阳变压器厂志》编纂委员会. 沈阳变压器厂志 [M]. 内部资料，1986：30.

③《沈阳变压器厂志》编纂委员会. 沈阳变压器厂志 [M]. 内部资料，1986：38.

所需要的环境条件，新建温升试验系统使 9 万千伏安以上的变压器能在厂内进行温升试验。1981 年，"50 万伏输变电措施"工程开工。1983 年末，整个改造工程基本完工进行预验收。1984 年 1 月，新建的绝缘车间交付生产使用。8 月，空调系统完成安装和调试，11 月完成温升系统的安装和空载试车交付生产使用。经测定，空调系统已达到国家规定的悬浮尘 10 万级和 3 万级标准的规定。

1979 年 7 月，沈变厂与法国阿尔斯通公司签订 LB-F-500 电流互感器制造的技术合同，并于 1980—1981 年派出 3 名技术人员赴法国阿尔斯通公司学习 LB-F-500 电流互感器的设计、工艺与检验技术。回厂后，开始对法国图纸和技术文件进行翻译和厂化。互感器车间负责其中一次线圈绝缘包扎机、环型铁心绕线机和齿纸机的设计与制造，1983 年完成，随即投入生产。1984 年初，车间开始进行新试制工作，同年 4 月末完成第一台 LB-F-500 电流互感器试制产品工作。经鉴定，各项技术指标完全符合设计要求。此后，开始批量生产。在设计和制造引进的 LB-F-500 电流互感器的同时，沈变厂还参考该产品具有暂态保护特性的优点，自行设计小气隙的具有世界先进水平的 TPY 级 LB_1-$500W_1$ 电流互感器，于 1984 年 10 月完成第一台试制产品。经一机部与水电部委托沈阳变压器研究所会同武汉高压电器研究所鉴定，产品合格。随后开始成批生产，到 1984 年底向国家重点工程晋京线和葛洲坝水电工程提供产品 15 台。

1979 年 11 月，我国第一条自行设计、自行施工、安装全套国产设备的 500 千伏主干线路——元（元宝山）锦（锦州）辽（辽阳）海（海城）超高压输变电工程开始建设，线路总长度 602 千米。沈阳变压器厂试制成功我国第一台 500 千伏超高压变压器和第一台 500 千伏超高压电磁式电流互感器（该电流互感器在西安高压电器研究所的协助下成功地进行了动、热稳定试验和暂态误差试验），经技术鉴定，性能良好，符合要求，达到 20 世纪 70 年代国际一般先进水平，标志着我国变压器生产的技术水平提高到了一个新水平。两台 500 千伏变压器和互感器被用在锦州到辽阳的我国第一条 500 千伏输电线路上。[①] 沈阳变压器厂自行设计和制造的锦州至辽阳 500kV 输变电成套设备，荣获 1988 年国家科学技术进步一等奖。锦州升压变电站 DFPS-250000/500 的试制成功，开创了我国 500kV 等级电压

---

①《变压器》编辑部. 500 千伏变压器和互感器在沈阳变压器厂试制成功［J］. 变压器，1980（1）：1-2.

变压器的新纪元，是变压器制造业的一个飞跃。该产品借鉴部分国外经验和本厂科研数据，并以材质立足于国内为要求，全部自行设计和制造，产品首创全新的结线方式和合理的绝缘结构，具有高度的可靠性和先进的技术经济性，并采用新工艺提高产品的电气性能。[①]

为了节约能源，降低变压器的损耗，提高产品的可靠性，沈阳变压器厂于1981年第三季度试制成功 SFPS$_7$-240000/220、SSPS$_7$-240000/220 两台大容量更新换代产品。经试验鉴定，两台更新换代产品各项技术性能完全符合标准规定和用户提出的要求。产品损耗显著降低，比1978年常州会议提出的标准有较大幅度的降低。局部放电量符合国际电工委员会（IEC）要求。在试制更新换代产品中，沈阳变压器厂自行设计制造一条全斜铁心横剪线，调试换位导线机，并投入生产，编制出更新换代产品所需的换位导线，赶制专用工艺装备90余种1200多套（件），还进行很多试验研究工作，解决试制中的关键工艺问题。[②]

沈变研制的 JCC1-110 电压互感器于1980年3月被一机部授予质量信得过产品证书。在1982年第五次全国"质量月"中，JCC1-110 电压互感器经改进设计为 JCC1M-110 电压互感器，产品质量进一步提高，达到 IEC标准，荣获国家银质奖。该电压互感器精度高，测量绕组具有较高的准确级次；绝缘性能好，介质损失角正切值不高于1.5%，最大视在放电量不大于10微微库；产品具有优良的短路特性，能承受二次绕组短路1秒钟产生的热效应及机械效应；采用金属膨胀器，产品全密封，具有监视方便、维护简单、使用寿命长、防潮防爆、安全可靠等特点。1983年第六次"质量月"期间，LCWB7-220 型电流互感器获得辽宁省、机械工业部优质产品奖。该产品是在贯彻国际电工委员会标准基础上设计和制造的。产品装有5个二次绕组，其中0.5级绕组作为测量之用，充分满足电力系统扩大继电保护的新要求；金属膨胀器为全密封结构，一次绕组采用电容型油质绝缘，装有数个电屏，确保电场分布均匀；采用防污型瓷套，外绝缘裕度大，可适用于污秽环境和高海拔地区。1984年第七次全国"质量月"期间，LCWB7-220 互感器获国家银质奖，LCWB6-110 电流互感器和"3"型220千伏12万千伏安变压器获辽宁省、机械工业部优质品奖。[③]

---

① 沈阳经济统计年鉴编委会. 沈阳经济统计年鉴：1990 [M]. 北京：中国统计出版社，1990：63.
② 张仲礼. 240000千伏安节能变压器试制成功 [J]. 变压器，1982（1）：39.
③ 《沈阳变压器厂志》编纂委员会. 沈阳变压器厂志 [M]. 内部资料，1986：274.

沈变从 1979 年制造第一台 500kV 变压器至 1985 年 8 月，已合格出厂的各种 500kV 变压器 14 台，皆符合 IEC 标准。经系统大负载考核及厂内全容量温升试验，证实沈变 500kV 变压器温升低、内部无局部过热、性能良好。沈变 500kV 变压器设计技术已有较大进步，已设计 8 种不同种类的产品，可设计国内 500kV 系统用各种要求的产品，而且产品的损耗大幅度下降。沈变由于设计、工艺技术的改进，已具备大批量制造 500kV 变压器的能力。① 沈变还积极向用户学习，1994 年专门邀请机械部、电力部的有关专家以及用户代表参加 500kV 变压器质量汇报会，面对面听取专家和用户对产品运行状况、质量状况以及改进措施方面的意见和建议。专家的意见和用户的建议成为沈变人改进工作的依据。针对专家的意见和用户的建议，一条一条捋，一项一项改，然后再把整改的效果反馈给专家和用户。②

1988 年在庆祝沈变建厂 50 周年的致辞中，时任厂长左长林指出，为了加速创建科技先导型企业，促进技术进步，全厂形成了从科研开发、产品设计、工艺管理到产品制造的完整的技术管理体系，使工厂具备了独立开发具有世界先进水平的新产品、新技术的能力。工厂还和变压器研究所密切合作，共同进行探索和开发性研究，使科研和生产有机结合。企业形成了多层次的技术储备，做到了生产第一代，研制第二代，设计第三代，设想第四代，紧密衔接，配套成龙。③

牵引变压器是用于交流电气化铁路系统牵引变电站中为电力机车提供电源的主要设备之一，其特点是油浸自冷、损耗低、过负载能力强且热稳定性能好、动稳定性能可靠。郑宝电气化铁路是由国外贷款进行国际投标的建设项目。此项工程所用牵引变压器为 25、40.5 MVA 两种规格。1989 年初，沈阳变压器厂在参加产品投标时胜出，标志着我国变压器产品很有发展前途。④

为了满足提高电压互感器的测量精度，以及将测量和保护绕组分成各自独立绕组等要求，沈变于 1989 年 3 月开始进行新型电压互感器 JDX1-220 型产品的研究和设计工作，并于当年年底试制成功。该产品由于采用

---

① 高兴跃. 沈变 500kV 变压器技术五年来的发展 [J]. 变压器，1986（1）：7-13.

② 曲玉和. 老企业中的常青树 [J]. 共产党员，1995（Z1）：36-37.

③ 左长林. 加速"沈变"腾飞，为我国输变电事业发展做出更大贡献：纪念"沈变"建厂五十周年 [J]. 变压器，1988（5）：2-3.

④ 周临渊. 郑宝铁路电气化用牵引变压器 [J]. 变压器，1989（2）：8-9.

独创的绝缘型式和全新的总体结构，使其经济技术指标与原来的老产品相比有很大程度的提高。该产品已进行全面的出厂试验和型式试验。试验全部合格并通过鉴定，鉴定委员会认为该产品的经济技术指标已达到20世纪80年代末国际先进水平。虽然它还存在工艺复杂，制造难度大的缺点，但它本身所具备的卓越性能，必将给它带来强大的生命力。①

为落实国家科委等部门提出的《1995—2000年我国CAD应用工程发展纲要》，1995年9月，机械工业部选择有代表性的、有一定技术基础的12家企业推行一项"CAD应用1215工程"作为首批实现"甩图板"试点。"甩图板"的具体目标是，企业主导产品100%采用CAD技术；计算机从计算机室搬到设计室，设计人员平均2~3人拥有一台计算机；全部设计人员经过培训后，都能上机开展工作。机械部科技与质量监督司首先推荐安排的12家企业中即包含沈变在内。② 1996年，沈变投入120万元用于购买软件及开发，300万元购买硬件设备。当时的CAD制图率达90%以上，成为机械部"1215"CAD推广应用示范工程样板企业。③ 通过实施"CAD应用1215工程"项目，沈变的变压器类产品设计方案进行优化CAD，110kV及500kV变压器计算机绘图已达100%，220kV变压器达70%~80%（占整个出图量），CAE进行电磁场、波过程、油流带电等方面的分析已应用于所有的新产品。计算机出图及标准库图纸累计已达12万张（D型即A4），取得了前所未有的巨大的技术进步。CAD软件开发的主要成果是：建立完善的优化程序体系，可以确定好变压器主、纵绝缘数据，完成大约30多个产品系列的程序体系，几乎覆盖全部产品；显著地缩短产品设计周期，一般可缩短一半时间，基本达到甩图板的要求。④ 为加速推动CAD/CAM技术在机械工业企业中的应用，机械工业部于1996年又实施"CAD应用1550工程"。具体目标是：到1998年，形成机械工业CAD/CAM技术推广机制，其中包括CAD/CAM技术应用机制、咨询服务机制、人员培训机制、开发与应用机制和资金筹集机制，从而为在全行业推广应

① 李春台. 介绍一种新型电压互感器 [J]. 变压器, 1990 (3): 5.
② 李尔斌. 机械工业"CAD应用1215工程"成绩喜人 [J]. 计算机辅助设计与制造, 1996 (12): 6-7+12.
③ 张良. 沈变今年投资IT四百万 [J]. 每周电脑报, 1997 (22): 21.
④《计算机辅助设计与制造》编辑部. "CAD应用1215工程"典型实例 [J]. 计算机辅助设计与制造, 1997 (1): 23-27.

用 CAD/CAM 技术、实现到 2000 年的总体目标提供保证。① 此后，机械部决定将 1997 年定为机械工业 CAD 应用发展年，全面实施机械工业"CAD 应用 1550 工程"。1998 年，"CAD 应用 1550 工程"首批 30 家试点企业之一的沈阳变压器有限责任公司"沈变 CAD 局域网开发与应用"项目通过验收，且得到验收专家组的一致好评。实施"1550"工程之初，沈变根据自身需求和 CAD 深入应用发展的需要，确立"沈变 CAD 局域网开发与应用"项目，以建立和完善 4 个子网用于新产品开发研制，初步实现设计计算、绘图的信息集成，使 CAD 技术应用覆盖率达到 90%；初步实现 CAD/CAPP 信息集成的主要目标。通过一年多的努力，取得了较好的成绩，技术水平更高，经济和社会效益明显。验收委员会专家一致认为，该企业计算机网络及硬件、软件配置合理，选型正确，系统设计先进，为企业工程设计人员从事各种产品设计工作提供了良好的开发环境。沈变应用 CAD 技术实现变压器生产设计信息集成、CAD/CAPP 集成，自主开发 CAPP 系统，且达到较高水平。同时，在应用 CAD 技术的过程中，企业领导重视人才培育，建立一套行之有效的激励政策，培养一批较高层次的 CAD 人才，为企业应用 CAD 奠定了基础。沈变对 CAD 应用效益问题不仅非常重视，而且效益分析透彻，可量化效益明显，仅减少模型实验一项，每年为企业节约资金百万元以上。产品设计周期缩短 1~2 个月，生产周期缩短 2 个月，新增效益 1000 万元左右。②

1999 年 4 月，沈变在三峡工程招标中获得 CPG/TG-HVDC9902DE 三峡—常州±500kV 直流输电工程用换流变压器合作生产分包合同。换流变压器是±500kV 超高压直流输电工程中的关键设备之一，也是交、直流输电系统连联接两端口换流站和逆变站的核心设备。进行换流变压器关键技术的科研攻关和国产化研制，是为了充分消化吸收引进技术，进而推广应用，缩小与国际先进水平的差距，在较短的时间内完全掌握引进技术，达到独立设计、制造国产化直流输电设备，开发具有自主知识产权的直流输电产品。早在 1997 年，沈变就开始立项进行换流变前期研究工作，包括与湖北中试所合作的 97W001 换流变压器电场计算，1998 年承担葛上线一台

① 《计算机辅助设计与制造》编辑部. 机械工业"CAD 应用 1550 工程"实施方案 [J]. 计算机辅助设计与制造，1997（1）：19-23.
② 江彦. 继往开来　沈变 CAD 应用再上台阶：沈阳变压器有限责任公司 CAD 应用通过验收 [J]. 计算机辅助设计与制造，1998（11）：14.

换流变返修任务，承担国家级科研攻关课题"换流变压器开发研制"的子课题，对于换流变压器的电场计算方法、直流偏磁影响、负载损耗、绝缘结构、绝缘材料许用强度、工艺、谐波损耗测定方法、局放测量的准确与可靠性、样机试制等做了充分研究。2001年立项进行换流变压器国产化国家课题"超高压直流输电工程用换流变压器、平波电抗器国产化研制"，包括：换流变压器计算程序的汉化及应用，换流变压器绝缘结构的研究，电场强度的研究，谐波损耗影响的研究，直流偏磁及空载特性的研究，换流变压器材料特性的研究，换流变压器各向异性电场计算方法及计算软件研究，换流变压器用冷却器的开发，换流变压器试制方案的可行性研究，国产换流变压器样机试制等。同时，为确保三峡工程换流变的制造质量，沈变先后投入技术改造资金3000多万元人民币，进行工艺装备和试验设备的购置与改造，完成技术改造项目21项，外购设备和仪表35项，自制工装工具137套，所有这些工装设备都已用于生产。通过以上设计、制造、试验各方面取得的经验，沈变公司已完全具备自行设计、制造、试验换流变的能力，为换流变的国产化打下了坚实的基础。[①]

衡量变压器质量的一个硬指标是净洁度，即100毫米×100毫米空间的变压器油中5微米以上的颗粒数量。国际标准是2000粒，而沈变过去做得较好的产品也有2万粒。工人们靠着严细管理和过硬的技术，使试验成功的三峡"换流变"的净洁度达到700粒。2002年12月顺利通过国家电网公司、西门子专家和凯玛试验专家的联合鉴定。参加鉴定的西门子专家认为，中国人做的比西门子纽伦堡变压器厂还好。同时，沈变公司承担的"九五"重大科研攻关项目720MVA/500kV变压器荣获国家重大发明一等奖，该变压器成功经历8小时过电压、48小时过负荷及严重短路考验，被专家誉为"超进口"变压器。标志着沈变在换流变压器设计制造技术上取得重大突破，达到世界一流水平。[②]

2001年初，由沈阳变压器研究所开发设计，各试制厂研制的ZGS9-Z（H）-200~1000/10组合式变压器、35kV"9"型节能变压器，在广东省东莞市通过国家机械工业局、国家电力公司的样机鉴定。ZGS9-Z（H）-200~1000/10组合式变压器的优点在于：结构紧凑、体积小、重量轻、费

① 《电器工业》编辑部. 积跬步致千里："沈变"为三峡工程制造换流变压器、840MVA变压器的情况介绍 [J]. 电器工业，2004（2）：6-7.
② 王玲玲，谭论. 沈变"换流变"技术取得重大突破 [N]. 中国机电日报，2002-12-11.

用低、占地少，材料用量及土建工程量都大大降低；无需强迫排风散热措施，不需要防尘，安全性高；显著降低线路损耗，同时还能提高供电质量；操作灵活方便，运行维修成本大大降低；易于实现高压环网供电，提高供电可靠性和方便线路维修；安装方便快捷；经济实用，物美价廉；降低事故造成的影响；引线走线方式更方便，组件的布置更合理。35kV "9"型节能变压器产品结构紧凑，主要材料用量少，可靠性高；减小绕组绝缘距离，提高铁心窗口的填充系数，降低关键材料用量。经过对多台产品的样机试制，证明了该设计的合理性及可行性。①

2002 年初，沈变在巴基斯坦"塔比拉"水电站项目招标中，击败其他实力雄厚的竞争对手，以不菲的价格成功中标。中标的产品是一台容量为71 兆伏安，电压等级为 500 千伏的电力变压器。在此之前，因为技术要求高、生产难度大，包括沈变在内的全国变压器厂家从来还没有出口过 500千伏的变压器产品。这台变压器是要替换掉准备从电网上退役的一台变压器，因此尺寸和技术条件必须与原变压器严格吻合，这就更增加了设计制造的难度。②

第二节　2003 年以来的企业技术创新活动

在进入市场经济之后，机制僵化、人员臃肿、管理落后等企业自身的许多毛病都暴露出来，导致沈变陷入巨额亏损的泥潭。从 1998 年开始，世界 500 强之一的德国西门子公司就盯上沈变，多次与沈阳方面接触，表达收购沈变的意向。沈阳市政府也作出将沈变出售给西门子的无奈选择，双方原定于 2003 年 9 月 22 日签署重组协议。此时，中国机械工业联合会常务副会长陆燕荪到沈阳考察后认为，沈变以何种方式、被何方重组，不仅涉及国企改革的方向问题，还涉及国家产业安全和经济安全。他建议国家有关部门对影响国家经济安全的重要企业出售给跨国公司独家经营要作慎重考虑。③

---

① 赵良云. 沈变所开发设计成功 ZGS9-Z（H）组合式变压器和 35kV "9"型节能变压器 [J]. 变压器，2001（2）：28-29.

② 田毓萃. 中国首次出口 500 千伏变压器 [N]. 中国机电日报，2002-04-10（00B）.

③ 欧阳方兴. 沈变重组说明了什么 [N]. 经济日报，2005-03-29（011）.

在国家发改委、国资委以及各级政府的支持下，特变电工积极参与沈变战略重组的招标。2003 年 11 月，经过三轮投标，特变电工最终胜出，联合战略投资者出资 4.4 亿元，特变电工控股 52.2%，对沈变实施重组，成立新的股份制企业——特变电工沈阳变压器集团有限公司（简称"沈变化司"）。重组后，沈变公司按照大集团经营、小单位核算的原则，推行项目公司制度。[①] 据介绍，特变电工股份有限公司是中国变压器行业首家上市公司，国家级重点高新技术企业，拥有先进的管理机制、一流的硬件条件和雄厚的资金实力，享有对外经济技术合作经营权，是中国最大的变压器、电线电缆研发、制造和出口企业，中国最大的高压电子铝箔新材料生产基地和中国最大的太阳能核心控制部件组装基地，是中国重大装备制造业首家同时获得"中国驰名商标"、"中国名牌产品"、"国家免检产品"和 3C 认证的企业。公司拥有新疆首家博士后工作站、国家级企业技术中心，在全国同行业中率先通过 ISO9001、ISO14001、OHSAS18000、英国皇家 UKAS、美国 FMRC 质量/环境/职业安全、卫生体系认证，初步建立起与世界接轨的管理体系和技术研发体系。[②] 2020 年 9 月，特变电工沈阳变压器集团有限公司进入工业和信息化部对 2017 年认定及通过复核国家技术创新示范企业组织开展复核评价的"国家技术创新示范企业"名单。

据《中华人民共和国年鉴》2005 年介绍，2004 年 9 月，中国第一台拥有自主知识产权的 220kV 直流换流变压器由沈变集团研制成功。这种变压器具有节能、降耗等特点，将直接运用于国家"西电东送"重点工程灵宝线建设。

贵广一回是落实国家"十五"末期西电东送新增向广东送电 1000 万千瓦的重点项目，是黔电送粤的第四条大通道，也是南方电网第一条 300万千瓦的直流输电工程。该工程西起贵州安顺，东至广东肇庆，送电容量 300 万千瓦，线路长度 882 公里，工程 2004 年 5 月 31 日单极投运，2004 年 9 月 24 日双极投运。特变电工沈变公司作为合作方，与西门子公司一起，共同为南方电网公司生产贵广一回的 8 台直流换流变压器和两台平波电抗器。这期间引进并全面消化、完整掌握了高压直流输电工程的变压器研制技术。该产品一次挂网运行成功，各项参数都达到国际先进水平。继贵广一回±500kV 直流项目之后的贵广二回工程，是国家西电东送的又一

① 柳祖林. "重组"成为扭转命运的契机 [N]. 中国冶金报，2005-05-12 (007).
② 欧阳方兴. 沈变重组说明了什么 [N]. 经济日报，2005-03-29 (011).

个重大项目，也是推动输变电重大装备国产化的第一个重大的标志性工程。2004 年 10 月 8 日，以特变电工沈变公司为主导，由特变电工沈变公司等三家中外企业组成的"贵广二回"投标联合体宣告成立。沈变公司与德国西门子等三家中外企业组成的投标联合体正式赢得了贵州至广东第二回直流输电工程换流站 34 台±500kV 变压器及平波电抗器的生产制造合同，沈变公司作为联合体的主导方，赢得其中 20 台产品的生产合同，合同总价超过 8.5 亿元人民币。[①] 贵广二回工程是中外企业联合承接的重大输变电项目首次实现中方主导，开了重大装备国产化的先河，是目前我国国产化比例最高的重大装备项目。公司各系统员工通过共同努力，独立设计、独立采购、独立生产，使单台产品的原材料国产化率接近 60%，在打破一些原材料必须依赖进口限制的同时降低了国家电力建设成本。该项目的成功完成，提高了中国变压器产品的国际竞争力，使沈变公司跻身世界级企业行列。[②]

2007 年，沈变公司研究院参与的国家重大攻关课题"750kV 交流输变电关键技术研究、设备研制及工程应用"荣获国家科技进步一等奖，"1000kV 交流输变电关键技术研究、设备研制及工程应用"项目，获得 2009 年机械工业科学技术特等奖。2007 年 12 月 27 日，中国机械工业联合会批准沈阳变压器研究院建立"机械工业变压器工程研究中心"。该研究中心以输变电行业变压器领域为研究对象，重点开展短路强度、特高压变压器类产品技术工程化研究，对促进我国变压器行业技术进步具有重要意义。2008 年 10 月 12 日，国家发改委正式将我国变压器行业唯一的国家工程实验室、沈阳市首个国家工程实验室——"特高压变电技术国家工程实验室"牌匾授予沈阳变压器研究院。[③] 2021 年 11 月，沈阳变压器研究院正式成为西安高压电器研究院有限责任公司的全资子公司，隶属于同年新成立的中国电气装备集团。

2008 年 6 月 5 日，特变电工沈变公司为南方电网公司云南至广东世界首条±800kV 特高压直流输电工程研制的世界首台±800kV 干式平波电抗器成功完成无线电干扰试验，至此，该产品完成所有试验项目，一次试验合

① 张蕾. 再展昔日雄风：记特变电工沈阳变压器集团有限公司［J］. 电力设备，2005（4）：118-119.

② 封蔚，魏东. 沈变全面完成贵广二回产品研制［N］. 沈阳日报，2007-09-13（001）.

③《变压器》编辑部. 沈阳变压器研究院（STI）［J］. 变压器，2010，47（S1）：4.

格。这是特变电工沈变特高压产品研制工作取得的又一重大成绩，标志着沈变公司通过自主创新，用再造行业第一的实际行动又一次为中国重大装备制造业振兴和创新型国家建设作出了新贡献。在高达 20 米的"巨无霸"型产品±800kV 干式平波电抗器研制过程中，沈变公司技术中心科研人员大胆创新，在成功试制产品样机后，又对产品结构和材料进行深入研究，进一步保证了产品在工作电压下绝缘性能的可靠性，并做到运行免维护、抗地震强度高、低噪声、低损耗、低局放、无局部过热、表面具有优良憎水性和耐紫外线性能等优越性能，形成多项创新专利并为未来产品研制和行业技术进步积累了宝贵经验。① 2009 年 12 月 29 日，特变电工沈变公司研制的±800kV 特高压直流换流变压器在 1850 米世界海拔最高换流站——中国南方电网公司云南至广东特高压直流输电示范工程云南楚雄换流站一次投运成功。②

面对复杂而激烈市场竞争，特变电工沈变公司关注技术标准战略，及时调整了产品的主要发展方向，以 500kV 级以上高电压大容量变压器以及直流换流变压器产品技术标准为重要研究项目。截至 2008 年，特变电工沈变公司先后研制下列标准并及时填补国内这一领域技术标准的空白，包括：GB/T 6451—2008《油浸式电力变压器技术参数和要求》，GB/T 18494.2—2007《变流变压器第 2 部分：超高压直流输电用换流变压器》，GB/T 20836—2007《高压直流输电用油浸式平波电抗器》，GB/T 20837—2007《高压直流输电用平波电抗器技术参数和要求》，GB/T 20838—2007《高压直流输电用换流变压器技术参数和要求》，JB/T 10779—2007《750kV 直流输电用平波电抗器技术参数和要求》，JB/T 10780—2007《750kV 油浸式电力变压器技术参数和要求》等。③

2009 年 1 月 6 日，沈变公司研制的世界首组特高压 1000 兆伏安、1000 千伏世界级变压器产品，在国家电网公司荆门变电站成功实现满负荷试运行，顺利通过"大考"。此次 1000 兆伏安/1000 千伏高压变压器在沈变公司的成功研制，不仅可将国内的电能输送能力延伸到 2000 公里以上，还减少了输送过程中的电力损耗，节约能源。该变压器拥有自主知识产权，已

---

① 魏东. 特变电工沈变产品研制取得突破 [J]. 共产党员，2008 (13)：23.
② 沈阳市人民政府地方志办公室. 沈阳市志：2010 [M]. 沈阳：沈阳出版社，2010：27.
③《机械工业标准化与质量》编辑部. 消化吸收国际先进技术 自主创新研制国家标准：访特变电工沈阳变压器集团总工程师钟俊涛 [J]. 机械工业标准化与质量，2008 (9)：17-19.

申请 10 余项中国专利。^① 企业实现由依赖引进技术到全面自主创新，再向国外技术输出的根本性转变。^② 11 月 7 日，特变电工沈变公司召开"特变电工沈变公司直流换流变压器系列新产品国家级鉴定会"，此次鉴定会由中国机械工业联合会组织，由国家能源局主持。会议进行充分讨论和技术答疑后，鉴定委员会给出了新产品鉴定意见。特变电工沈变公司为云广±800kV 特高压直流输电工程配套的 4 台换流变压器系列新产品（ZZDFPZ-250000/500-800 换流变压器、ZZDFPZ-250000/500-600 换流变压器、ZZDFPZ-250000/500-400 换流变压器、ZZDFPZ-250000/500-200 换流变压器）经过鉴定，填补国内空白，达到国际先进水平；为呼辽±500kV 直流输电工程配套的 2 台换流变压器系列产品 （ZZDFPZ-297600/500-500 换流变压器、ZZDFPZ-297600/500-250 换流变压器）经过鉴定，主要技术性能指标达到国际先进水平。从 2004 年 12 月首次申请国家级鉴定起，特变电工沈变公司改制 6 年来，国家相关部门为公司组织召开的国家级新品鉴定会已达 6 次，累计完成国家级新产品鉴定 41 种，其中 7 种新产品达到国际领先水平、28 种新产品达到国际先进水平，世界级产品已达 35 种。特变电工沈变公司自主创新呈加速态势，平均不到 2 个月便可推出一种世界级新产品。^③

2009 年 12 月 25 日，特变电工沈变公司与中国广东核电集团工程有限公司正式签订协议，沈变公司将为广东台山核电项目 2×1750MW 核电机组提供 7 台 70 万千伏安世界单相容量最大的发电机变压器，合同总金额近亿元。这是继广东岭澳核电、辽宁红沿河核电和广东阳江核电等项目后，沈变公司与中广核集团的又一次合作，标志着沈变公司已成为中国核电市场最大的变压器供应商。^④

2010 年初，中国企业文化研究会副理事长高立胜一行莅临特变电工沈变公司，代表中国企业文化研究会，把"全国企业文化建设先进单位"牌匾和证书授予沈变。这是继荣获"全国五一劳动奖状""全国机械工业先进集体"等荣誉后，沈变在品牌、企业文化建设上取得的又一国家级荣

---

① 于益江. 世界首台双百万特高压变压器在沈阳诞生［N］. 中国知识产权报，2008-08-22（001）.

② 孙潜彤，杜宏宇. 自主创新形成核心竞争力［N］. 经济日报，2009-06-14（001）.

③ 魏东，李华. 沈变六年推出 35 种世界级产品［N］. 中国企业报，2009-11-23（009）.

④ 魏东，杨忠厚. 沈变签下超大容量核变订单［N］. 辽宁日报，2009-12-26（001）.

誉。沈变人正是通过"三心""四特""五则"的做法，才取得如此喜人的成果。"三心"就是积极实现以"客户称心、员工安心、股东放心"为内容的"三心"经营宗旨，"四特"就是用"特别能吃苦、特别能战斗、特别能奉献、特别能学习"的"四特"精神凝聚广大员工，"五则"就是以"诚则立、变则通、简则明、康则荣、和则兴"的"五则"世界观为指导，树立建设世界级企业的远大理想。①

2012 年 1 月 16 日，沈阳变压器研究院与中国电力技术装备有限公司合作研发的 1000 千伏、单相 100 万千伏安特高压自耦变压器顺利通过国家能源局、中国机械工业联合会组织的鉴定，其性能指标达到国际同类产品领先水平，具备挂网运行条件。该变压器是沈阳变压器研究院与中国电力技术装备有限公司在成功合作研制特高压升压变压器后，在特高压装备领域取得的又一重大成果。在该台变压器的研制过程中，沈阳变压器研究院与中国电力技术装备有限公司充分发挥双方的人才、技术和信息优势，以"高可靠性、高质量、高指标"为目标，精诚合作，勇于创新，敢于开拓，经过近 8 个月的卓绝努力，完成该产品的全部研发、制造和试验，经过严格的试验考核，专家鉴定结论为性能参数达到国际一流水平。该产品的研制成功，标志着沈阳变压器研究院与中国电力技术装备有限公司已经完全掌握 1000 千伏特高压交流变压器研发制造技术，提升了其在重大电力装备研发制造领域的核心竞争力和自主创新力。沈阳变压器研究院与中国电力技术装备有限公司还在 2012 年共同合作完成 ±200 千伏、±400 千伏换流变压器产品的研制任务以及 1000 千伏交流大容量自耦变压器和交流并联电抗器的研发工作。②

2014 年 1 月，特变电工沈变公司为国家电网公司哈密—郑州 ±800kV 特高压直流工程哈密站研制生产的首台干式平波电抗器一次性通过全部出厂试验。这是沈变公司首次承接的国网公司特高压直流项目干式平波电抗器产品，也是国内在制电抗值较大、额定通过电流较大的特高压干式平波电抗器产品。该产品的成功研制为其后续承接更多国网直流项目奠定了良好基础。③

---

① 魏东，洪媛媛. 沈变人的"三心""四特""五则"[J]. 现代班组，2010（2）：32.

②《变压器》编辑部."双百万"特高压交流自耦变压器通过新产品鉴定 [J]. 变压器，2012，49（4）：11.

③《变压器》编辑部. 沈变首台干式平波电抗器通过试验 [J]. 变压器，2014，51（5）：35.

2021 年 11 月 8 日，特变电工沈变公司生产的 1000kV 单相自耦变压器入选拟通过复核的第三批制造业"单项冠军产品"名单。"东北新闻网" 2022 年 12 月 23 日报道，国家工业和信息化部、中国工业经济联合会下发了《关于印发第七批制造业单项冠军及通过复核的第一批、第四批制造业单项冠军企业（产品）名单》的通知，辽宁共有 8 户企业入选。其中，特变电工沈变公司生产的"±1100kV 换流变压器"获评为"单项冠军产品"。

2022 年以来，沈变公司先后在新一代直接出线式 1000 千伏交流特高压变压器（即"新一代百万伏变压器"）和 1800 千伏串级工频试验变压器产品方面取得重要突破，产品性能顺利通过一次性验收试验，标志着我国在工频试验变压器领域的技术和制造能力跻身世界领先水平。工频试验变压器，作为特高压特殊试验的专用设备，是我国特高压事业发展的"阶梯"。沈变公司生产的这款 1800 千伏串级工频试验变压器首次采用宝塔形绕组，提升阻抗、绝缘、温升等性能；首次采用自主设计生产的一体式多出线套管，既满足多根引线的引出，又保证出线和油箱间的绝缘强度；首次采用瓷支柱对产品进行支撑，满足 8 级抗震及高空风载下整体强度。1800 千伏串级工频试验变压器成了目前世界上单级容量最大的串级工频试验变压器，使用寿命可达 40 年。据介绍，1800 千伏串级工频试验变压器主要用于特高压套管及绝缘子常规工频试验及污闪试验、工频续流试验等特殊试验需求。"十四五"期间，特变电工沈变公司将聚焦输变电行业国产化替代，进一步推动百万伏特高压技术的产品应用，并积极推动特高压套管研发制造基地的广泛使用。2023 年特变电工沈变公司将推出一系列创新产品，引领中国特高压输变电行业迈向更高水平，扩大中国特高压变压器产品海内外市场份额，为辽宁全面振兴新突破三年行动首战告捷提供强力支撑。①

变压器装配都是手工操作，对工人技能和责任心的要求非常高，因而装配环节是关乎企业成败的关键岗位，也是企业核心竞争力的一个重要体现。1986 年，高中毕业的田志永到沈阳变压器厂当了一名装配工，2003 年当上装配班的班长。入厂仅一年多，田志永刻苦学习钻研《变压器原理》《变压器装配工艺》等专业理论，很快就掌握了变压器基本原理。在装配实践中，田志永总结失败教训，归纳成功经验，探求规律，独创了充满智

---

① 黄超. 特变电工沈变公司输变电装备世界领先［N］. 沈阳日报，2023-04-28 (008).

慧的"田氏优装法",对装配技术、程序和工艺进行了全面创新,形成了一套属于中国人的装配核心技术。他能把100多个型号的变压器的结构图都装在脑子中,可以"庖丁解牛",信手拈来。为了搞通最关键的变压器控制安装技术,田志永常常在下班后待在空无一人的车间,研究控制箱里的秘密,在3米高的变压器爬上爬下,待到黎明时分。他就是这样,用半个月的时间,硬是啃下了这块硬骨头。在外国专家指导下,仅仅装配了四台变压器之后,田志永就全面掌握了这种世界上最先进变压器的装配技术。在装配车间,有一块每天都写满字的黑板。谁有创新的点子、合理化建议都可以写上。在田志永的鼓励下,工友们每年大大小小的创新多者达十余项,少的也有四五项。2008年,沈变公司产品订货激增,装配环节成了履约的"瓶颈"。为扩大装配产能,田志永临危受命,从超大型项目公司装配班,调到了大型项目公司装配班当班长。然而,他面对的却是一个一年内曾换了四任班长、队伍懒散、士气低落、缺少活力的班组。手工作业必须有一个好心情,否则质量和效率都无从谈起。于是,田志永从解决窝工入手,优化工序和工艺,实行动态管理,从而大大提高工作效率,工友们不仅可以正常上下班,也获得休息时间,工友们脸上绽开了笑容。一年后,这个"80后"占主体的装配班士气高昂、技术跃升,呈现出虎虎生气。

2003年以来,田志永带出了两支让外国人打怵、让领导信任、让工友们敬佩的队伍。这支队伍中已有5人升为公司中层管理者,10多人成为企业创新能手,100多人成为生产骨干。2008年,世界第一条"电力高速公路"工程——1000千伏晋东南—荆门特高压交流工程正式上马。8月,随着田志永最后一个部件的安装完成,由中国人自己研制的、世界第一台电压等级1000千伏、容量1000千伏安(即"双百万")变压器在湖北荆门诞生。在没有任何经验可循的情况下,靠自己的力量,田志永和他的工友们圆满完成了"双百万"变压器的配装。2008年,沈变公司获得了比平时多几倍的订单,其中就包括大量的直流换流变压器这一世界顶级产品。2009年12月,我国云南—广东、向家坝—上海的两个特高压直流输电示范工程成功运行,其中支撑电网的核心设备就是沈变公司制造的直流换流变压器。这不仅标志着我国直流输电达到世界最高电压等级,也表明经引进技术消化吸收后,中国直流换流变技术达到世界领先水平。这两个示范工程的变压器，无不凝聚着田志永的智慧和汗水。[①]

田志永参与了沈变公司 2003—2010 年以来的每一台世界级重大产品的装配。作为公司装配班班长，田志永凭着自创的"田氏优装法"，形成了一套属于中国人自己的装配核心技术。2010 年，沈变公司完成 400 多台变压器制造任务，其中有 300 多台是由田志永班完成的。到 2010 年 4 月止，田志永凭着他的"田氏优装法"，装配 3600 多台变压器，实现创新成果 200 多项，为企业直接创造经济效益 5000 多万元。

田志永于 2011 年被授予"全国五一劳动奖章"。2011 年 4 月 26 日，中共沈阳市委作出"关于授予田志永同志'优秀共产党员'荣誉称号并开展向田志永同志学习活动的决定"，称赞田志永同志立足岗位、锐意创新、无私奉献，掌握了变压器装配世界先进技术，创造了属于自己的装配核心技术，取得了一系列技术创新成果和重大经济效益，成为"中国制造"向"中国创造"跨越过程中产业工人的杰出代表。田志永同志的先进事迹，集中体现了以爱国主义为核心的民族精神和以改革创新为核心的时代精神，充分展示了共产党员的优秀品质和工人阶级的伟大品格。他是新时期沈阳产业工人的楷模，是全市各行各业学习的榜样。决定提出，向田志永同志学习，就要学习他信念坚定、胸怀大志的优秀品质，立足岗位，创先争优，把爱党爱国之情转化为报效国家、振兴沈阳的实际行动；学习他刻苦钻研、敢于创造的进取精神，努力学习理论知识和业务技能，以改革创新精神推动工作发展；学习他爱岗敬业、无私奉献的高尚情怀，大力弘扬劳模精神，在艰苦奋斗中创造一流业绩。5 月 5 日，辽宁省总工会作出"关于在全省职工中开展向田志永同志学习活动的决定"，号召全省各级工会采取多种形式，广泛深入地宣传田志永同志的先进事迹，扎扎实实地把学习活动组织好、开展好。决定指出，特变电工沈阳变压器公司大型项目公司装配班班长、高级工人技师田志永同志是新时期学习型、技能型、创新型、专家型、奉献型职工的杰出代表，他参加工作 25 年来，努力学习知识，刻苦钻研技术，勇于攻克难关，坚持不懈创新，从一名只有高中文化的普通工人成长为制造世界级产品最多的中国工人，是继郭明义之后全省职工队伍中涌现出的又一名"工人明星"。决定强调，向田志永同志学习，要像他那样，始终把学习作为第一需要，不断用先进的知识武装自己，不

---

① 郝晓明. 创新时代的"蓝领之星"［N］. 科技日报，2011-05-02（001）.

断超越自我,做一名学习型工人;要像他那样,牢固树立精益求精、一丝不苟的负责精神,不断创造一流业绩,做一名技能型工人;要像他那样,紧跟时代步伐,立足岗位创新,不断运用新知识、新技术思考和解决工作中的难题,做一名创新型工人;要像他那样,练就一身本事,掌握一手绝活,真正成为各自工作领域的行家里手和本职岗位的技术"大拿",做一名专家型工人;要像他那样,以振兴企业、为国争光为己任,切实把岗位当作报效国家的舞台,始终保持昂扬向上、奋发有为的精神状态,做一名奉献型工人。①

---

① 刘大毅. 全省职工向田志永同志学习 [N]. 辽宁日报,2011-05-06(001).

第六章　沈阳电线电缆制造企业技术创新史

　　沈阳电缆厂的前身是 1937 年 3 月由日本古河、住友等 11 家财团投资建造的"满洲电线株式会社"。当时只能生产裸铜线和简单的橡皮线，工厂设备陈旧、厂房简陋，后经几次扩建，可生产 21 种初级产品，电力电缆产品电压为 10 千伏以下。截至 1945 年，"满洲电线株式会社"共有 30 吨容量的熔铜炉、3 吨容量的熔铝炉，压延生产流水线、压铅机、装铠机、金属切削机床、桥式起重吊车等设备 1109 台。1945 年 8 月 15 日日本宣布无条件投降，9 月 1 日苏联军队进入工厂，陆续运走共计 911 台（套）主要设备。1946 年 3 月底苏联军队撤走，4 月 8 日国民党资源委员会代表进入接收工厂，工厂更名为"经济部沈阳电工器材厂"，10 月 1 日改变隶属关系，资源委员会将接收的日伪"奉天制作所"、"美德电气株式会社"、"大和机器厂"和"满洲电线"合为一厂，成立了国民党"资源委员会中央电工器材厂沈阳制造厂"，厂部设在"奉天制作所"，原"满洲电线"更名为电线工场。1948 年 11 月 2 日沈阳解放，电缆厂回到人民怀抱。1949 年 1 月，改称"沈阳电器制造总厂"，隶属于东北电器工业管理总局领导，6 月电线工场正式从沈阳电器制造总厂独立出来，改名为"沈阳电线工厂"，隶属东北电工局。1950 年 1 月，沈阳电线工厂改称为东北电工局第七厂。10 月 12 日，为适应抗美援朝战争的需要，部分职工、设备北迁哈尔滨，生产产量品种有所减少。北迁后哈尔滨电线厂为总厂，沈阳部分为分厂。1951 年 4 月 1 日随着战争形势的变化，又改沈阳厂为总厂，哈尔滨厂为分厂，直至 1955 年 1 月哈尔滨厂独立为止。1953 年 8 月 18 日，东北电工局第七厂更名为沈阳电线厂。1956 年 7 月 14 日，沈阳电线厂更名为"沈阳电缆厂"（简称"沈缆"）。1960 年 5 月，沈阳市南市电线厂、光明电线厂并入沈阳电缆厂。1965 年 6 月 20 日，根据第一机械工业部西北工作会议精神，话缆车间迁往西安。1969 年，沈阳电工包装器材厂并入沈阳电缆厂。1978 年 9 月 1 日，沈阳市电线电缆行业各厂家联合成立沈阳市电线电缆总厂。1984 年 10 月 17 日，沈阳市电线三厂隶属沈阳电缆厂。12月，与大连材料改制厂等十余家工厂先后实行横向经济联合。1985 年 10月 8 日，引进的电缆附件生产线投产。1986 年 7 月 14 日，以沈阳电缆厂为主体的沈阳电线电缆联合制造公司成立，公司与沈阳电缆厂的组织机构是一个班子，行使两个职能作用。

第一节 主要电线电缆的研制开发

沈阳电缆厂的产品主要包括输变电成套、配套工程用的各种电压等级的电力电缆、矿用电缆、通信电缆、船用电缆、装备用电线电缆及各种高压电缆附件、军用电缆等。[①]

一、电力电缆的研制开发

电力电缆在电力系统中用于传输大功率电能，同架空线相比具有受外界气候干扰小、安全可靠、经久耐用、可在多种场合下敷设等特点。1956年改扩建后，沈阳电缆厂开始生产黏性油浸纸绝缘电力电缆及橡皮绝缘电力电缆，以后陆续发展了滴干电缆、高压充油电缆、聚氯乙烯绝缘电力电缆、不滴流油浸纸绝缘电力电缆、交联聚乙烯电力电缆等。

在油浸纸绝缘电缆研制方面，1956 年试制生产 $10 \sim 35kV$ $25 \sim 240mm^2$ 黏性油浸纸绝缘电缆，1958 年试制 $6kV$ $25 \sim 240mm^2$ 垂直敷设滴干纸绝缘电缆，1960 年开始研制不滴流电缆，1962 年试制成功 $6kV$ $3 \times 120mm^2$ 不滴流电缆样品，达到 1958 年苏联产品水平。1965 年试制 $35kV$ 不滴流电缆样品，样品性能达到设计要求。1983 年在进一步改进不滴流浸渍剂、全部采用国产原材料的基础上，用不滴流油浸纸绝缘电缆全部取代了黏性油浸纸绝缘电缆和滴干电缆。

在高压充油电缆研制方面，1958 年曾试制过 $110kV$ 和 $220kV$ 高压充油电缆，但没有形成生产能力。20 世纪 60 年代初筹建高压电缆生产线后，于 1964 年试制成功 $66kV$ 高压充油电缆，1965 年试制成功 $110kV$ 高压充油电缆，1968 年试制成功 $220kV$ 高压充油电缆，该电缆采用单芯结构，线芯

---

① 《沈阳电缆厂志》编纂委员会. 沈阳电缆厂志［M］. 内部资料，1988：283-301.

采用 Z 形线或弓型线绞合，有中空油道，充以绝缘油，其外采用半导体纸屏蔽、高压电缆纸和低黏度绝缘油绝缘，铅和铜带铠装加固护层，这种电缆性能优良，能承受很高的工作电场强度，具有很低的介质损耗，较高的工作温度、可靠的护层防护等。1969 年试制生产 330kV 高压充油电缆，1971 年开始试制 500kV 高压充油电缆，根据 110kV、220kV 电缆的工频击穿试验结果，用 0.045mm 国产油纸低油压（0.5kg/cm^2）时，长期工频击穿电场强度可达 46kV/mm，如果采用中油压（4~6kV/mm^2）工频击穿强度可提高 40% 左右，因而在试制 500kV 高压电缆时，采用薄纸中油压，绝缘厚度 25mm 和 28mm 的结构。产品经试验，工频击穿电压升至 810kV，1 小时 20 分电缆没有击穿，达到预期效果。经过进一步改进，1980 年获得成功，1982 年投入使用。多年来在试制高压充油电缆的同时，试制了电缆附件。高压电缆终端在 220kV 及以下的，采用环氧树脂加强增绕绝缘结构，在 330kV 及以上的，采用电容锥或电容饼结构。

在橡皮绝缘电力电缆研制方面，1956 年开始陆续试制生产 1~4 芯 1~240mm^2 橡皮绝缘铅包电力电缆系列产品，1958 年试制生产橡皮绝缘聚氯乙烯护套电力电缆系列产品。由于该种电缆成缆外径大、材料消耗多、成本较高、生产效率较低，而且多芯的只有 500V 级、单芯的虽可达 6kV 级，但使用和安装却很不方便，因此逐渐为塑力缆所代替。

在聚氯乙烯绝缘电力电缆研制方面，1967 年建立塑力缆生产线以后，陆续试制生产 1kV 1~4 芯 1~500mm^2 绞合线芯全塑力缆系列产品。1969 年试制生产 6kV 钢丝铠装全塑力缆，1969 年试制生产 3×95~3×185mm^2 实芯扇形全塑力缆，1978 年试制生产 600/1000V 3×300+1×185mm^2 出口全塑力缆，1982 年试制生产了 1kV 1×120mm^2 出口巴林全塑力缆。

在交联聚乙烯绝缘电力电缆研制方面，1970 年沈缆建成第一条湿法交联生产线后，几年内陆续为援阿工程、123 矿等单位试制生产 6~35kV 交联聚乙烯绝缘电缆。1975 年成功为科威特生产 600/1000V 3×300+1×185mm^2 和 4×150mm^2 两种规格的交联电缆，这批电缆满足了科威特方提出的条件和要求，电缆结构和技术指标（包括原材料技术要求）以英国标准为基础，制造长度为 300±10m，外观和包装要求很高。1976 年试制生产 35kV 海底交联聚乙烯绝缘电缆，该产品具有较好的游离放电水平，在测量电压 26kV 下，放电量不超过 20pC、耐热冲击电压为 200kV，±10 次，工频耐电压为 61kV 4 小时，并具有较低的介质损耗，产品敷设在辽宁省新金县碧流河至长海县岛屿之间的海底，使用效果良好。1978年试制生产11kV 3×150mm² 出口伊拉克防白蚁交联电缆，采用的是聚氯乙烯护套。1983年试制63kV 干法联电缆，1985年试制110kV 干法交联电缆，干法交联电缆的试制生产使沈缆交联电缆的生产迈入国际行列。

二、电气装备用电线电缆的研制开发

电气装备用电线电缆是使用范围最广、品种最多、生产量最大的一类产品。

在通用型电气装备电线电缆研制方面，1949年恢复生产后，开始生产0.75~240mm² 布电线，1953年生产120mm² 500V铝芯橡皮线，1956年即开始生产0.75~16mm² 腊克线和2×0.75、4×0.75mm² 橡套电线。由于编织型橡皮线的生产工艺繁杂落后、价格高、寿命短，1965年进行高低压腊克线改型，采用丁腈-聚氯乙烯复合物绝缘取代了低压腊克线，基本上淘汰了棉纱编织。

在船用电线电缆研发方面，1958年试制生产了3~37芯1~240mm² 天然-丁苯胶船用橡套电缆，1972年试制生产耐热聚氯乙烯绝缘、丁腈-聚氯乙烯护套船用电缆，1974年试制生产三元乙丙胶绝缘、丁腈-聚氯乙烯复合物耐油护套船用电缆，产品达到部颁标准，1983年试制生产3×50mm² 乙丙胶绝缘耐热氯丁护套船用电缆和12×15mm² 聚氯乙烯绝缘和护套船用电缆。

在矿用电缆研发方面，1953年曾试制500V 3×70+10mm² 铜芯矿用电缆，1959年试制1kV 3×25+3×10mm² 矿用铜芯屏橡套电缆，1965年试制1kV矿用干线电缆等四种矿用电缆。1974年以后，我国煤炭部所属的大同、开滦等20多个大、中型煤矿从联邦德国、英国、法国、波兰、日本等国家引进186套综合采煤机组，千伏级矿用电缆成了发展方向。1974年国家提出矿用电缆升级的指示，下达试制千伏级屏矿用橡套电缆的任务。1975年后，沈缆在配方、工艺上进行研究试验，解决了橡套抗撕裂强度、护套颜色、牢度及电缆标志用油墨配方等技术关键，试制 UCPJQ3×50+1×6+3×4、UCPQ3×50+1×6+3×4、3×25+1×16+1×16、3×25+1×16+3×4、3×70+1×25+1×25、UCPQ$_1$13×25+1×16+1×16、UCPQ$_2$3×25+1×16+1×16、UCPJQ3×25+1×16+1×16、3×70+1×25+1×25 等9个千伏级矿用电缆样品，分别在阳泉三矿、大同三矿、开滦林西矿、范各庄矿等运行使用，受到用户好评。1976 年根据一机部下达的任务，在三厂、三所、三矿通力协作，统一调研，统一设计的基础上，试制生产 UCPQ3×95+1×35、UPQ3×25+1×16、3×70+1×25、UGSP3×35+1×16 等千伏级矿用电缆，产品达到试制技术要求，1981 年通过国家鉴定。1979 年试制生产 4×0.75、6×0.75 煤矿井下通信电缆和煤矿井下照明电缆，1983 年试制生产 UCEPQ3×95+2×50 引进采煤机组用金属屏蔽拖曳软电缆（仿英 7 型）等，主要技术指标达到国际同类产品水平。

在石油及地质勘探用电缆开发方面，1956 年开始试制生产地球物理工作用三芯橡套电缆，1964 年试制 $WBHY_2$、$WBHYB_2$ 橡皮绝缘潜油泵电缆，因设备不配套而未能应用。1967 年试制 $WLBV_2$－1200V 3×16mm 潜卤泵电缆，采用 Xj-45-1 橡皮绝缘、氯丁胶护套、镀锌钢带压型铠装、PVC 外护套结构。产品交付用户后，露天存放达 13 年之久，后来用在邓关盐厂正常运行 8 个多月，起井检查证明绝缘电阻稳定，能经受住卤井环境的考验。1974 年试制生产 5000 米油矿电缆，1977 年试制生产 $WC-87×0.56mm^2$ 8000 米超深井油矿电缆，该种电缆使用于深达 2000~7500 米，井底温度达 200~220℃，底压力达 1400kg/cm^2，并含有石油、天然气、硫化氢、盐水泥浆等腐蚀物质的油井中，要求电缆具有耐高温、高压、耐油、耐腐蚀的特点。因此采用 7×0.32 镀银软铜绞线、外挤氟-46 绝缘的线芯，7 股线芯复绞后包以 0.3~0.5mm 半导体尼龙带，做二层铜锌钢丝铠装。该电缆产品结构先进、防干扰性强，主要技术指标达到法国、美国同类产品水平，获 1978 年全国科技大会成果奖。1980 年开始 $WQBB_{20}$ 3kV 3×16mm^2、$WQEB_{20}$ 3kV 3×10mm^2 潜油泵用扁电缆的试制和批量生产，该产品采用镀锡导线，聚丙烯绝缘，丁腈护套 F_4 簿膜绕包、涤纶丝编织、镀锌钢带（或不锈钢带）瓦楞压型铠装的结构。经检验，产品达到设计标准，具有国内同类产品的较好水平。

在直流高压电缆研制方面，1957 年试制单焦点 55kV、110kV X 光电缆和 75kV 滤尘器电缆，1968 年试制 20kV 电子轰击炉直流高压电缆，1969 年试制 90kV、120kV、150kV 静电喷漆电缆产品系列，1970 年试制 60kV、200kV、250kV 电子束焊机电缆系列产品，1972 年试制 20kV X 光电缆，该电缆是 400kV X 光机连接电源用的，试制时采用绞缆式线芯结构，即二根低压绝缘线芯与二根高压线芯，共同绞缆后再挤包半导体橡皮的结构，电缆通过了直流 260kV 15 分钟电压试验。

三、通信电缆的研制开发

通信电缆是传输电话、电报和电视等电信信息的电缆，其特点是专输电流的频率较高，要求衰减（代表损失）、失真和回路之间互相干扰小并能抵御外界的各种电磁干扰。

1956年改扩建后，沈缆试制生产纸浆绝缘市内话缆系列产品，1957年和1958年试制生产24路、60路纸绳纸绝缘高频对称通信电缆系列产品，1970年试制四管小同轴通信电缆。1974年试制生产青藏铁路用小同轴大综合通讯电缆，该电缆敷于海拔3000米的高原，因此选用单四线组300路载波系统，铝包-沥青混合物-聚氯乙烯带-聚氯乙烯或聚乙烯护套。测试结果显示，全部性能达到设计要求。1979年试制生产960路六管小同轴综合通信电缆。

1982年试制生产2700路小同轴综合通信电缆，其型号及规格为HO-ZL4×1.2/4.4+4×4×0.9（高）+13×4×0.9（低）+10×2×0.6。产品的特点为：高频四线组为多扭矩式绞合，高低频四线组绝缘单线采用统一结构，其外径均为2.3mm，模拟传输系统最高使用频率可达22MHz，数字传输系统，可开通数传四次群。产品经试验鉴定，结构合理，设计水平先进，性能达到设计水平。1983年试制生产3600路小同轴综合通信电缆，其型号及规格为HOL4×1.2/4.4+4×4×0.9+13×4×0.9+10×2×0.6。试制中为提高全频带衰减，使之符合标准，对同轴对结构尺寸进行调整，改变调整了鱼泡机触头尺寸，提高铝护套密封性等，保证了产品质量。同轴对可用于22MHz及以下模拟干线通信系统或34MbLtS以下数字通信系统推荐标准，主要指标达到或超过国际先进水平。产品经试验鉴定，其结构和全部性能符合技术协议和设计标准，实际水平达到国际先进水平CCITT G622（80）标准。

四、电磁线的研制开发

电磁线按照其绝缘结构可分为漆包线、绕包线（包括纸包线、玻璃丝包线、丝纱包线和薄膜绕包线等）、无机绝缘电磁线（包括氧化膜铝箔和氧化铝线等）、特种电磁线。

在漆包线的研制方面，1956年改扩建后，生产了油性漆包线、缩醛漆包线、纸包线、扁线、纱包线、纱丝包线、玻璃丝包线等。油性漆包线是采用以天然植物油为主要成分的绝缘漆涂制，耐温等级 105℃。缩醛漆包线是第一种完全用人工合成材料涂制出来的漆包线，耐温等级 120℃。1958 年试制 B 级聚酯漆包线。聚酯漆包线是沈缆漆包线生产中产量最多的品种，它具有良好的弹性、附着力、电气性能和耐溶剂性能，但热冲击和耐潮湿性能较低，耐温等级为 130℃。1960 年试制成功 Φ0.05mm F 级特细铜漆包线。接着又试制成功 Φ0.04mm、Φ0.02mm 特细漆包线，并作为商品提供给使用部门。1966 年试制成功聚酰亚胺漆包线，属于当时耐热性最高的漆包线品种，耐温等级为 220℃。试制的产品经试验，耐压强度为 4000~5000V，耐磨性能 300 次以上，耐溶剂性稳定，经 200℃ 1400 小时老化试验后，卷绕一倍径，漆膜无破裂现象，达到当时国内先进水平。1974 年试制了聚酯漆包铝线。1980 年试制彩色聚胺酯漆包线。聚胺酯漆包线虽然耐温等级仅 E 级（120℃），但它具有良好的直焊性，简化了焊接工序；良好的着色性，有利于在使用中鉴别线路；良好的耐高频性能，在高频下介质损失角正切值较小，因此广泛地应用在电机、电器和电信设备中。试制的产品经试验鉴定，结构和各项技术指标达到 JB2079—77 标准。1981 年试制成功 F 级高强度聚酰亚胺漆包线，耐温等级为 155℃。聚酯亚胺是将亚胺基团引入聚酯的线性长链结构中，使其兼具聚酰酯和亚胺漆的优良性能。试制过程中，常州和大连厂家选用天津合成材料厂生产的偏苯三甲酸酐单体配制的绝缘漆，产品老化合格率达到 90% 以上，通过了技术鉴定。1985 年试制 H 级聚酰胺漆包线。

在绕包线研制方面，1956 年改扩建后开始生产纸包线、纱包线、石棉线等系列产品，1959 年试制生产 Φ0.5~7.0mm 玻璃丝包线，后来逐渐以玻璃丝包线代替了棉麻丝包线。1979 年试制生产 60 万机组绕组线。

五、军用电线电缆的研制开发

沈阳电缆厂完成改扩建后，国家即把军用电线电缆的研制任务交给沈缆。沈缆于 1959 年成立管理军工产品的一产品领导小组，1962 年成立一产品室，开展军用电线电缆的研制和生产。1964 年在电磁线分厂成立军工工段。1972 年，军工产品由技术科负责，1984 年 7 月军工组从技术科划分出来，成立军工科。1985 年 1 月 27 日，沈缆将电磁线车间的军工工段划分出，成立军工分厂，主要从事军用电线电缆的生产，已形成航空、航天、航海、兵器 4 个系列 25 个品种 79 个型号 800 多个规格，产量占全国军用电线电缆的 50% 以上，为军工部门提供了制造飞机、舰艇、核反应堆、导弹、卫星、常规武器等配套用的电线电缆，多次受到中共中央、国务院、中央军委以及机械部、辽宁省、沈阳市领导机关的嘉奖。

在航空电线电缆研制方面，1962 年沈缆在沈阳 601 所和 112 厂的配合下，由厂一产品室负责，根据航空电线导电线芯必须耐高温的要求，自制一台连续镀银机，解决了导电线芯耐温的问题。试制、生产了 FGF、FGGF 镀银聚四氟乙烯薄膜绕包玻璃丝编织涂有机硅漆耐热安装线，及时地满足了歼-5、歼-6 飞机的装机使用。1963 年又研制出空对空导弹用的 AFQG 聚四氟乙烯小截面耐热安装线和飞机各种仪器仪表用的 AFR 氟塑料薄膜绕包安装线等。20 世纪 70 年代初，在装机使用中发现，全国各地生产的镀银聚四氟乙烯电线不同程度地存在着镀银线芯腐蚀、脆断现象。为此，沈缆组织质量攻关，经过多次试验，弄清了电线成品在浸水试验时，水进入绝缘层使之形成原电池，造成银铜腐蚀的基本原因，于是采取相应措施，解决了镀银线芯腐蚀、脆断的难题，并为兄弟厂家提供了经验。1970 年研制成功氟塑料挤出新工艺，试制生产了 AF-250 聚四氟乙烯挤出安装线、AF-200 氟 46 挤出安装线等。氟塑料挤出工艺的研制成功，增加了航空电线的品种，填补了国内空白。这些航空电线具有绝缘薄、重量轻、耐热性能高、工艺流程短的特点，能够很好地满足飞机的使用要求。1983 年试制成功聚酰亚胺薄膜绝缘航空电线。其所有的技术参数全部参照美国 MiL-W-81381 用标准，是我国第一种达到军工国际标准的产品。1986 年完成聚四氟乙烯薄膜绝缘玻璃丝编织涂有机硅漆耐热安装线的改型工作。改型前的产品主要采用苏联标准，其结构和性能是 20 世纪 40 年代水平。改型后的聚四氟乙烯薄膜绝缘玻璃丝编织涂 F_4 乳液护套电线，主要参照美国 MiL-W-22759 标准，克服了原有产品结构落后、绝缘层易松散、机械性能和防潮性能差、使用温度低等缺陷。经过测试，全部性能均达到了美国军用标准的技术指标，为我国航空用电线向世界水平迈进作出了贡献。

在航天电线电缆研制方面，20 世纪 60 年代初期，根据第七机械工业部、第一机械工业部的安排，沈缆研制了导弹发射用 KSVR 聚氯乙烯绝缘、护套控制电线。60 年代末期，又研制了 KYVR 聚乙烯绝缘聚氯乙烯护套控制电缆等，基本满足了航天工业的需要。1971 年，06 单位 12 所、501 部与沈缆签订了"多芯屏控制电缆技术协议"，沈缆开始研制无氰酸性连续电镀新工艺。以往电缆的屏蔽采用镀银铜线编织，工艺复杂、屏蔽效率低、电缆重量大、外径粗，而且在使用中编织铜线容易折断，刺破绝缘，造成短路事故。沈缆经过多次试验，试制成功了 KYVRP 镀铜屏蔽控制电缆。该电缆产品打破有氰电镀传统工艺，是电线电缆屏蔽生产工艺上的突破。连续酸性电镀，采用聚乙烯塑料表面机械粗化、化学处理、沉银、酸性镀铜等方法，提高了电缆屏蔽性能（屏蔽效率达98%以上），而且轻便、柔软、外径小、使用安全可靠。1975 年 10 月，KYVRP 多芯镀铜屏蔽控制电缆被鉴定为达到国际水平产品，1985 年获国家科学技术进步三等奖，为我国卫星事业作出重要贡献。1978 年 4 月在杭州全国军工会议上，第七机械工业部、中国人民解放第二炮兵部队等单位提出试制新结构电缆的要求，并于 7 月与沈缆签订了技术协议。自 1979 年起，沈缆按技术协议要求首先进行了硅烷交联聚乙烯绝缘橡皮护套控制电缆的试制，之后又试制了F-40 绝缘橡皮护套特控电缆和 Fs-46 绝缘橡皮护套多芯特控电缆，前两项产品由于工艺或性能的问题没有采用。最后试制的 Fs-46 绝缘橡皮护套多芯特控电缆，在 1981 年桂林 814 会议上被认定为各项技术指标符合技术协议和技术条件的要求。该电缆机械强度、耐热性、耐寒性、最高连续工作温度、短路工作温度等性能都比 KYVR 聚乙烯绝缘聚氯乙烯护套控制电缆有很大提高，克服了 KYVR 电缆的缺陷，是具有发展前途的新品种。1984年获机械工业部科技成果三等奖。1984 年以后，沈缆开始研制用于超低空导弹发射装置的电缆。经过两年多时间研制出 HFPVF 氟 46 绝缘热塑弹性体护套控制电缆、HHVF 铜芯橡皮绝缘热塑弹性体护套电力电缆等 11 种控制电缆和 3 种电力电缆。这些产品是根据法国样品试制的，经过测试，试用效果良好，达到了原样品的性能水平。该成果获 1986 年沈阳市科技进步三等奖。

在兵器电线电缆研制方面，早在 1963 年沈缆就为有关单位研制过用于国内第一代导弹的制导导线产品，1973 年 844 厂根据国内外样品的分析，曾向沈缆提出红箭-73 制导导线的技术要求，沈缆根据初步确定的结构进行了研制。1974 年 5 月沈缆正式接受红箭-73 制导导线试制任务之后，对国外样品进行分析研究，认为这种导线要求长度长、外径小、拉断力均匀，是一种技术要求严格、工艺难度较大的产品。因此在试制过程中，先后克服了漆包线外观缺陷和电容值偏大，导线外径粗大和超重，导线表面漆疙瘩、蛇形弯、色泽不均等问题，多次组织工艺设备改造。沈缆重新设计改装 C-24 漆包机，由立式改为卧式，增加涂漆次数使漆膜厚度增加，提高了漆包线的耐电压和绝缘电阻水平，满足了质量要求。1982 年 2 月，炮定委正式批准了红箭-73 导线 Q/SL534-82 技术条件，沈缆于 1983 年扩建了 1500 平方米的新厂房，建立了一条新的红箭-73 导线生产线，1985 年初该产品进行了正式定型生产。

辽宁省机械工业厅受机械工业部的委托于 1984 年 4 月在沈阳主持召开了"航空用聚酰亚胺薄膜绝缘电线"、"航空用聚四氟乙烯绝缘安装电线"（AF-250-1 型）、"彩色聚四氟乙烯薄膜绕包小截面安装线"等三种航空用导线及配套用的 HF 复合薄膜鉴定会。鉴定专家认为，沈阳电缆厂为航空部试制的三种导线均具有外径小、重量轻、电性能好等特点，深受用户欢迎。特别是该厂为了赶超世界先进水平和满足航空工业的需要，经过两年多的艰苦努力，终于研制成功航空用聚酰亚胺薄膜绝缘电线，经过测试检验在主要技术指标上基本达到美国 MIL-W-81381-7E 的要求。该导线具有高湿下的机械强度高，耐热变形好，电性能好，可在高温 200℃ 下长期工作等优点，同时还有突出的绝缘薄、外径小、重量轻等特点，因此有着很大的使用潜力。它的试制成功填补了我国航空导线生产的一项空白，对航空、航天工业的发展有着非常重要的意义。①

第二节　电缆技术的引进与创新

1949 年，沈缆在计划科内设有试验室。1950 年东北电工局成立实验室时，将该组织划归东北电工局实验室，隶属于电工局技术处。1953 年沈缆开始搞改扩建，试验室停止工作。1956 年 9 月成立中央实验室，1960 年 3 月 23 日在中央实验室的基础上成立电缆研究所，同年又成立工艺科，恢复改建厂时新产品、工艺分开的管理体制。1965 年 7 月 10 日，将全厂技术科室统一管理而成立技术办公室，同时把电缆研究所也划归技术办公室。1972 年 8 月，恢复技术科以负责新产品开发、工艺管理、军工产品和技术改造工作，并重新成立电缆研究所。研究所设立情报组，调入一些外语翻译人员，配合所内各专业组搞重点课题研究，翻译资料提供给专业人员。1982 年情报组脱离研究所，隶属于技术档案科。1978 年 5 月 6 日，DJS-2l

① 孔宪贵. 三种航空导线与 HF 复合薄膜通过部级鉴定［J］. 航空材料, 1984（5）: 22.

型电子数学计算机在研究所安装调试完毕，投入使用。1979 年，电缆研究所成立标准化组，主要负责产品标准的组织修订工作。1980 年技术科一分为二，新产品开发与工艺工作又一次分开。新产品工作划归研究所，工艺部分留给技术科。1982 年 4 月成立总工程师办公室，新产品管理由研究所划归总师办，技术科原职能内的工艺部分也划归总师办，负责全厂技术归口工作。

电缆研究所办公地系日伪时期建设的砖混结构楼房，1953 年改建时加以扩建，扩建后建筑面积 1904 平方米，可从事 100kV 以下电缆的试验工作。1965 年在该楼西侧又接建了 351 平方米试验室，总建筑面积达到 2255 平方米。1968 年后，陆续试制了 220kV、330kV、500kV 高压电缆，由于试制产品产量较少，在厂内不具备条件的情况下，到外厂试验。

由于沈缆高压电缆生产能力很难满足有关部门提出的大批量订购的要求，为此，据国家计委批准的一机部《关于增加高压电缆生产能力措施的报告》，1975 年批准沈缆新建一座高压电缆车间。当年第四季度高压厂房工程破土动工，1976 年 4 月基础工程全面铺开，1979 年末主体工程完工，1980 年验收使用。与此同时，沈缆从瑞士引进高压电缆及附件制造技术。1984 年初，沈缆正式决定在原研究所南侧新建一个高压试验基地，建筑面积 4706 平方米，试验室为七层建筑，试验大厅 1000 多平方米，高 27 米，采用框架结构。1985 年 10 月 8 日，高压电缆附件厂正式开工生产。从此，沈缆成为我国第一个能够生产、供应配套完整的高、低压交联电缆的企业。2002 年 6 月 5 日，沈阳国联电缆成立，承接沈阳电缆厂的高压电缆附件制造技术和专业团队，成立即拥有成熟的生产经验和专业技术，后又经多年的技术研发和升级，自主研发产品 56 种，现拥有自主知识产权发明专利 1 项、实用新型专利 23 项、软件著作权 3 项。同时，沈阳国联电缆非常重视技术研发和投入，目前已与华北电力大学、沈阳工业大学工程教育中心签订产学研合作协议，形成校企合作共同开发的模式，与行业先进技术合作共同为智能电网助力。[1]

为了尽快赶上世界电缆制造技术先进水平，从 1981 年起沈缆针对填补国内空白的短缺产品，上质量、上品种、上水平，分别从瑞典、芬兰、比利时、美国、日本、意大利、联邦德国、英国、荷兰、法国引进具有 20 世

---

[1] 邱燕超. 加速高端电缆产业崛起［N］. 中国电力报，2021-06-24（008）.

纪 70 年代末和 80 年代初世界水平的全塑控制电缆和全塑市内通信电缆两个全封闭车间，以及 9 条大型生产线（干法和湿法交联生产线 4 条，三层挤出、熔盐硫化、橡胶加工生产线各 1 条，新、旧铝连轧各 1 条），弓型成缆机、叉绞机等 39 台单机、31 台辅机、30 余台检测设备，三项技术软件（难燃电缆、熔盐硫化和交联电缆附件），大大缩短了我国与发达国家电缆工艺装备和产品水平的差距。①

在引进设备的同时，沈缆眼睛向内，利用自己的力量大力开发新产品，大搞科学研究，积极采用国际标准，争创优质名牌产品，狠抓技术引进和技术改造，努力扩大出口创汇以及发展横向联合，取得了丰硕成果，沈缆成为全国最大的电线电缆企业集团，并进入世界电线电缆十大集团行列。先后建成或改造铝连轧等 8 条生产流水线，并为引进设备研制了大量配套设备。从此，沈缆在技术发展史上进入引进、更新、开拓、振兴阶段，老企业焕发出青春活力，积蓄后劲，不断向国际先进水平靠近。"六五"期间完成 100 多项新产品的试制任务，包括 500kV 高压电缆及附件、220kV SF_6 全封闭充油电缆终端、110kV 交联电缆（干法）、8000 米大长度油矿电缆、仿英 7 型等矿用电缆、潜油泵电缆、3600 路小同轴通信电缆、出口印度 528mm² 钢芯铝绞线、电工用铝等，并用不滴流油浸纸绝缘电缆全部取代黏性油浸纸绝缘电缆和滴干电缆。有 10 种产品获得省级以上优质产品称号，占主导品种的 40%，其中，钢芯铝绞线获国家优质金奖，不滴流纸绝缘电力电缆获国家优质银奖，小同轴电缆、长途对称电缆和铜扁线等获得部优质奖，千伏级矿用橡套电缆、玻璃丝包线、铜电车线、通用橡套电缆和全塑力缆等获辽宁省优产品。"六五"期间共试制成功 101 项新产品，并完成 22 项重大科研项目，解决了产品技术开发中的技术关键。在 101 项新产品中，达到 20 世纪 70 年代末 80 年代初国际水平的占 74 项，达到国内先进水平的占 21 项，填补国内空白的占 80 项。其中，千伏级矿用电缆、500 千伏超高压充油电缆及附件、出口印度 528mm² 钢芯铝绞线等三项获国家新产品飞龙奖，220kV SF_6 全封闭充油电缆终端、500kV 超高压充油电缆及附件、8000 米油矿电缆、潜油泵电缆等七项获部级科研成果奖，220 千伏充油电缆水平终端、千伏级矿缆等 11 项获辽宁省科技成果奖，110kV 交联电缆、63kV 交联电缆、六管同轴综合通信电缆等 9 项获沈阳市

---

① 沈阳电缆厂. 向世界先进水平腾飞的沈阳电缆厂："六五"企业技术进步总结 [J]. 电线电缆，1987（1）：1-3.

科技成果奖，全厂25个主导产品已有21种经机械部上海电缆研究所验收及认证达到 IEO 标准。这些重要产品的试制成功，填补了国内空白，部分地替代了进口，满足了出口和国内重点工程配套的需要。[①]

面对国内外电缆产品在竞争中"三大三高"即大截面、大对数、大长度和高电压、高频率、高温度的趋势，沈阳电缆厂通过改造和引进，建起超高压电缆生产线，使我国电缆的最高电压等级由50万伏提高到75万伏和110万伏，进入世界同类产品先进行列，生产能力由年产15公里逐步提高到100公里，满足了"七五"期间我国电力工业发展的需要。荣获国家金牌产品称号的钢心铝绞线，已经达到世界最高标准，畅销国内以及中东和东南亚地区。其中销往印度的528平方毫米的钢芯铝绞线架设的一条50万伏高压输电线路，被印度人称为中国线路，为祖国赢得了很高的荣誉。[②]

电缆铅套层的防腐沥青，我国一直沿用常温固态沥青。这种沥青在使用前需加热熔化，在电缆涂敷过程中也需加热，不仅耗能大，而且污染环境，影响人体健康，还易发生火灾。鉴于固态沥青的上述缺点，1989年沈阳电缆在新民建筑涂料厂的配合下，经过探索研究，研制成功了 DLF-1 型电缆用慢干液态沥青防腐涂料。这种液态沥青防腐涂料主要由沥青、重芳香烃溶剂油、氯丁胶、松香及一部分重油等熬制加工而成，其闪点为50℃，黏度15~20s，低温柔韧性试验达-10℃，在80℃×8h 下不滴。经沈阳电缆厂试用证明，采用液态沥青防腐涂料大大简化了工艺，原有的熔化设备及电除尘装置等均可省去；改善了生产环境，无烟尘污染。与固态沥青涂料相比，全年可节约燃油、煤气、电和蒸汽费用约13万元，用它涂敷的铅套表面光滑，黏附性好，提高了电缆的防水、防潮及防腐性能。[③]1991年共开发新产品17项，具有当代国际水平的11万伏交联电缆，是全国第一家通过两部鉴定的产品，11~22万伏阻燃充油电缆已经形成批量生产能力。当年实现新产品产值3.7亿元，占工业总产值的37%，为适应市场变化奠定了基础。1991年又有两个产品登上新台阶，10kV 交联电缆获国优，全塑市话电缆获部优称号，优质品产值率达65%。

为增强企业实力，沈阳电缆厂加大科技开发力度。科技人员不断研发出名优新特产品占领市场。1993年，沈阳电缆厂研制开发28项市场急需

① 《沈阳电缆厂志》编纂委员会. 沈阳电缆厂志：1937—1986［M］. 内部资料，1988：270.

② 徐有洋. 走向成功的探索［M］. 沈阳：辽宁大学出版社，1989：73-74.

③ 张景洋. 电缆用液态沥青防腐涂料在沈缆研制成功［J］. 电线电缆，1989（2）：7.

的新产品，其中有 21 项达到国际同类产品的先进水平，3 项填补国内空白。由于开发的新产品适销对路，当年批量投产率高达 70%，全年实现产值 2.12 亿元。沈阳电缆厂坚持执行严格的全过程产品质量保证体系，落实质量否决责任制，使全场产品质量跃上一个新台阶，特别是为大亚湾、秦山核电站等大批国家重点工程提供的产品均达到质量全优。为增强企业实力，沈阳电缆厂围绕"三高"（高压超高压、高频、高温）与"三大"（大长度、大截面、大对数）等技术含量高的短线产品，加快技术改造的步伐。1993 年，沈阳电缆厂投入技改资金达 8300 万元，相当于前 3 年的总和。[①]

1994 年，沈阳电缆厂承接的巴林 220kV 高压充油电缆本体、附件现场安装及通电运行交钥匙工程，是沈阳电缆厂建厂史上难度最大、技术质量要求最高的一批合同。经过全体工程技术人员不懈的努力工作，最后终于研制成功这项新产品并大批量生产，为沈阳电缆厂打开中东地区高压充油电缆市场奠定了坚实的基础。1995 年，沈阳电缆厂又先后研制开发硅烷交联电缆、无卤低烟阻燃船用电缆、航空用 F_{40} 绝缘导线等新产品，其中无卤低烟船用电缆的开发，达到 20 世纪 90 年代同类产品国际水平。1996 年，沈阳电缆厂研制成功 XLPE 绝缘无卤低烟阻燃及耐火电缆，并被国家科委列为"火炬项目"及"国家级重点新产品项目"。这一高技术含量产品不但具有国内先进水平，而且在材料的机械物理性能方面达到国际同类产品的先进水平，填补了国内空白。沈阳电缆厂承担的"八五"国家级科研攻关项目——核级电缆研制，其技术关键在于低烟、无卤阻燃绝缘和护套的配方，性能符合低烟、无卤，γ 射线辐照，40 年寿命及 LOCA 等特性要求。1997 年底通过国家计委、机械部、核工业研究院等单位组成的专家鉴定委员会的技术鉴定，被专家誉为"领先国际水平，填补国内空白"。此项目的开发研制可使核电站使用的核电缆立足国内，替代进口。1998 年沈阳电缆厂技术中心又研制开发稀土锌铝合金镀层钢芯稀土铝导线、海上石油平台电缆、220kV 大截面分割导体充油电缆，其中 220kV 大截面分割导体充油电缆被沈阳市科委上报为 1999 年"国家级火炬计划项目"。[②]

---

① 周保华，曹景和，王玲玲. 走进市场 再度辉煌：来自沈阳电缆厂的报告 [J]. 瞭望新闻周刊，1994（24）：28-29.

② 陈伟，任青，王晓东. 浅谈企业技术中心建设的几点体会 [J]. 中国机电工业，1999（5）：34-35.

1997 年，沈阳电缆厂实现工业总产值 70106 万元（不变价），销售收入 67853 万元。企业先后荣获国家企业管理金马奖，全国"五一"劳动奖章先进集体，"七五"国家级企业技术进步奖，全国思想政治工作先进企业和全国先进基层党组织等上百个荣誉称号。1997 年共完成新产品 12 项，其中部级新产品 5 项，厂级新产品 7 项，完成新产品产值 6000 万元。[①]

2000 年，我国机电行业有史以来最大的电线电缆出口项目——为伊朗德黑兰地铁工程提供配套电缆合同，在沈阳电缆有限责任公司（原沈阳电缆厂）画上句号。沈缆产品通过伊朗国家商检局专家的验收，产品质量被予以高度评价，创造了该企业"产品一次合格率最高、阻燃电缆月产量最高、特种电缆交货期最短"的历史新纪录。[②]

---

① 沈阳市人民政府地方志办公室. 沈阳市志·1997 [M]. 沈阳：沈阳出版社，1998：133.
② 王玲玲，谭论. 沈缆产品享誉德黑兰地铁 [N]. 中国机电日报，2000-06-29（001）.

第七章　沈阳医药制造企业技术创新史

　　医药制造业是沈阳市的优势产业之一，主要由化学药品原料药制造、化学药品制剂制造、中药饮片加工、中成药生产、兽用药品制造、生物药品制品制造、卫生材料及医药用品制造等7个中类行业组成。

　　沈阳的医药事业始于中药经营和中成药生产。据现有资料记载，沈阳开设最早的一家药店是明万历年间（1573—1620年）的广生堂。至清道光年间，形成4家从事中药材经营和中成药加工制造的名店（即广生堂、宝和堂、万育堂、天益堂）。沈阳生产的中成药和饮片，按照古方、验方和家传秘方，以选料地道、细心炮制、疗效显著而闻名于东北。1881年（光绪七年）5月，奉天总兵左宝贵在沈阳西关创办牛痘局，为儿童接种牛痘苗，以预防天花病。民国年间，在西药商品广泛经营与应用的前提下，化学药品（即西药）工业在沈阳逐渐发展起来。1923年，日本人鹤原邻次郎在遂川街利用简陋厂房和设备，制造以麻黄草为原料的祛痰新药阿斯麻脱尔，还生产各种针、片、散、酊剂及流浸膏等制剂产品。"九一八"事变后，日本侵略者为掠夺东北地区的资源及廉价劳动力，鼓动制药商来沈阳投资建厂，将多年汇集在沈阳的东北主产贵重药材如人参、鹿茸、细辛、五味子等大部分运往日本；通过"满蒙汉药株式会社"等机构，将日本自产的伪劣药材大量倾销沈阳，扼杀了沈阳民族医药事业的发展。1933—1945年，沈阳中药店勉强维持生计，业户大为减少，到1945年日本投降前夕，中药店仅存180家，比1931年减少91家。相反，日本在沈阳除开设许多西药店外，建立的化学制药工厂增加到16家。自国民党统治时期到1948年沈阳解放前夕，沈阳医药工业只能生产葡萄糖、氨苯磺胺等几种原料药粗品，且产量很小；在制剂生产上也只能少量生产针剂、片剂、酊水、油膏等；医疗器械产品有消毒柜、沙布罐等工艺简单的品种；药用玻璃、卫生材料、试剂等制造处于凋零的局面，根本无法满足人民医疗卫生的需要。解放后，沈阳医药工业无论是原料药制造业、化学制剂药品制造业，还是中药材及中成药加工业、医疗器械器材制造业都得到了迅速发展和长足进步。国民经济恢复时期和第一个五年计划期间，沈阳被列为全国医药工业发展的重点城市之一。特别是沈阳的化学原料药制造业的发展更为迅速，从品种、产量、质量到生产技术、科研和管理水平，在国内外都占有重要地位。到 1985 年，当时列入国家指令性计划的 30 种原料药，沈阳医药行业就生产 17 种，产量占全国总产量的 7%，成为全国原料药生产的重要基地；沈阳市有制剂企业 13 家，除生产抗菌素类、维生素类、激素类、抗癌类等 9 类产品外，生产制剂品种有水针、粉针、片剂、胶囊、输液、冲剂、栓剂等 397 种；为制剂包装配套的沈阳药用玻璃厂成为全国医药工业系统中 4 个重点药用玻璃企业之一；医疗器械工业形成以沈阳医疗器械厂为主体的企业群，共有 14 家；中药业年产中成药 118 种 684 吨，饮片炮制加工 114 种 21.9 万公斤，出口中成药 60 万服，为国家创汇 11 万元。[①] 截至 2022 年，沈阳市医药制造业全行业拥有规模以上工业企业 44 个，当年营业收入 199.9999 亿元，营业利润 40.2224 亿元，研发费用 8.9221 亿元。

第一节　1990 年前的技术创新活动

一、东北第六制药厂的药品创新

东北第六制药厂是大型化学合成制药厂，中国医药工业的大型骨干企业之一，我国磺胺药的生产基地。前身是伪满政府专卖总局于 1935 年建立的奉天工厂。1948 年沈阳解放，由东北军区后勤卫生部接收，于 1949 年 4 月正式命名为"东北化学制药厂第六分厂"。自 1953 年 8 月 20 日起，东北化学制药厂更名为国营东北制药总厂，第六分厂也随之改为"国营东北制药总厂第六分厂"。1955 年 1 月 1 日，国营东北制药总厂第六分厂从总厂划分出来，由中央人民政府轻工业部医药工业管理局直接领导，开始独立经营，厂名定为"国营东北第六制药厂"。1957 年 12 月，由中国医药工业公司管理。1958 年 6 月 15 日，工厂由中央下放地方，划归辽宁省化工厅

① 沈阳市人民政府地方志办公室. 沈阳市志：四 化学工业·医药工业·冶金工业·建材工业·电力工业·煤炭工业·石油工业 [M]. 沈阳：沈阳出版社，1999：69-72.

领导。9月，工厂由辽宁省化工厅转归沈阳市化学工业局领导，厂名改为"东北第六制药厂"。1964年11月2日，中国医药工业公司沈阳分公司成立。沈阳分公司与东北制药总厂实行一套机构两块牌子的体系，即医药"托拉斯"领导体制，东北第六制药厂作为分公司的直属厂由分公司直接统一管理，工厂本身只负责组织生产。1970年1月1日，沈阳制药工业公司成立。东北第六制药厂隶属新成立的沈阳制药工业公司，恢复企业独立核算。1985年，沈阳市成立医药管理局，由市医药管理局接管制药工业企业，撤销原制药工业公司建制，东北第六制药厂由市医药管理局直接领导。1989年3月，在全国医药行业技术工作年会上，东北第六制药厂荣获中国医药工业公司、中国化学制药工业协会颁发的"技术管理一等奖"。[①]1990年9月12日，东北制药集团公司正式成立，东北第六制药厂为其成员厂家之一。

1951年6月，东北第六制药厂成立实验室，直属厂部领导，1955年初，厂实验室隶属于技术股，同年10月转归生产技术科，1956年4月又转归技术科。1958年至1960年间工厂精简机构时，一部分工程技术人员被下放到厂办农场和生产第一线顶岗劳动。1959年9月实验室改称中心试验室，成为厂属独立机构（这时期各车间相继设立了车间试验室）。1961年8月，中心试验室成为技术科的隶属单位。1965年4月，中心试验室成为厂属的独立机构。1971年重新组建中心试验室，逐步恢复实验工作。至1976年，实验工作已全面恢复。1980年4月，在中心试验室的基础上成立厂制药研究所。1981年，该所搬迁到新建的研究所大楼，建筑面积为1034平方米。1985年又扩建660平方米，同时在六车间西面设立小型生产车间，作为研究所中试场所。[②]到1990年，东北第六制药厂科研工作取得很大成绩，共研制新产品8大类55种（已投产的），包括：磺胺脒、磺胺甲基嘧啶、磺胺异噁啶、磺胺5甲氧基嘧啶、磺胺5甲基异噁唑、磺胺脒隆、甲氧苄胺嘧啶、5.6-二甲氧嘧啶等磺胺药类8种，非那昔汀、氨基比林、安乃近、芬布芬、布洛芬等解热镇痛药类5种，盐酸氯胍、环氯胍、磷酸哌吡嗪、四咪唑等地方病药类4种，脑益嗪、葛根素、盐酸川芎嗪、磷酸

① 《东北第六制药厂志》编纂委员会. 东北第六制药厂志：1948—1990 [M]. 内部资料，1991：大事记.

② 《东北第六制药厂志》编纂委员会. 东北第六制药厂志：1948—1990 [M]. 内部资料，1991：137—138.

川芎嗪、维丙胺、心得宁、安托明铝盐等心血管药类 7 种，氨苄青霉素、甲烯土霉素、羟氨苄青霉素、氟哌酸、吡哌酸等抗生素药类 5 种，杜冷丁、磷酸可待因、强痛定、盐酸平痛新等镇痛药类 4 种，新安宁、敌菌净、芬那露、磷酸苯哌丙烷等其他化学合成药类 4 种，复方新诺明片、咳快好胶囊、氟哌酸胶囊、感冒通片等制剂及生物合成药类 18 种。

东北第六制药厂生产时间较长、产量较大的磺胺药类有磺胺脒、磺胺脒隆、磺胺 5 甲基异噁唑（新诺明）、甲氧苄胺嘧啶。

早在 1949 年初，东北化学制药厂就以磺胺为起始原料进行磺胺脒（又称磺胺胍、磺酰胍）试验研究，同年 6 月完成小试工作。1950 年 1 月，在东药三分厂完成中试，并进行小规模生产。1951 年 6 月在东药六分广（今东北第六制药厂）建立磺胺脒小型生产线，投入工业化生产。1952 年 12 月，国家拨款 150 万元人民币，建成年产 150 吨（《沈阳市志》（四）称是 120 吨）的磺胺脒生产车间。1953 年，试验员詹琳试验成功以磺胺、硝酸胍、碳酸钠直接缩合代替人工炒制磺胺钠盐生产磺胺脒的新工艺，割去了氨苯磺胺钠盐的合成工序，减轻了工人的劳动强度。1953 年产量达到 52.2 吨，1954 年突破设计能力，产量达到 194.7 吨。在当时已成为我国生产化学合成药品能力最大的一个车间，也为东北第六制药厂发展成为全国磺胺药品生产基地打下了基础。此后，工厂不仅为国内外生产出大量的磺胺类系列产品，还向华北、西南等药厂输送、提供了专业人材和技术资料，为祖国制药工业的发展作出了贡献。1955 年 9 月，马志琛、王振奇等人研制成功的减压缩合新工艺开始应用于生产。这项改进是将原来的采用磺胺钠盐与硝酸胍常压缩合反应，改为采用磺胺与硝酸胍和碳酸钠减压缩合反应，总收率由 66.67% 提高到 77.66%。1956 年，从磺胺脒粗制母液中常压回收磺胺，使总收率提高 3%~5%。1962 年，磺胺脒粗制母液回收磺胺由常压法改为加压水解法，使回收率由 12% 提高到 17%。1965—1966 年，结合磺胺脒总体技术改造工程，在工艺和设备上实现 10 项改进，其中主要有：（1）成品干燥由烘箱干燥改为旋风干燥装置干燥；（2）回收磺胺工序由单效蒸发器改为双效长管升膜式薄膜蒸发器，效率提高 3 倍以上；（3）回收磺胺工序由静置结晶改为慢速板式搅拌水冷结晶，用 5 台 5000 升低转速搅拌结晶罐取代 48 个 3000 升静置结晶罐，结晶时间由 48 小时缩短为 12 小时；（4）实现了硝酸胍在半凝固状态下与磺胺和碳酸钠缩合"一勺烩"，使总收率提高 1.5%；（5）实现了磺胺脒缩合物溶解、粗制磺胺脒结晶"一勺烩";（6）产品精制采用三芯过滤器。改进后磺胺脒由年产 570 吨提高到 1500 吨，东北第六制药厂成为当时国内生产磺胺脒能力最大的厂家。[①]

磺胺脒隆于 1970 年完成小试，同年末安装小型设备投产，设备能力为年产 3 吨。当年生产 406 公斤，总收率为 13.49%，每公斤工厂成本为 115.275 元。1972 年 5 月，韩凤学、王恩础、金振铎试验成功制造中间体苄胺的工艺改进，由氯苄与乌洛托品加成法改为氯苄与氨水，碳酸氢胺氨解法，割掉乌洛托品和乙醇，使岗位收率由 60% 提高到 75%。同年，醋化割掉醋酐，用醋酸代替，配比由 1∶3.4 改为 1∶2。1979 年，董佩峰实现对氯磺化反应的工艺改进，将乙酰苄胺固体投料改为熔融下投料，氯磺化反应由低温投料高温反应改为低温反应，磺化油由滴加混有冰块的氯仿提取改为直接胺化，割掉氯仿和冰盐泵等冰解设备，使氯磺化岗位收率由 40% 提高到 64.43%。由于该产品市场需求量小，生产 1 年够用几年，故该产品产产停停。1972 年停产，1979 年复产，1981 年又停产，1986 年再次复产。1988 年，在该产品技术攻关中实现 5 项工艺改进：氯磺化滴水搅拌时间由 0.5 小时增至 1 小时，使氯磺酸充分反应，还将反应保温时间由 2 小时缩短至 1 小时；胺化 pH 值由 9 改为 8，保温由 28~30℃ 改为 40℃；胺化水解采用母液套用；用水中和盐充分洗涤；精制盐基干燥由烘箱式改为小罐式。改进后，总收率由 18.55% 提高到 22.51%。1989 年该产品停产。[②]

1964 年，曾先后担任厂化验室主任、研究所副所长、环保科副科长、技改办副主任的王文明，在查阅了大量国外技术资料后提出试制新诺明的建议。建议被采纳后，他亲自主持试验新诺明的 8 步工艺反应，取得成功。1965 年 4 月，王文明试制成功新诺明（磺胺 5 甲基异噁唑），采用以草酸二乙酯为起始原料的工艺路线，在制得 3-氨基-5 甲基异噁唑后，再与对乙铣胺基苯磺酸（ASC）在吡啶存在下缩合。1966 年 6 月完成新诺明中试，1967 年 3 月投产，当年产量为 327 公斤，总收率为 11.57%，每公斤工厂成本为 225.56 元。1970 年，将 1966 年产品中试期间研制的克氏、闭

① 《东北第六制药厂志》编纂委员会. 东北第六制药厂志：1948—1990 ［M］. 内部资料，1991：110.
② 《东北第六制药厂志》编纂委员会. 东北第六制药厂志：1948—1990 ［M］. 内部资料，1991：113.

环、氨化"一勺烩"工艺应用于大型生产，使产品总收率提高 5%。1971
年，缩合以饱和食盐水代替作溶媒，割掉有毒溶剂嘧啶并降低了生产成
本，每年节约 9 万元。1974 年，以氢氧化钠与甲醇反应制备甲醇钠的工艺
代替金属钠与乙醇反应制备乙醇钠的工艺，不仅解决了安全生产问题，还
缩短了反应时间，使"一勺烩"岗位收率由 40% 提高到 54%。1975 年，
由常压脱羧改为高压管道脱羧，实现脱羧反应管道化，使产品收率提高
8%~10%。1979 年，新诺明移地扩产，由北厂区迁往南厂区，年生产能力
由 60 吨提高到 200 吨。在这次扩产中，采用丝网填料塔、新型强制脱羧器
和流态化干燥三项新设备、新工艺，每年节约 60 多万元。1983 年，醋化
反应将氨水胺解改为在醇溶液中通氨气胺解，使"一勺烩"岗位收率由
65% 提高到 70%。1984 年，"一勺烩"岗位实现由二次通氨改为一次通氨
的工艺改进，产品总收率由 1983 年的 41.06% 提高到 42.91%。在同年开
展技术攻关活动中，实现缩合新工艺，产品平均总收率连续 10 个月达
42.5% 以上。1984 年新诺明扩产，年产能力由 200 吨增至 400 吨。在扩产
中，将草酯岗位蒸馏塔由瓷环填料改为金属双弧环填料，机械真空泵改为
水喷射泵。1986 年，草酯岗位采用甲苯带水新工艺，以甲苯代替纯苯带
水，缩短了生产周期，改善了生产环境，岗位收率由 84% 提高到 86.78%。
从 1981 年 5 月至 1987 年 5 月，美国 ICC 公司 3 次派人来厂考察新诺明生
产线，指导该产品按美国 FDA（食品药物管理局）标准加强 GMP 管理，
促进了产品质量的提高。1985 年，新诺明经美国 FDA 核准在美国注册。
东北第六制药厂研制生产的新诺明是国内首创，也是东北第六制药厂的拳
头产品。在新诺明的生产过程中，检验部门针对新诺明在酸溶液中呈粉红
色的现象，改进了现场缩醛反应岗位的滴加工艺，提高了产品质量和收
率；根据新诺明经红外色谱分析时有多峰现象，确定该品中有互变异构体
存在，利用红外分光光度计对每批新诺明进行红外色谱检验，有效地控制
了产品的内在质量，为产品创优作出了贡献。1981 年，根据国家医药总局
的指示，东北第六制药厂组建了"留样观察站"，负责对全国各厂家生产
的新诺明进行留样观察，以考察产品质量的稳定性。新诺明于 1978 年获沈
阳市优产品称号，1979、1982、1985 年三次荣获辽宁省优产品称号，1980
年获国家质量金质奖，1984 年获得中国对外经济贸易部颁发的"出口产品

优质证书"，1985 年国家质量复审时再次获金质奖。①

甲氧苄氨嘧啶又称磺胺增效剂、抗菌增效剂。东北第六制药厂依据湖南医药工业研究院资料及国内外有关文献资料，采用单宁酸（或没食子酸）为起始原料的工艺路线，于 1970 年开始试制甲氧苄氨嘧啶，当年 8 月完成小试工作，同年 9 月完成中试，1972 年 5 月投产，设备能力为年产 2 吨，当年生产 715 公斤，总收率为 19.06%，每公斤工厂成本为 282.657元。1976 年，由于单宁酸和没食子酸的来源满足不了生产需要，改用香兰醛经溴化、水解、甲基化三步制取三甲氧基苯甲醛，岗位收率达 70%。1978 年，缩合反应由滴加甲氧丙腈改为滴加丙烯腈、甲醇混合液，割除制取甲氧丙腈的工序。1980 年，氧化反应采用快速滴加赤血盐工艺，使岗位收率由 65% 提高到 86%。1986 年，投资 40 万元扩建氧化岗位，并对精烘包岗位进行技术改造，形成年产 80 吨的生产能力。该产品从 1970 年 9 月完成中试到 1972 年 5 月正式投产前，共进行了以下 4 项工艺改进：（1）1970 年 12 月，张振东试验成功在氧化岗位由二甲苯代替水为溶媒，1971年又由陈友三改为以苯为溶媒，这些改进使岗位收率由 60% 提高到 75% 以上；（2）1971 年 1 月，王文明、张振东、崔芝花实现了以水代替甲醇做溶媒制备中间体三甲氧基苯甲酰肼的工艺改进，节约了大量甲醇；（3）1971年 10 月，王文明、张振东、陈友三改进环合工艺，不做游离肼，直接加硝酸肼进行环合反应，使岗位收率提高 9%；（4）1972 年 2 月，陈友三改进精制工艺，降低醋酸用量，解决了成品灰分大的问题。此后，在生产过程中还进行了如下的工艺改进：（1）1973 年 1 月，张振东试验成功缩合反应由滴加甲氧丙腈改为滴加丙烯腈、甲醇混合液，割除了制取甲氧丙腈的工序。该工艺改进于 1977 年 1 月用于生产现场；（2）1975 年 7 月，薛守礼在金华制药厂"没食子酸一勺烩"资料的启发下，试验成功由单宁酸经水解、甲基化、酯化"一勺烩"反应新工艺，同年 10 月应用于现场生产，割掉了酯化工序，岗位收率由 75% 提高到 94%；（3）1978 年 2 月，靳增仁、张宝祥、陈友三在缩合、环合岗位实现了用甲酸甲酯代替乙酸乙酯皂化的工艺改进，避免了乙酸乙酯引起的副反应，提高了产品质量；（4）1978 年 4 月，陈仁夫与沈阳市药检所合作，在沈阳市化工研究院和辽宁省药检所的协助下，对成品中的杂质甲酰缩胍胺的来源及其对质量的影响进

① 沈阳市人民政府地方志办公室. 沈阳市志：四 化学工业·医药工业·冶金工业·建材工业·电力工业·煤炭工业·石油工业 [M]. 沈阳：沈阳出版社，1999：77.

行研究，取得了成果，为提高产品质量提供了可靠的数据；（5）1980 年 2
月，高有荣改进精制工艺，采用高温中和脱水的方法，解决了成品板层问
题；（6）1983 年 8 月，以硝基甲苯为起始原料全合成抗菌增效剂的新工艺
路线试制成功，在辽宁省医药管理局和卫生厅主持下通过技术鉴定。这项
工艺可解决天然五倍子产量不足的问题，并可割掉水合肼、高锰酸钾、铁
氯化钾等原料，消除了锰泥等污染源，改善了生产环境。① 与此同时，
1983 年采用液相色谱分析法对产品内在质量进行分析，找出环合反应中存
在的问题，建议车间采取攻关措施。攻关后，该品在当年全国化学药品创
优评比中获得国家质量银质奖；1988 年又以三批样品总分 300 分的好成绩
通过复审，再次获银质奖，并获国家医药管理局颁发的全优出厂荣誉证
书。经美国 FDA 检查合格，成为与新诺明同时获得许可在美国注册的
（NBR4635）产品，可直接销往美国。②

　　东北第六制药厂除了研制磺胺类药物外，还在抗生素类药物的创新方
面取得了重要的成果。

　　氨苄青霉素钠，系广谱半合成抗菌青霉素类药，是 1972 年东北第六制
药厂从工艺路线、关键设备选定，到中试放大、小型生产等开始试制的。
开始时，用苯甘氨酸酰氯与 6-APA 在丙酮溶媒下缩合氨苄酸。1975 年采
用盐酸盐法提高了酰氯质量，使缩合收率提高到 61.6%，三水酸含量达
95% 以上。1982 年改为酸酐缩合法，当年总收率达到 43% 的攻关目标。
1978—1985 年，用异丙醇法将三水酸转成无水酸，岗位收率达 95% 以上。
1983 年扩产工程竣工，采用空气洁净法新技术，形成年产 5 吨规模和日产
粉针 1 万支的生产能力。1985 年，从日本引进大型冻结真空干燥机，将成
品干燥由溶媒法改为冷干法，形成年产原粉 20 吨的规模，收率由 1985 年
的 55.7% 提高到 1986 年的 66.12%，原料成本由 522 元降到 349 元。1986
年从日本引进一套纯水装置，取代塔式蒸馏水，实现了纯水装置的再生处
理。1988 年适当调整原料配比、加料方法和冷干工序，使进口设备的生产
能力提高 13.6%，总收率提高 1.5%，产品稳定性含量达 91%，并达到新
优级品质量标准。

---

① 《东北第六制药厂志》编纂委员会. 东北第六制药厂志：1948—1990 ［M］. 内部资料，1991：
　 156-157.

② 沈阳市人民政府地方志办公室. 沈阳市志：四 化学工业·医药工业·冶金工业·建材工业·电
　 力工业·煤炭工业·石油工业 ［M］. 沈阳：沈阳出版社，1999：77-78.

氟哌酸是疗效好、副作用小的广谱合成抗菌药物，在国内外市场很受欢迎。1986 年开始，研究所王世仁负责研制氟哌酸，他带领科研人员做各种试验几百次，共实现 10 项工艺改进，一年后氟哌酸研制成功，总收率由日本杏林公司文献报道的 37.64% 提高到 43%~45%。这些工艺改进的主要内容有：（1）以石蜡油代替二苯醚作环合介质，解决了氟哌酸放大工业生产的原料来源和二苯醚中毒问题；（2）割掉乙基化物以二氯甲烷提取，乙基化反应完蒸出 DMF 后，直接加碱水解制备前体酸，实现了乙基化水解"一勺烩"；（3）成品精制时采取调节 pH 值的方法滤出酸不溶物，解决了成品含量低的问题；（4）成品精制采用乙醇转型工艺，解决了滤过和干燥问题，成品结晶由粉末转变为粒状，色泽变白，杂质含量降低。1988 年氟哌酸扩产工程申请立项。该项目的总投资为 495 万元，其中贷款 445 万元，自筹 50 万元，建成后每年增产 15 吨氟哌酸。沈阳市政府将其评为当年优秀技术改造项目。1990 年，王世仁、于俊科提出并实现以前体酸或前体酯先制成螯合物，然后再与哌嗪缩合生产氟哌酸的新工艺，使总收率提高 3%~4%；王世仁提出并实现以吡啶做缩哌反应溶媒，使岗位收率由 65% 提高到 75%，总收率提高到 58%~60%，降低了产品成本。1988 年 1 月，氟哌酸产品获沈阳市政府优秀新产品一等奖。王世仁被评为 1988 年沈阳市劳动模范，同年还获得国家科协、国家计委颁发的"讲理想、比贡献先进个人"奖章。1989 年，氟哌酸获辽宁省人民政府授予的省优质产品奖。氟呱酸前体酸 QC 小组，在全国第 11 次质量管理小组代表会议评比中，被中国质量管理协会命名为"1989 年全国优秀质量管理小组"。1990 年氟哌酸被国家医药管理局评为优质产品。该产品于 1988 年正式投产时产品质量执行辽宁地方标准，1989 年执行日本杏林公司标准和国家二级企业标准，1990 年达标率为 100%，优级品率为 64.35%。

在镇痛药的生产研制方面，1950 年初由国家投资进行修复，同年 6 月完工后基本上恢复了麻醉药品的生产，1950 年 7 月，东北第六制药厂正式生产麻醉药品，主要产品为粗制吗啡和磷酸可待因，东北第六制药厂成为我国早期麻醉药品的生产基地。10 月，因抗美援朝战争爆发，东北化学制药厂第六分厂生产精制吗啡和磷酸可待因的设备与人员疏散至黑龙江省白城县，转归东北化学制药厂第五分厂领导。1951 年 6 月，东北第六制药厂成立"603 车间"，生产麻醉药品磷酸可待因、盐酸去水吗啡、狄奥宁等。1952 年 6 月，国家投资 25 万元建成麻醉药品综合车间，形成年产 2.5 吨麻醉药品的生产能力。为了节省天然资源为国家多创财富，东北第六制药厂的一些科技人员开始阿片赝碱提取工艺的研究。1955年自阿片残渣中成功地分离出罂粟碱，并制成治疗痉挛症、气喘的新药盐酸罂粟碱。同年，工程师王玉清找出回收天然可待因的方法，由阿片中取得天然可待因占可待因产量的10%，这项改进为1955年全厂增产节约计划的完成作出了贡献。1956年，合成可待因的工艺取得新的改进，即将甲化剂由苯磺酸三甲改为溴三甲，不仅节省劳动力，还除掉一氯磺酸，避免事故发生。同年，试制由吗啡经氧化制成新药盐酸去水吗啡。在此期间，吗啡的精制工艺也取得很大进展。1957年初，由盐酸精制法改为醋酸乙醇法试验成功。同时加苯去赝碱，减少了其他赝碱的含量，使精吗啡收率提高10%，盐酸吗啡质量达到当时英国药典标准。1957年，成功地从阿片中分离出那可汀，制成止咳新药——盐酸那可汀。由于那可汀在阿片中含量最高（10%以上），为了充分利用这一部分资源，于1958年将那可汀结构进行改造，氧化后制成止血新药可太宁。至此，阿片中的主要生物碱得到充分利用，麻醉药品的生产发展到由吗啡制造其他药品的新水平。1957年又试制吗啡衍生物——福尔可汀，它的结构是摩福林乙基取代可待因的甲基，是一种新型的优良止咳药。作为全合成麻醉药品的杜冷丁，最初由沈阳合成药物研究室试制。1957年东北第六制药厂开始试制时，在原有工艺基础上对工艺进行改进和完善，使杜冷丁更适合于大型生产。1958年进行中试放大，1959年在国内首先投产成功，在麻醉药品的生产中迈出新的一步，东北第六制药厂也成为我国主要生产麻醉药品的基地。1964年，全国麻醉药品生产定点在青海，东北第六制药厂将麻醉药品生产车间的设备及人员全部移交青海西宁制药厂。东北第六制药厂为国家研究试制麻醉药品共计20多种，培养了一批技术力量，满足了抗美援朝战争及国内医疗需要，在麻醉药品生产技术方面作出了重大贡献。

　　1996年，东北制药集团有限公司由于需要上市，对集团内的各分厂进行优良资产组合，其中的东北第六制药厂、沈阳第五制药厂等几个经营不善的被剥离出集团。此后，东北第六制药厂在沈阳市政府的支持下也进行了股份制改造，由东北第六制药厂的部分优良资产和沈阳医药实业公司等5家股东组成了沈阳药业股份有限公司，于1998年8月18日正式挂牌。1998年工厂彻底扭亏，盈利1066万元，进入国家医药行业50强和辽宁省国有大型企业创利前 40 户。① 1999 年，沈阳药业股份有限公司自行开发的优普标、优普同、优普砂等一批科技含量较高的新品种已成为具有良好发展前景的主导产品。该公司还积极运作股票上市发行工作。②

1997 年开始实行 GMP 认证，东北第六制药厂企业内部的各种问题逐渐暴露出来，苦无对策，又缺少资金，公司最终只维持了三四年就停滞生产。于是，东北第六制药厂在 2004 年就已经有倒闭倾向了，只是因为当时经过认证的优普林还在生产，所以不能算作完全倒闭，但职工几乎全部放假。2008 年 3 月 20 号，东北第六制药厂十届二次职工代表大会召开，大会通过企业破产职工安置方案。从此，东北第六制药厂宣布政策性破产。

二、沈阳第一制药厂的药品创新

沈阳第一制药厂是解放后由私营黎宁化学制药厂、辽东省营光华制药厂和地方国营沈阳市片剂制药厂组合发展起来的。私营黎宁化学制药厂始建于 1949 年 9 月，生产针剂、粉剂、输液及油膏等产品。1951 年 7 月由沈阳市卫生局接收，更名为公营黎宁化学制药厂，生产品种增加了消发噻唑、盐酸麻黄素等几十种。1952 年 5 月 1 日，更名为沈阳人民制药厂，1954 年 3 月转归沈阳市第一工业局领导。辽东省营光华制药厂始建于 1949 年秋，厂址设在安东市（现丹东市），当时厂名为辽东省光华职工医院制药部，生产针剂、水及粉针等产品。1950 年 10 月，根据上级指示，制药部疏散到辽阳市。1951 年 8 月，由辽阳迁至沈阳市，厂名改为辽东省营光华制药厂。1952 年 8 月，根据辽东省工业厅决定，接收辽东省卫生厅瓦房店建华制药厂，生产组氨酸、依克度、肝精片、麦精鱼肝油等十多个品种。1953 年 4 月，更名为地方国营辽东省化学厂制药分厂。1955 年 1 月 1 日，根据上级指示，辽东省化学厂制药分厂与沈阳人民制药厂合并，厂名改为地方国营沈阳市制药厂，隶属沈阳市第二工业局。

地方国营沈阳市片剂制药厂，是 1958 年 1 月由东北制药总厂四分厂独立后组成的，隶属于沈阳市化学工业局。1959 年 7 月 1 日，根据上级指示，地方国营沈阳市片剂制药厂与地方国营沈阳市制药厂合并，厂名仍为地方国营沈阳市制药厂，隶属于沈阳市化学工业局。1964 年 12 月 29 日，

① 沈阳市人民政府地方志办公室. 沈阳市志·1998［M］. 沈阳：沈阳出版社，1999：128.
② 沈阳市人民政府地方志办公室. 沈阳市志·1999［M］. 沈阳：沈阳出版社，2000：100.

经中国医药工业公司批准，更名为中国医药工业公司沈阳制药厂，隶属于沈阳分公司。1968 年 8 月，更名为沈阳制药厂，隶属于沈阳市化学工业局。1977 年 3 月 1 日，更名为沈阳第一制药厂。1984 年隶属于辽宁省医药管理局直接领导，1985 年以后隶属于沈阳市医药管理局。[①] 1988 年，经国务院批准晋升为全国制剂行业的大型二类企业和国家二级企业。1990 年 9 月 12 日，沈阳第一制药厂归属东北制药集团公司。1991 年 5 月 10 日，更名为东北制药集团公司沈阳第一制药厂。2009 年 9 月 22 日，东北制药集团公司沈阳第一制药厂异地整体搬迁到张士开发区昆明湖街 8 号，成为东北制药集团公司制剂"龙头"企业。12 月 9 日，沈阳第一制药厂更名为东北制药集团沈阳第一制药有限公司，成为东北制药集团股份有限公司的主要成员。

沈阳第一制药厂曾经是全国三大医药制剂企业之一，1988 年经国务院批准晋升为全国制剂行业的大型二类骨干企业。主要生产水针剂、粉针剂、片剂、生化制剂、胶囊剂、乳剂、滴丸剂和抗生素原料药。1949—1988 年间，沈阳第一制药厂研制成功并投入生产或试生产的产品共计 453 种，属于首先试制成功并投入生产的有如下 15 种：抗菌止痢片、复方桔梗片、复方新诺明片、那可汀片、中西驱虫一号片、普鲁卡因青霉素注射液（混悬剂）、复方庆大霉素注射液、新速效感冒片、精谷氨酸注射液、六合氨基酸注射液、注射用精氨酸阿司匹林、消咳新片、强痛定注射液、102 注射液、磺胺青霉素片。

1972 年 6 月，国内首创新药复方新诺明片在沈阳制药厂试产。复方新诺明片是由磺胺甲基异噁唑与抗菌增效剂组成的一种复方片剂，用于多数革兰氏阳性及革兰氏阴性菌引起的感染，如呼吸道、泌尿道、肠道等感染及败血症。该产品是沈阳第一制药厂李世泽、张秀茹根据国内外资料报道，自行设计配方、工艺，于 1972 年研制成功并投入批量生产的国内首创产品。由于原料生产厂家多，各厂生产的原料物理性状也不尽相同，给制剂生产带来一定的困难。针对不同厂家原料药的黏度大小及成型性能的不同，车间开展了技术攻关活动，制粒工序进行了一系列的考察试验，优选粘合剂及其用量，确定最佳搅拌时间，分别制定出工艺卡片，指导生产，保证生产的顺利进行，使产品质量不断提高。片剂车间"复方新诺明片

① 《沈阳第一制药厂志》编纂委员会. 沈阳第一制药厂志 [M] 内部资料，1990：3-7.

QC 小组" 1982 年完成的《加强工艺管理，誓夺复方新诺明片奖牌》的成果获国家医药总局优秀奖，1986 年完成的《创复方新诺明片全国同行业领先蝉联银牌》的成果分获辽宁省和沈阳市优秀奖。除了加强工艺管理外，沈阳第一制药厂还对该片剂进行留样观察。在留样观察中，发现复方新诺明片不同批号之间的溶出度差距较大。片剂车间得知信息后，很快采取了改进措施，应用新辅料，进一步优选处方和工艺，使溶出度稳定在 20 分钟内溶出 80% 以上，保证了该产品的有效性，提高了产品质量。① 厂产品留样观察室于 1978 年被国家医药管理局指定为留样观察站，还承担了省、市药品监测站分配的监测任务，为监督全省药品的质量和产品评优做了一定的工作。1979 年，复方新诺明片荣获沈阳市优质产品称号，并出口到马来西亚、泰国、中国香港等国家和地区；1980 年荣获辽宁省优质产品称号；1981 年荣获国家医药管理局优质产品称号；1982 年 9 月 27 日，国家第五次质量月授奖大会在北京举行，"复方新诺明片"获国家银质奖；1985 年1 月，复方新诺明片获辽宁省"百家产品万家评金星杯奖"。为了进一步提高产品的溶出度，从 1986 年开始应用新辅料，并对该产品的处方进行了改进，经反复试验考察，产品质量又有了明显的提高，溶出度稳定在 90% 左右，达到美国《药典》20 版磺胺甲基异噁唑片溶出度标准，为国内先进水平。1988 年 11 月，复方新诺明片蝉联国家银质奖。

　　1975 年，沈阳第一制药厂正式投产庆大霉素注射液。1977 年末，原俱乐部改建成庆大霉素车间并投产。1978 年 8 月，沈阳第一制药厂首创复方庆大霉素注射液通过鉴定，并于 1979 年大批量投产。1980 年新建后，产量逐年增加，不仅满足了本厂的需要，而且从 1981 年以来，庆大霉素（注射液和原料药）打入了国际市场，出口泰国、西班牙、中国香港等国家和地区。1981 年 7 月，复方庆大霉素注射液获沈阳市科技成果二等奖。1984 年 2 月，新建的原料药车间投产庆大霉素。1986 年车间为了实现"多出口、多创汇、多贡献"的奋斗目标，本着边生产、边改进的原则，调整生产布局，安装庆大霉素提炼设备，集中生产出口粉，同年 9 月提前完成出口任务，质量批批全优，维护了厂的信誉，赢得外商的欢迎，受到外贸部门的好评和奖励，产量、创汇额达到本厂历史最好水平。② 1988 年初，随着市场需求的变化，在确保完成蜜环菌比 1987 年增产 1 倍的前提下，利

---

① 《沈阳第一制药厂志》编纂委员会. 沈阳第一制药厂志 [M] 内部资料，1990：171.
② 《沈阳第一制药厂志》编纂委员会. 沈阳第一制药厂志 [M] 内部资料，1990：82.

用剩余的发酵罐生产市场紧缺、创汇能力较强的庆大霉素。庆大霉素生产过程较复杂，需要新安装和改造很多设备。车间主任兼党支部书记梁化忠带领有关人员发扬连续奋战精神，立即投入到新设备安装中。从2月开始，首先进行发酵罐管路的改造工作，这部分安装完即投入试车，接着安装提炼前部的设备。3月末第一批庆大霉素成品液经厂化验室检验合格，其各项指标均超过预期设想，首战告捷。在成品液收率稳定提高的同时，8月份大家又冒着酷暑加班加点，仅用1个月时间就完成了提炼后部喷雾系统的安装。在这个系统安装中，梁化忠依据多年的生产经验，对工艺进行了大胆改革，将原来复杂的空气净化系统改换成直接用总空来气加上2个节点过滤器，由于这个系统简化，从而节约投资约1.5万元。9月初正式开始生产，2批庆大霉素经厂检验全部合格，特别是解决了过去产品里始终残存毛点块的问题。在庆大霉素生产中，2个QC活动小组在车间技术主任闫晓君直接参与和领导下，长年活跃在生产第一线，应用现代化管理手段解决了大量生产实际问题，在年终厂成果发布会上，小组成员分别发表了题为《应用目标管理方法，提高庆大霉素喷粉收率》和《应用目标管理方法，提高庆大霉素成品液的收率》的成果，使成品液和喷粉收率高达83%和87%，创历史最高水平，分别荣获现代化管理二、三等奖。

　　1983年8月30日，沈阳第一制药厂首创新药六合氨基酸注射液投产。六合氨基酸注射液是由亮氨酸、异亮氨酸、天门冬氨酸、氨酸、谷氨酸、精氨酸组成的结晶氨基酸注射液，能满足肝脏病患者血液氨基酸组成的需要，并补给支链氨基酸，调节肝脏病患者氨基酸代谢紊乱及支链氨基酸与芳香族氨基酸比例。六合氨基酸注射液由厂高级工程师马斯作负责研究工作，赵景芝具体负责试制。在处方设计中，根据国内氨基酸的生产来源情况，以Hep-ou液的处方为基础，考虑精氨酸是鸟氨酸循环的中间产物，在精氨酸酶的作用下，能水解产生鸟氨酸，故以精氨酸代替了鸟氨酸。为了满足代谢过程的需要，更有效地发挥作用，以精氨酸成盐的需要量为限度，适当提高了谷氨酸的含量。在工艺上对活性炭的用量、药液不同pH值对药物稳定性的影响等方面，进行了大量考察试验，产品留样观察二年，质量稳定。[①] 六合氨基酸注射液于1984年11月由沈阳市科委组织了技术鉴定，专家们一致认为，六合氨基酸的研制是成功的，在处方分析、

---

① 《沈阳第一制药厂志》编纂委员会. 沈阳第一制药厂志［M］内部资料，1990：170-171.

摸索工艺、药物稳定性考查、毒性实验、质量标准、临床试验等方面做了大量的科研工作。处方配制具有独到之处，产品质量达到国际同类产品的先进水平。在全国传染病用药会议上被临床专家评为国内肝病治疗的首选药物，是治疗重症肝炎、肝性脑病的理想药物。1985 年 10 月，中华医学会在广州召开的肝炎用药评审会上，将六合氨基酸注射液评为目前治疗肝性脑病的首选药物。1983 年 12 月被国家经委评为优秀新产品"飞龙杯"奖，1985 年被沈阳市人民政府评为 1984 年科学技术进步三等奖，1985 年被国家医药局评为 1983—1984 年科学技术进步三等奖，1987 年被辽宁省经委评为"金鹰奖"，同年被沈阳市评为优质产品。

1983 年 8 月 30 日，沈阳第一制药厂首创新药新速效感冒片投产。新速效感冒片参考了速效伤风胶囊的处方，并在其中加入抗病毒药物金刚烷胺，使配方更加合理，保持了该药物快速的特点及药物的有效性，同时由于采用片剂新辅料以及制粒新工艺，溶出度良好，5 分钟内主药即可溶出 70%以上。服用后，起效快，症状很快消失，是市场上极受欢迎的伤风感冒良药。投产以后质量一直稳定，获得了较好的声誉。该产品于 1983 年投入生产，同年获国家经委颁发的国家优质新产品"飞龙杯"奖，1986 年被评为辽宁省优质产品。

三、东北制药总厂的药品创新

1946 年 4 月，东北民主联军进驻长春时，由总后勤部总卫生部派人分别接收长春市的大满制药株式会社新京工场（生产制剂药品）和伪满卫生技术场（生产疫苗、血清）。不久，民主联军撤出长春，将已接收的两个工厂的部分技术人员（包括日本人）和工人连同工厂的主要机器设备和原材料转移到后方根据地佳木斯市，筹建新厂，定名为"东北卫生技术厂"，直属东北民主联军总后勤部总卫生部领导。1947 年 9 月 1 日，东北军区卫生部决定，将生产疫苗、血清的卫生技术科分出，另建东北卫生技术厂，原厂改名为"东北制药厂"，由郑统任厂长、汪为任政治委员。管理机构设有总务科、工务科和业务科，分别管理文书、生产、技术和财务、供销等业务。工务科下设制药股、医疗器械股和卫生材料股，直接领导各生产组织。1948 年 11 月 4 日，东北制药厂厂长奉东北军区总后勤部卫生部之命，率领工作组来沈阳接收国民党政府中央卫生署中央生物化学制药实验处东北制药实验厂总厂及所属五个工场，即总厂（原武田制药株式会社事务所)、第一工场 (原武田药品工业株式会社)、第二工场 (原第一制药株式会社)、第三工场 (原田边制药株式会社)、第四工场 (原盐野义药品株式会社)、第三工场分场 (原鹤原制药株式会社)。另有原禁烟总局工厂及联勤总部东北第六补给区兽药器材库附设蹄铁场第一工场 (原满洲七四三及八四一部队蹄铁工厂)。1949 年 3 月,东北制药厂由佳木斯全部迁到沈阳。4 月 8 日,根据东北军区总后勤部卫生部决定,将厂名改为"东北化学制药厂"。6 月 1 日,药厂隶属关系由东北军区总后勤部卫生部改为东北行政委员会卫生部领导,下半年又改由东北人民政府卫生部领导。从此,药厂成为地方行政所属的制药企业。1951 年 1 月,东北人民政府卫生部所属沈阳制药厂并入东北化学制药厂。1952 年 7 月 15 日,东北化学制药厂改由东北人民政府工业部化工局领导。10 月改由东北人民政府工业部轻工业局领导,11 月改由轻工业部医药工业管理局领导。1953 年 8 月 20 日,"东北化学制药厂"改名为"国营东北制药总厂"(后改称"东北制药总厂",简称"东药"),其所属厂改为分厂,并对各分厂产品结构进行理顺和调整,把大部分片剂产品集中在四分厂生产,卫生材料集中在五分厂生产。这时总厂有四个原料药生产车间,一个针剂车间和两个辅助车间,成为以原料药生产为主的制药厂。1955 年 8 月,成立中心试验室。从这一年起到 1962 年,总厂所属的分厂即六分厂 (1955 年)、五分厂 (1956 年)、四分厂 (1958 年)、三分厂 (1962 年) 和玻璃厂 (1958 年) 先后划出独立。二分厂作为一个直属生产车间,其管理属于总厂。此外,1960 年,总厂又将仅有的生产制剂的针剂车间全部生产设备移交沈阳制药厂。从此,东北制药总厂成为完全生产原料药的企业。到 1963 年总厂生产有了很大发展,已有 10 个生产车间和 3 个辅助车间,设 15 个科室。在厂长领导下建立总工程师、总会计师管理体系,企业管理更加完善。

1964 年全国试办医药"托拉斯",11 月 21 日中国医药工业公司沈阳分公司成立,分公司与东北制药总厂采取一套机构、两块牌子的组织形式,对东北三省和内蒙古赤峰市 22 家制药企业统一领导,其中沈阳市企业包括:东北制药总厂、东北第六制药厂、沈阳制药厂、沈阳克达制药厂、沈阳红星制药厂、沈阳药用玻璃厂。沈阳分公司以它的集中统一,用经济办法办工业的特点,帮助企业提高管理水平,增加经济效益,取得显著效果。但因时间过短,又对基层企业统得过死,管得过多,其积极作用尚未充分表现出来。1969 年末该分公司奉命撤销,恢复了东北制药总厂原有的管理体制，东北制药总厂改由辽宁省石油化工局领导。1971 年，改由沈阳市化工局领导。1984 年初，东北制药总厂改由辽宁省医药管理局领导。1985 年初，改由沈阳市医药管理局领导。

1982 年，在企业全面整顿的基础上健全了组织机构。1984 年，开始企业管理体制改革，试行厂长负责制和"一长三师"（即厂长、总工程师、总经济师、总会计师）的企业管理模式。1980 年 10 月，厂内各集体经济性质的机构合并，成立了东北制药总厂一分厂。1983 年 12 月，沈阳第三制药厂并入并改名为东北制药总厂三分厂。东北制药总厂是 1984 年我国最大的有机合成制药厂，生产维生素类、激素类、磺胺类、抗菌素类等原料药 40 余种。东北红五星牌维生素 C 于 1984 年获国家金质奖，氯霉素、氢化可的松、醋酸强的松分别于 1981 年、1983 年和 1984 年获国家银质奖。[①]1985 年 4 月，沈阳第二制药厂并入并改名为东北制药总厂四分厂。到 1985 年底共有生产车间 12 个，辅助车间 6 个，分厂 4 个，制药工业研究所 1 个。[②] 作为新中国最早的化学制药基地，东北制药总厂曾援建了全国 19 个省市的 52 家医药企业，向外输送干部 1300 多人，被誉为我国民族制药工业的摇篮。[③] 东北制药总厂在发展生产的同时，注重科学研究，依靠技术改造，先后在国内开拓了氯霉素、维生素 A、维生素 C 等产品在国内工业化生产的路子，发展了独特的磺胺啥吒、γ-氨酪酸等新工艺路线，生产出独特产品的脑疟佳。在 1978 年全国科学大会上，有包括 6 项独特的工艺路线、4 个科学技术独特的产品的 8 个科技成果和技术革新项目受到奖励。

1949—1982 年生产药品总量累计达 48688 吨，其中 12 大类医药产品为 20660 吨。工业总产值达 14.8904 亿元，平均每年增长 30.5%，向国家上缴利税总计 8.8509 亿元，相当于同时期基建投资总额的 17 倍，可建成现在的 11 个东北制药总厂。东北制药总厂从 1958 年开始，先后进行三次技术改造，扩大了生产规模，促进了产品的升级与更新，先后在国内首创合霉素、氯霉素、维生素 A、维生素 C、合成黄连素等产品并具有相当规模的工业化生产车间，创造出独特的磺胺嘧啶、γ-氨酪酸、维生素 C 等产

① 《沈阳经济统计年鉴》编辑部. 沈阳经济统计年鉴：1985 ［M］. 北京：中国统计出版社，1985：12.

② 《东药厂志》编纂委员会. 东药厂志：第一卷 ［M］. 内部资料，1987：概述部分。

③ 原诗萌. 东北制药：干字当头抬起龙头　管理变革脱困图强 ［J］. 国资报告，2018（8）：64-66.

品的新工艺路线，生产出自己独特的脑疝佳、金刚烷胺、脑复康、舒坦灵等新产品。①

东北制药总厂制定了立足当前、着眼长远、长短结合、统筹兼顾的科研工作原则，做到研究一批、试制一批、生产一批、贮备一批，使产品不断更新换代，满足市场需要。除了产品更新换代外，还在老产品工艺改进方面做了一系列工作，提高了产品质量和技术水平，增强了产品在市场上的竞争力。利用新技术提高经济效益，如维生素 C 培养基消毒采用散板换热器新流程代替原有排管加热水及水喷淋冷却的老流程，以物料自身的换热达到节能效果，全年节气 6600 吨，节水 57 万吨。合成脑复康用丁炔二醇的增产，未增加厂房与设备，采用新技术，1985 年净增利润 49.5 万元。1985 年共采用新技术 262 项，创造价值 188 万元。② 1984 年，工厂成立现代化管理推进委员会，指导全场向现代化科学管理的深度和广度进军。运用和推广电子计算机、袖珍计算机技术，加强全面安全管理和故障事故的分析，开展市场预测和产出分析等，提高了企业现代化管理水平，先后获得国家医药管理局、辽宁省政府和沈阳市政府授予的质量管理奖。③ 1985 年，东北制药总厂获沈阳市第一届"振兴奖"。1986 年 5 月，东药再次荣获"振兴奖"。1987 年 7 月，沈阳市政府召开新闻发布会，再次授予东药1986 年度"振兴奖"，使东药连续三年捧回"振兴杯"。1990 年 6 月，又一次被授予沈阳市"振兴奖"。1986 年 12 月，辽宁省政府正式公布 1980 年省优质产品名单。东药黄连素被评为优质产品，醋酸肤轻松、咖啡因被复评为优质产品。1987 年 4 月，国家质量奖审定委员会公布 1986 度优质产品名单，东药产品维生素 B_1 被评为银质奖。1987 年 4 月，中华全国总工会授予东药"全国先进集体"称号，同年获"五一劳动奖状"。1987 年 9 月，国家经委授予东药"1986 年推行全面质量管理成效显著企业"称号。10 月，东药醋酸肤轻松 QC 小组获"1987 年国家医药管理局优秀 QC 小组"称号。1986 年 8 月，东北制药联合企业集团正式成立。该集团是以东北制药总厂为主体的多种形式组织起来的跨地区、跨行业、松散与半紧密

① 《辽宁经济统计年鉴》编辑委员会. 辽宁经济统计年鉴：1983 ［M］. 沈阳：辽宁人民出版社，1983：95-98.

② 《中国药学年鉴》编辑委员会. 中国药学年鉴：1985 ［M］. 北京：人民卫生出版社，1987：131-132.

③ 《沈阳经济统计年鉴》编辑部. 沈阳经济统计年鉴：1985 ［M］. 北京：中国统计出版社，1985：91-92.

结合，全民与集体联营的经济联合组织，成员单位分布于全国 11 个省 15 个市共 31 个单位，初步形成医药原料、原料药和制剂生产经营一条龙的联合体。①

在 1950 年召开的全国制药工业专业会议上，中央确立了以"原料药为主、制剂为辅"的发展医药工业的方针。东药所属三、四、五、六各厂及医疗器械厂在 1958 年前后分别全部划出独立，针剂车间也于 1960 年初撤销，其生产划归沈阳制药厂。从全国制药工业专业会议以后，东药就全力发展化学合成原料药生产。

1955 年，国内首创的合霉素和磺胺噻唑新车间建成投产。为其配套还新建投产医药中间体、退热冰和连续化气相合成氯磺酸等，增加原料药生产的制造能力，为改变生产结构提供物质基础。1954 年葡萄糖生产实现以水代酒精结晶工艺的重大改革及全面技术改造，生产能力由年产 500 吨增至年产 800 吨。第二个五年计划期间，用于发展原料药新建和扩建的基本建设工程投资额为 880 万元。在国内首先投产了氯霉素、维生素 C、维生素 B_1、磺胺嘧啶、醋酸可的松、磺胺甲基嘧啶等新的原料合成药物。这时，东药合成原料药的生产已有了较雄厚的基础，产品结构也逐步向高精尖发展，产品有氢化可的松、去氢氢化可的松等，以 β-紫罗兰酮为起始原料的维生素 A 也在国内首先投入了工业生产，原料药的品种及生产能力得到进一步发展和提高。②

东药的科研工作队伍由两个部分组成：一是厂研究所，二是车间试验室。研究所是全厂新产品的开发中心，各类科研技术专业人员与设施比较齐全，它的主要任务是研制新产品，也承担老产品较大的技术改造任务。车间试验室主要是为本车间产品的产量、质量等继续提高经济效益和技术改造服务，根据车间试验室条件，也研究试制新产品或系列产品。两支队伍在总工程师统一指挥下，密切配合。两者之间，人员并非固定不变，搞化学合成的科技人员经常在研究部门和车间之间对流轮换。早在佳木斯建厂初期，就已设有试验室机构。当时工厂的生产很单一，主要生产制剂药品，没有化学合成，试验室仅是为制剂药品服务，人员很少，只能做些制剂需要的化学药品的试验或植物提取等方面的研究工作。1948 年底，设立

①《中国药学年鉴》编辑委员会. 中国药学年鉴：1987 [M]. 北京：人民卫生出版社，1989：162 -163.

②《东药厂志》编纂委员会. 东药厂志：第一卷 [M]. 内部资料，1987：100.

实验室并开展了磺胺、维生素 C、"九一四"、石炭酸等试验项目。1950 年
8 月成立研究室，开始合成药物的研究工作。1955 年 1 月，研究室划归轻
工部领导，改名轻工部医药管理局制药工业研究室，后改化工部沈阳化学
合成药物研究所。1957 年，该所迁天津，后又迁北京，改建为北京医药工
业研究院。1955 年 8 月，成立中心试验室，肩负新产品研制和老产品改造
的双重任务，同时指导车间的科研工作。1960 年 9 月，化工机械试验室和
设计室并入，中心试验室改名为制药工业综合研究所。1963 年 2 月，设计
室分出，又恢复中心试验室。1964 年，中心试验室内增设药理室、制剂
室，并改建原属质量检查科的实验动物室，为药理实验服务。1979 年 1
月，东药中心试验室改为制药工业研究所，研究所下设 9 个专业研究室，
即合成研究室 3 个（第一、第二、第三），分析、药理、化工、生物（环
保）、制剂与情报研究室。另有中间试验场、技术图书室、实验动物室、
维修组和办公室。[①]

　　根据《东药厂志》的记载，到 1990 年，东北制药总厂在国内首先研
制成功或首先投入工业化生产的主要品种包括：氯霉素、利福平、磺胺嘧
啶、脑疟佳、维生素 A、维生素 B_1、维生素 C、氢化可的松、金刚烷胺盐
酸盐、葡萄糖、脑复康、盐酸黄连素、四环素碱、咖啡因、醋酸泼尼松、
醋酸肤轻松、舒胆灵、磺胺嘧啶银、硫糖铝、盐酸乙胺丁醇、磷霉素、维
生素 A 酸、头孢噻肟钠、氢氧化铝、维生素 E、心得安、γ-氨基丁酸等。
以下对于氯霉素、维生素 C、磷霉素、黄连素等六种药物的研制作简要的
介绍。

　　氯霉素是东药第一个能用化学合成方法进行大规模工业生产的抗生
素。氯霉素是一种广谱抗生素，对革兰氏阳性和阴性菌均有效，对沙门氏
伤寒、嗜血杆菌属流感、百日咳杆菌等特别敏感。国外在 1948 年有报道，
全国解放前后国内也有人开始研究。1951 年夏，东北科学研究所大连分所
（后改为中国科学院大连化学物理研究所）沈家祥等人在氯霉素的研究中
已获得初步结论，确定经由对硝基苯乙酮的合成途径具有工业化的可能。
其研究成果曾以《氯霉素之合成研究》为题发表在 1951 年第 11 期《科学
通报》上。后接受东药委托，沈家祥等人重点研究以乙苯为原料制造对硝
基苯乙酮的方法和旋光体分离。1952 年 4 月，出于防疫的急需，东北防疫

---

①《东药厂志》编纂委员会. 东药厂志：第一卷 [M]. 内部资料，1987：156-158.

委员会要求东药立即进行氯霉素试制。此时，沈家祥转来东药研究室，继续指导氯霉素科研项目。东药组成有数十人参加的研究组，在5个月时间内解决了由乙苯经硝化制造氯霉素第一步中间体对硝基苯乙酮的生产方法；由酒精自制乙苯；确立整个产品的生产流程；并决定以混旋体合霉素为产品的工作方向。1953年各步逐渐投入50~100升罐规模的放大试验；1954年先后进入小型规模生产，并学习苏联先进经验，提高各步收率。在后一段时间里沈家祥离开研究室做车间设计，研究室主任郭丰文直接指导并完成试制工作。1955年4月，年产7.5吨规模的合霉素生产车间建成投产。投产以后，又在中心试验室主任沈家祥的指导下，经过多次重大技术改造，工艺渐趋完善。1958年9月，氯霉素车间建成投产，年产50吨规模。后与合霉素车间合并。在氯霉素试制过程中，主要解决了如下关键问题：（1）结合国内资源情况选择乙苯为起始原料制备对硝基苯乙酮的工艺路线。（2）对硝基苯乙酮制造工艺的重大改进。首先试验成功以氧气为氧源的氧气氧化法，后试验成功空气氧化法，爆炸问题得到彻底解决，并使对硝基苯乙酮成本由投产时的每公斤40元降为7元。（3）氯霉素混旋体的分拆技术。由于旋光分离技术问题尚未解决，氯霉素在投入生产初期是以混旋体合霉素为产品出现的。经深入探索，1956年确定了用酒石酸为拆分剂的旋光分离方法，分离出左旋胺基物，经二氯乙酰化制得氯霉素，并于1958年用于工业生产。1962年又研究了以水作溶媒诱导结晶的方法，来交替分离旋光体。所得之左旋胺基物经精制后，直接进行二氯乙酰化得到高质量的氯霉素，从而完善了氯霉素的工艺改造，对扩大生产和降低产品成本起到了很大作用。（4）消旋化技术的应用，大大提高了原料的利用率。氯霉素扩大生产后，研究如何综合利用右旋胺基物，对降低产品成本至关重要。消旋化工艺就是把经拆分后的左旋胺基物制备氯霉素用，把另一半即等量的右旋胺基物经化学结构的改造制成前一步的中间体即缩合物供重复使用。1963年，在上海医药工业研究院的协助下，通过酰化、氧化等反应，完成了消旋化的中试，并于1970年投产。1973年利用右旋胺基物进行消旋化生产氯霉素，年生产能力为30~40吨，一直延续下来。1974年，经设备调整进行填平补齐，提高氯霉素生产能力，使氯霉素年产由175吨增加到年产250吨。为了保证人民健康事业的需要，氯霉素不断扩产，合霉素不断减产，自1979年开始，氯霉素全部取代了合霉素生产。氯霉素、合霉素合成与技术革新项目，获得1978年全国科学大会奖。氯霉素硝基废水处理技术获 1979 年国家医药总局科技成果三等奖、辽宁省科技成果二等奖。1963 年东药被化工部医药司授予"氯霉素生产技术先进单位"称号。1980 年荣获国家医药管理局优质产品称号，1981 年荣获国家质量银质奖。[①] 1988 年东药与广州白云山制药厂一起在毛里求斯建立东云制药有限公司，将东药的氯霉素后部生产线移植到毛里求斯，东药有 53 名同志在毛里求斯建设工地。[②] 1988 年 6 月，1987 年度获奖的东北牌氯霉素经国家质量奖审定委复查确认，继续授予国家银质奖状。

脑疟佳是 1970 年东药从广筛中发现的新结构类型的高效、速效抗疟药，它与氯喹无交叉耐药性，适用于凶险疟疾病的急救。东药于 1972 年完成小试、制出临床样品，并同北京军事医学科学院微生物流行病研究所协作，进行药理和临床试验，取到 455 个病例。1976 年 6 月，治疗恶性疟疾的国际创新药品脑疟佳，由 5800 个化合物中筛选发现，合成试制成功。1977 年通过技术鉴定。早在 1967 年，为支援越南人民抗美战争，东药接受全国"五二三"办公室下达的研制长效、速效抗疟药的军工项目，由中心试验室副主任安静娴任课题负责人，并在军事科学院研究所的帮助下，先后建立了鼠疟、鸡疟、猴疟模型，同时开展广筛和定向设计合成工作。1970 年初，自鼠疟广筛 5800 个化合物中发现脑疟佳。经鼠疟疗效实验，脑疟佳口服对鼠疟正常株的半数有效量为每公斤 0.32 毫克，口服每公斤 3 毫克，抑制率达 100%。脑疟佳是从天津南开大学收来的广筛样品，代号为 SON_{11}，当时南开大学只能提供结构式、反应式和部分不完整的口头资料。东药的试验人员经过查阅有关资料，拟定出六条合成路线，经比较，有的中间体毒性较大，有的收率过低或难于工业化。最后确定了现有的五步反应合成路线。脑疟佳这个化合物，国外未见有报道，为确证其结构，制得了纯品。经元素分析、质谱分析及核磁共振的 H 谱 C 谱分析，同时采用前体对照，确证脑疟佳结构与合成设想结构一致。脑疟佳由发现到合成成功是经过一系列动物试验的。于 1970 年 8 月经三〇七医院协助，在北京军科院研究所进行健康试服。此后又先后于北京、沈阳、徐州、海南岛、云南等地对 455 个病例临床（间日疟 203 例、恶性疟 218 例、脑型疟 34 例）获得较好疗效。1977 年 8 月在上海，由全国"五二三"（疟疾防治）办公室主持进行技术鉴定。脑疟佳科研项目荣获 1977 年辽宁省重大科技成

①《东药厂志》编纂委员会. 东药厂志：第一卷 ［M］. 内部资料, 1987：162-164.

②《东药厂志》编辑委员会. 东药厂志：第二卷 ［M］. 内部资料, 1993：15.

果奖，1978 年全国科学大会奖。①

维生素 C 主要用于坏血病的预防及治疗，用于出血素质、鼻、肺、胃、子宫及其他器官的出血，传染病（长期发热的慢性传染病、结核病），药物（铅、砷）中毒，营养不良，急型克山病，肝脏疾患，创伤愈合不良，病发及恢复期等。化学合成维生素 C，国内外大多数生产方法是用莱氏路线。以山梨糖为起始原料的合成，在解放前国内也早已有人做过试验，但都只停留在试验室规模，尚无工业生产。1948 年 12 月，东药实验室在简陋的条件下，用从日伪接收来的山梨糖原料做试验，收率很低。1950 年新成立的研究室对此又进行了系统的考察实验，在两年时间里，其酮化、氧化、转化三步反应是从 16 个文献中选定最佳方案，并于 1952 年完成小试验。1953 年，一方面进行放大试验，另一方面又着手解决前部葡萄糖催化加氢制备山梨醇工艺，并由东北科学研究所大连分所协助研究山梨醇经黑醋菌生物氧化制备山梨糖的课题。由于上述两个课题得到解决，中国工业化生产维生素 C 的设想才成为可能。1954 年 12 月，东药上报维生素 C 工程设计任务书，次年，该项工程由中轻部批准建设，由中轻部设计公司石家庄分公司设计。1956 年 9 月，由化工部建工局第八机械安装公司负责设备安装，设计规模为年产维生素 C 30 吨。1958 年 2 月，国内第一个年产 30 吨规模维生素 C 的生产车间安装完毕，投入生产，从此结束了完全依靠进口维生素 C 的局面。东药维生素 C 的研制包括如下重要的工艺改进：（1）葡萄糖氢化工艺的改进。葡萄糖催化加氢制备山梨醇的关键是反应压力和设备承受压力问题。为达到降低反应压力，缩短反应时间，对氢化反应釜的搅拌进行了多次试验研究和改进，制出一种包括导气罩、鼓风叶轮和锚式搅拌组合而成的复合式气液搅拌，使气、液、固三相充分混合，从而缩短了氢化时间并降低反应压力。工艺改进后，山梨醇含量可达到 99%，转化率达到 95.7%。复合式气液搅拌器的制成为我国生产山梨醇开辟了道路。（2）维生素 C 水转化工艺的研究。由中间体古龙酸转化生产维生素 C 工艺，当时文献报道为有机溶媒转化，生产成本高，不安全。1955 年在试验中将古龙酸转化工艺改为水转化，也称为酸转化。它是用高浓度盐酸作为转化剂在低温情况下进行转化的。改进后，该步成本大为降低。（3）开辟维生素 C 生产的新工艺路线。多年来维生素 C 生产大部分一

---

①《东药厂志》编纂委员会. 东药厂志：第一卷［M］. 内部资料，1987：170-171.

直采用莱氏路线，东药用此法生产所得总收率由 1961 年的 18% 提高到 1965 年的 60% 以上，生产技术有较大的提高和发展。1969 年东药与中国科学院沈阳林土研究所协作，进行了两步发酵（山梨糖再经假单孢子菌生物氧化制 2-酮-L-古龙酸）的菌种筛选试验，但中途因研制争光霉素而停止。1970 年又始进行试验，由北京微生物研究所取来的 N1197A 菌株进行分离，在培育过程中，发现该菌株为大小两种菌，且证明大小两种菌可独自生存，若分开则不产酸（小菌微产酸），混合培养则能正常产酸，从而肯定了 N1197A 菌株是由大小两种菌共生组成的。这一发现奠定了两步发酵法工业化生产维生素 C 的基础。此后，东药又研究了菌种搭配选育高产菌株方法，得到 90-8 号高产菌株。后来 90-8 号菌株在上海第二制药厂诱变处理后得到 2980 菌株，成为两步发酵法普遍应用的生产菌株。同时还有太原制药厂筛选的 152 菌株。（4）维生素 C 碱转化代替酸转化。2-酮-L-古龙酸转化制成粗维生素 C 的工艺，东药及国内各厂家均采用酸转化工艺。此工艺由于用高浓度的盐酸为转化剂，带来安全情况不良、设备腐蚀严重及环境污染等问题。此外，粗维生素 C 中含有胶状物，影响药品质量。1979 年在一次与外商洽谈中获得用碱转化法生产维生素 C 的信息，当即组织试验。到 1980 年 2 月，在不到一年的时间里，完成了小试和中型放大试验，并系统考察了工艺条件，完成了质量考察、药理及环保等试验项目。经辽宁省医药管理局及卫生局技术鉴定通过，碱转化工艺具有腐蚀性小、成本低、质量好、污染少等优点，东药于 1980 年 9 月在国内首先用于两步发酵的转化工序。① 此外，还采用了多项工艺改进，例如：古龙酸高浓度发酵，使两步发酵浓度由 7% 提高到 10%，扩大了产量；培养基连续消毒采用蜂螺型伞板换热器的高效换热设备，大量节约了能源等。这些改进在生产中发挥了巨大的作用。1984 年 7 月莱氏路线维生素 C 生产线停产，全部改用两步发酵法生产维生素 C。东药千吨维生素 C 工程正是采用两步发酵及碱性转化工艺生产，由上海医药工业设计院与东药联合设计。1984 年进行前期准备工作，1985 年 8 月由沈阳市第三建筑工程公司开建。设计能力为年产维生素 C 1000 吨，副产品硫酸钠 550 吨。② 1988 年 5 月工程建成，7 月 13 日，千吨维生素 C 工程投产成功，试产的批号收率、质

① 《东药厂志》编纂委员会. 东药厂志：第一卷［M］. 内部资料，1987：165.
② 《东药厂志》编纂委员会. 东药厂志：第一卷［M］. 内部资料，1987：79.

量、产量均达到要求。① 1989 年 9 月 4 日，东药千吨维生素 C 工程通过了国家验收，60 多位代表和专家对维生素 C 工程的现场管理及档案管理进行了全面的论证。② 1979 年维生素 C 在全国质量评比中，荣获国家银质奖，1984 年又获国家金质奖。"维生素 C 用两步发酵制备 2-酮-L-古龙酸的新工艺"于 1980 年 3 月获得国家发明二等奖，"2-酮-L-龙酸碱转化制备维生素 C 的新工艺获"获 1981 年国家医药管理总局科技成果三等奖、辽宁省科技成果二等奖。根据 1981 年 12 月中国医药工业公司烟台经理会议确定，在东药建立全国维生素药品监测中心。③ 该中心由东北工业建筑设计院设计，1984 年由沈阳市第三建筑工程公司施工，于 1986 年 8 月东北制药总厂建厂 40 周年前夕正式落成，投入使用。这项工程不仅是全国维生素药品监测中心站，也是东北制药总厂的药品检测中心，承担厂内药品及中间体的检测和化验任务，它的建成为东药当年夺取国家质量管理奖创造了有利条件。④

利福平（甲哌力复霉素）是利福霉素类的半合成抗生素。1966 年在意大利研制成功，我国于 20 世纪 70 年代初开始工业生产。它是治疗各型结核症包括肺结核、肺内淋巴炎、气管支气管结核和尿道结核等的第一线治疗药物。1974 年 9 月，东药引用上海第三制药厂的生产技术，进行小试验，11 月进入 3 吨罐规模试验，12 月又以 12 吨罐规模进行试生产。1975 年 8 月，半合成抗生素利福平试成投产。投产后，进行了多次重大技术改进，主要包括：（1）采用转晶工艺。针对初投产时利福平产品结晶无定型，储存期短的弊端，学习四川制药厂转晶新工艺，1978 年 6 月正式改用丁醇转晶，产品为 I 晶型，质量明显提高，储存期大为延长。（2）改进发酵工艺。1972 年用花生饼代替蛋白胨作有机氮源，解决国内原料货源问题，并使成本大为降低；1978 年采用补糖工艺，提高发酵指数。（3）采用净化新工艺。1979 年与沈阳药学院协作，在提取操作中使用絮凝剂，降低了醋酸丁酯的单耗，并减少高速离心机的使用，简化操作，成本降低 1/3。（4）使用改进的嘧嗪路线。原来生产用 3-F 路线，1979 年末研究所邱维明将国内已采用的嘧嗪路线加以改进，使二甲基甲酰胺得以有效回收，解

① 《东药厂志》编辑委员会. 东药厂志：第二卷［M］. 内部资料，1993：32.

② 同①：37.

③ 《东药厂志》编纂委员会. 东药厂志：第一卷［M］. 内部资料，1987：78.

④ 同①：50.

决了环境污染问题，为扩大生产提供了方便条件。（5）改进氧化工艺。1979 年用三氯化铁代替铁氰化钾为氧化剂，消除了氰根污染问题，又降低了成本。1983 年又采取除铁工艺，控制中间体质量，完善了此氧化工艺。① 1978 年 11 月份，利福平开始出口。1980 年 7 月，利福平扩产时采用净化新工艺、三氯化铁氧化剂、回收二甲基甲酰胺、侧链蒸馏及固体利福霉素 S 钠盐投料等五项技术措施，年产规模提高到 17 吨。8 月，对成品干燥设备进行改造，避免了局部过热现象，增大蒸发面积，大大缩短了干燥时间，成品外观显著好转。1984 年，利福平畅销，但因发酵能力有限，给扩产带来困难，故于 9 月份与合肥制药厂签订联合生产中间体 S 钠合同。东药负责提供技术资料，培训人员，帮助试车投产至正常为止。经一年多联合生产，双方均获经济效益。合同按约定于 1986 年自然终止。1985 年末，东药十二车间自产利福平的能力为每年 30 吨，使用合肥制药厂与七车间提供的中间体利福霉素 S 钠盐，全部生产能力可达 45 吨，当年实际生产43.2 吨。② 1986 年东药厂与十二车间签订了提高利福平发酵单位的科技攻关合同书。车间领导、技术人员和工人同心协力、密切配合，在一、二级种子培养的压力、温度、配方及发酵基础料方面作了工艺条件的改进，每年能增产利福平 1965 公斤，创利润 14 万元。1989 年，面对原材料供应紧张的形势，十二车间领导组织技术人员和工人开展降低利福平主耗的技术攻关。通过多种原料的回收套用，改进了溶媒回收装置，改进了提取工艺，减少冰醋酸的用量，使主耗由 1988 年的 62.1526 公斤/公斤降至59.7939 公斤/公斤，全年节约原料 284 吨，年创效益 43.48 万元。③ 车间加强产品质量管理工作，使利福平的各项主要技术经济指标居全国先进水平，产品质量达世界一流，1985 年利福平荣获国家金质奖，1990 年通过复评。

磷霉素是 1967 年由西班牙人发现的新型广谱抗生素。东药 1971 年开始小试验，并制得磷霉素钙盐小试样品。此时，由于美国默克公司对磷霉素药理、疗效、临床持否定态度，遂于 1974 年暂停试验、观察动向。数年后，西班牙、日本、意大利等国又相继发表大量文章，数千个临床应用病例，确认其疗效。因此，1978 年东药再次决定，在以前研究的基础上继续

① 《东药厂志》编纂委员会. 东药厂志：第一卷［M］. 内部资料，1987：180-181.

② 同①：131-132.

③ 《东药厂志》编辑委员会. 东药厂志：第二卷［M］. 内部资料，1993：97-98.

试制磷霉素。1981年进入放大试验。1982年底至1983年初投入磷霉素钠盐和钙盐的小批量生产,1984年新建磷霉素钠无菌分装室。磷霉素合成路线很多,东药研究人员经过对比,选择丙炔醇经酯化、重排、水解、氢化制成顺丙烯磷酸再与(±)-α-苯乙胺经环氧化、拆分、成盐得磷霉素钠盐和钙盐的合成路线,该合成路线的优点在于:主要原料丙炔醇系东药自产,且反应步骤短,适于工业化生产。在试制中主要改进了生产工艺,并提高了产品质量、收率、"三废"处理水平与经济效益。[①] 1983年12月通过技术鉴定。1984年4月,被国家经委评为优秀新产品,获金龙杯奖。磷霉素合成技术获1983年沈阳市重大科技成果一等奖,1984年国家医药管理局国家优秀科技成果三等奖,1987年获辽宁省新产品"金鹰奖"一等奖。磷霉素钠是东药第一个无菌粉品种,于1982年开始试制,1985年二车间开始试验性生产,当年产量为6公斤,1986年产量增加到485公斤,1987年为861公斤,1988年为1119公斤,1990年为524公斤。试产期间克服菌检、澄明度、异物三个项目的技术难关,改进工艺配比,使收率、质量、原料单耗等主要技术经济指标不断提高,总收率1985年为9.24%,到1989年已增加到16.45%。1984年5月正式开始磷霉素的生产,当年的产量为2472公斤,总收率为11.83%。1985年磷霉素钙被评为辽宁省优质产品,并筹建年产25吨的生产装置,当年的产量为6吨。制剂车间生产磷霉素钙片。为提高磷霉素钙的收率和质量,二车间经过统一使用同一溶媒,改进酯化工艺、改进环氧化工艺配比,组织成品收率攻关、成品质量攻关等措施,取得较好的经济效益,产品质量逐年提高。[②] 由于磷霉素钙的总收率比较低,于是1987年东药二车间组织了技术人员、工人进行技术攻关。他们对环氧化、酯化二步反应进行了工艺条件的优化试验,经过多次试验,在生产工艺上进行了重大改进,使总收率由原来的13.44%提高到18.64%。全年多产成品7317公斤,多创利润近150万元。[③] 1990年4月,全国医药行业首届先进班组、优秀班组长表彰会在北京召开,东药二车间磷霉素大组组长李业菊被评为全国医药企业优秀班组长。

盐酸黄连素为抗细菌药物,对葡萄球菌、链球菌、肺炎双球菌、痢疾杆菌、大肠杆菌、伤寒菌、百日咳杆菌及阿米巴原虫等均有抗菌作用。用

---

① 《东药厂志》编纂委员会. 东药厂志:第一卷 [M]. 内部资料,1987:131-132.174.

② 《东药厂志》编辑委员会. 东药厂志:第二卷 [M]. 内部资料,1993:156.

③ 同②:98.

于肠道感染与细菌性疾。盐酸黄连素是存在于植物中的生物碱，传统方法是从黄连、黄柏及三棵针等植物中提取而得。然而，天然植物成长慢，一般需6~8年，而且资源有限，并受人工采集约束，因而研究化学合成方法是黄连素大量生产必须考虑的问题。1971年5月，东药在中心试验室开始研究，当时国外尚未发现有完整的工业生产路线。参加试验人员以敢于创新的精神，发挥集体智慧，攻克关键技术：（1）环合反应的改进。环合反应是合成黄连素反应的最后一步，文献记载收率为10%。经研究认为，甲酸在环合反应中是关键，特别在有铜、铂、铑等金属存在的情况下，甲酸是一个强还原剂。在反应中加入适当的金属催化剂试验成功，收率由10%提高到68%。这一改进为工业化生产奠定了基础。（2）改变缩合反应的还原剂。文献报道缩合反应（胡椒乙胺与甲基邻位香兰醛缩合）用钾硼氢为还原剂，反应不完全，收率低，质量差，处理有困难。后改为以镍为触媒加氢还原，收率由58%提高到84%，成本也大幅度降低。（3）采用"一勺烩"方法简化了工艺。试制中成功地实现了制备胡椒醛的两步反应"一勺烩"和制备胡椒乙胺的四步反应"一勺烩"，大大地简化了工序，缩短了生产周期。1975年10月，全合成盐酸黄连素完成小试和中试工作，在东药二车间开始3吨规模的中型生产。从此，全合成黄连素在国内首次投产，彻底摆脱了依靠天然资源的状态，产品符合中国药典1975年版的各项标准。[1] 1981年7月，国内第一个全合成盐酸黄连素车间建成投产，年产30吨规模，投资464万元。同年，环合用乙酸进行套用，节约了乙酸，提高了收率，每公斤产品成本下降5.46元。1982年，环合降低乙二醛配比，使每公斤成本下降1.53元。1985年，氯氰化改变氰化反应条件，氯苄油由一次加入改为滴加，收率提高0.5%，年节约价值2.32万元。同年，改变环合乙二醛与硫酸铜配比，每公斤降低成本2.78元，年节约价值9万余元。1985年末，盐酸黄连素年生产能力为30吨，实际生产25.7吨。盐酸黄连素合成工艺荣获1978年全国科学大会奖，1982年10月获国家发明三等奖。[2] 盐酸黄连素以其纯度高、性质稳定、疗效确切而荣获1986年、1989年辽宁省优质产品证书。1990年底，东药又研制出儿童用药无味黄连素。

---

① 《东药厂志》编纂委员会. 东药厂志：第一卷 [M]. 内部资料，1987：166-167.
② 同①：145.

▧ 第二节　1990 年以来的技术创新活动

1990 年 9 月 12 日，经沈阳市人民政府批准，中国第一家紧密型大型制药企业集团①——东北制药集团公司（简称"东药集团"）正式成立。② 东药集团由东北制药总厂、东北第六制药厂、沈阳第一制药厂、沈阳抗生素厂、沈阳克达制药厂、沈阳第五制药厂、沈阳药用玻璃总厂和沈阳医药供应销售公司等 8 个企业组成，东北制药总厂划归东药集团领导。东药集团系依法自主经营、自负盈亏、独立核算的全民所有制医药企业，主要生产和经营化学原料药、医药制剂、生化药品、中药、兽药、饲料添加剂、保健品、卫生材料、包装材料及精细化工等产品。③ 1991 年 12 月 14 日，国务院正式批准东药集团参加全国 55 家大型企业集团试点。④ 1993 年 6 月 10 日，东北制药总厂通过股份制改造，成立"东北制药集团股份有限公司"，1996 年 5 月经批准在深圳证券交易所挂牌上市。主要股东有东北制药集团公司、东北电力集团公司、中行沈阳信托投资公司、辽宁省证券公司、辽宁国标信托投资公司等，主要关联企业有沈阳东港制药有限公司、东北制药总厂——巴斯夫（沈阳）维生素有限公司、沈阳东恒化工原料有限公司等。东药集团在上市过程中，对集团内的各分厂进行优良资产组合，其中的东北第六制药厂、沈阳第五制药厂等几个经营不善的分厂被剥离出集团。2003 年 3 月 28 日，根据国家有关政策实施债转股并重新注册，东北制药集团公司更名为"东北制药集团有限责任公司"（简称"东药集团公司"）。2013 年至 2015 年，东药集团三年分三步的整体性、系统性改革不断深入，整体层面的市场化改革基本完成。股份公司全面接收集团股权、资产和高管人员，延续多年的集团公司、股份公司两大层级在 2015 年实现合二为一——东北制药集团股份有限公司（简称"东北制药"）。2017 年，东北制药作为沈阳市唯一混合所有制改革试点企业，按照沈阳市委、市政府"一企一策、分类推进"的要求全面推进混改试点任务，通过

---

① 王振川. 中国改革开放新时期年鉴：1990 [M]. 北京：中国民主法制出版社，2004：751.

② 《东药厂志》编辑委员会. 东药厂志：第二卷 [M]. 内部资料，1993：41.

③ 《中国药学年鉴》编辑委员会. 中国药学年鉴：1991 [M]. 北京：人民卫生出版社：156-157.

④ 《沈阳年鉴》编委会. 沈阳年鉴：1992 [M]. 北京：中国统计出版社，1992：130-131.

资本市场定向增发项目引入民营企业辽宁方大集团作为战略投资者。2018年6月，辽宁方大成为东北制药第一大股东，被誉为"民族制药工业摇篮"的东北制药，由地方国有控股变身民营控股。2021年7月，沈阳国资彻底退出东北制药的股东名单。[1] 东北制药以其自身的研发创新实力和专业推广实力再次荣膺2021年度"中国化药企业TOP100"榜单，位列第43名。与此同时，东北制药产品整肠生荣登"2022中国医药·品牌榜"榜单。中国医药工业百强榜是国内最受关注、最具权威的医药排行榜之一，荣登百强榜，也是企业综合实力和品牌影响力的重要展现。[2]

一、万吨维生素 C 工程

到20世纪90年代为止，瑞士的罗氏公司一直控制着国际维生素 C 市场的份额与价格。1992年，在对国内外市场周密调研基础上，结合企业实际，东北制药集团决定上马万吨维生素 C 工程。1993年4月15日，工程破土动工。1994年10月，万吨维生素 C 工程在国家、省、市各级领导和部门的鼎力支持下，经国务院批准，国家经贸委以国经贸改〔1994〕571号文件正式转发，在国家立项。1995年6月30日，主体工程的发酵、提取、转化、精制厂房和辅助工程溴冷站、空冷站、变电所的土建和设备安装全部完工，7—8月份进行公用系统和生产设备调试，9月18日产出第一批合格的维生素 C 产品。[3] 而就在1995年国内第一大、世界第二大的首条万吨维生素 C 生产线在东药集团正式投产后不久，当时世界知名的维生素 C 生产厂家联合不少行业营销巨头，发起疯狂的价格战。短短几个月内，维生素 C 的国际市场价格急速下降，远远低于东药集团的成本价。[4] 东药集团的维生素 C 生产1996年、1997年年亏损达1.3亿元。

为摆脱亏损局面，1998年1月份，东药集团对维生素 C 生产线按模拟"三资"管理进行转制。一方面解决人的问题，招聘一个好的维生素 C 公

① 岳琦，林姿辰.沈阳国资将退出东北制药　方大集团持股加码至57.55%［N］.每日经济新闻，2021-07-07（006）.

② 黄超.中国化药企业TOP100榜单发布 东北制药位列第43名［N］.沈阳日报，2022-07-20（003）.

③ 包宇.万吨VC，中国第一：记东北制药总厂万吨VC工程［J］.中国工程师，1996（2）：43.

④ 白复海，刘旭，刘新宇."药三代"王清涛：用执着创新守护企业［J］.工会信息，2021（1）：10-13.

司总经理；另一方面实施职工全员下岗，重新定岗、定责、定薪，干部职工一律竞聘上岗，签订合同，实行一岗一薪。改制后，维生素 C 公司人数由 1326 人减至 795 人，产量由过去每月只能生产 400～500 吨，很快达到月产超 1000 吨以上规模。东北制药还通过实施"原材料采购调优工程"，砍掉中间环节，杜绝曲线采购，大幅度降低采购成本。同时，采取多种措施对企业生产组织全过程实施成本控制。在每年消化产品降价 1 亿多元的情况下，1998 年一举扭亏，实现利润 1317 万元，1999 年实现利润 7480 万元，企业初步走上良性循环的轨道。① 由于维生素 C 生产厂家从国际上的 8 家、国内 30 家通过 1995—1998 年的 3 年竞争，只剩下国际上 3 家和国内 4 家，竞争进入相对平稳的阶段。到 1999 年，国际上各个生产方面基本上达成默契，价格稳定在每公斤 5.3 美元（中方）和 6 美元（外方），市场具体分配情况是：中国不超过 2 万吨，所占比例小于 30%，武田占 35%，罗氏占 35%。② 2000 年，东北制药实现维生素 C 菌种开发、工艺优化、中药现代化等多项新技术应用，新投产产品 14 个，新产品产值达 14 个，新产品产值达 1.2 亿元。当年还通过国家 ISO 9000 质量体系认证复审和沈阳市环保达标验收。③ 2000 年 7 月，沈阳市 50 家东药集团东北大药房连锁店同时开业。东药集团由亏损大户变为盈利大户后，又以其资金、经验、管理和规模优势进军医药经营市场。2001 年，东北制药集团所属企业的技术创新和管理创新、科研开发、市场开拓等方面取得较大进步。创新项目取得新进展，全年创效均在 1.2 亿元以上。东北制药总厂和沈阳第一制药厂被认定为沈阳市双创示范企业。科研开发成效显著，包括阿奇霉素分散片等十多种新产品投产，整肠生颗粒剂等十多种产品获得生产批文号，金刚乙胺及片剂等数十种药品正在开展临床研究或申报临床或实验研究。④

2004 年我国维生素 C 出口 6.71 万吨，贸易额为 3.11 亿美元，出口平均单价为 4.64 美元/公斤。2005 年 1—5 月，维生素 C 出口价格呈现明显下滑态势，出口均价已下降至 3.88 美元/公斤。就在 2005 年，两家美国企业（动物科学产品公司和拉尼斯公司）以垄断为由，将我国四家维生素 C 龙头企业（东药集团公司、石药集团维生药业、华北制药集团维尔康药业

① 李永佑. 东北制药集团是怎样创造奇迹的？ [J]. 政策与管理, 2000 (8)：51–52.

② 张承耀. 东北制药集团 VC 项目分析 [J]. 经济管理, 1999 (7)：34–37.

③ 沈阳市人民政府地方志办公室. 沈阳市志·2000 [M]. 沈阳：沈阳出版社, 2002：122.

④ 沈阳市人民政府地方志办公室. 沈阳市志·2001 [M]. 沈阳：沈阳出版社, 2002：114–115.

和江苏江山制药）诉至法院，美国对华反垄断第一案就此开始。四家企业积极应对来自美国地区高等法院关于维生素 C 反垄断的诉讼。直到美国当地时间 2021 年 3 月 17 日，二审法院重新组织开庭审理此案，并于 8 月 10 日再次以违反国际礼让原则为由作出判决，华北制药集团胜诉。这场旷日持久的维生素 C 的垄断案才告结束。①

2007 年，东药集团公司的维生素 C 项目产能比 1997 年扩大近一倍，达 2.3 万吨。受维生素 C 及系列产品销量大增的影响，东药集团公司实现净利润同比增长 92%。② 2008 年维生素 C 的价格突然大幅上涨至 150 元/公斤，作为维生素 C 主要供应商，东药集团公司同年实现营收 46.1 亿元，同比增长 24.38%，净利润高达 3.58 亿元，增长 653.15%。但是原料药的行情很快就过去了。2011 年，核心原料药业务由于受到维生素 C 价格大幅下降影响，国内维生素 C 粉价格从 2009 年的 100 元/公斤高位下滑到 26～28 元/公斤的水平，也使得东药集团公司净利暴跌 832.96%。③ 东药集团公司大幅亏损 3.94 亿元，自此东药集团公司业绩一蹶不振，④ 东药集团公司将首次跨入亏损红线。⑤

2013 年国际规模最大的消费品测试、检验和认证公司之一 Intertek（天祥）对东药集团公司一药公司食品体系进行 BRC（英国零售商协会（British Retail Consortium）的简称）第六版第二次现场审核。参与此次认证的是维生素 C 营养系列产品，包括 VC+锌泡腾片、复方维生素 C 钠咀嚼片、多维片。Intertek 审核员对生产设施设备、虫害控制、质量管理、产品追溯、过程卫生控制、环境卫生控制等方面进行了严格的审查，对公司硬件建设和验证管理给予了充分肯定。此次通过 BRC 年度评审，为公司出口食品进一步巩固、扩大欧洲市场取得了有效通行证。BRC 是重要的国际性贸易协会，用以评估零售商自有品牌食品的安全性，现已经成为国际公认的食品规范，被许多欧盟国家所认可。

---

① 王思达. 国产维 C 的逆袭之旅 [N]. 河北日报，2023-02-02（011）.

② 张旭. 东北制药受益 VC 销量大增 净利增长 92% [N]. 中国医药报，2008-02-28（B03）.

③ 陆晋源. VC 扩产尝"恶果" 东北制药去年净利暴跌 832.96% [N]. 第一财经日报，2012-04-06（B03）.

④ 朱萍，魏笑，林昀肖. "四大老牌药企"的困境与救赎 [N]. 21 世纪经济报道，2021-09-01（012）.

⑤ 陈雅琼. 东北制药饱受 VC 价格跳水之苦 今年巨幅亏损几成定局 [N]. 证券日报，2011-10-24（C01）.

由于受公司主导产品维生素 C 价格上涨的影响，2017 年净利润同比上涨 3.6 倍以上。① 2017 年，东北制药以维生素 C 生产线搬迁及智能化升级项目为由，向方大集团和盛京金控集团募资 8.5 亿元，此后几年又以定增的方式先后为该项目募资十多亿元。而根据 2020 年年报，该项目刚转固投产，设备尚处在磨合期，产能暂未达到预期。②

2022 年，东北制药原料质量部收到俄罗斯药政官方授予的 ND 注册证书，标志着细河厂区维生素 C 原料药产品顺利通过俄罗斯药品注册，为公司产品在俄罗斯市场销售业务拓展提供了有力支持和保障。同年，东北制药向欧洲药品质量管理局提交了维生素 C、左卡尼汀以及磷霉素氨丁三醇等 3 个原料药产品的 CEP 认证申请。CEP 是欧盟对药品质量体系的认证，是全球门槛最高的药品认证之一，也是药品进入欧盟市场的通行证。CEP 不仅被所有欧盟成员承认，也被其他签订了双边协定的国家认可。③

二、持续加大研发力度

1994 年 2 月，制药工业研究所升级为制药工业研究院，隶属于东药集团。设有抗生素研究所（合成与生物制药）、维生素研究所、磷霉素研究所、制剂研究所（含药理部分）、工业化研究所、情报信息研究所，另设技术室、综合管理办公室、分析检验室、中间试验场、实验动物饲养中心。研究院主要以新药产品的科研开发为主，以老产品技术改造为辅，为实现东药集团中长期发展目标提供保证。研究院设有专业技术图书馆，并与国家经贸委主办的医药数字图书馆等情报信息机构实现联网。④

1994 年，东北制药总厂技术中心（现为"东北制药集团股份有限公司技术中心"）被确认为第二批"国家企业技术中心"。国家企业技术中心是指企业根据市场竞争需要设立的技术研发与创新机构，负责制定企业技术创新规划、开展产业技术研发、创造运用知识产权、建立技术标准体系、凝聚培养创新人才、构建协同创新网络、推进技术创新全过程实施。

① 郭秀娟，姚倩. 东北制药 2017 年净利预增超 360%［N］. 北京商报，2018-02-06（D04）.
② 岳琦，林姿辰. 沈阳国资将退出东北制药　方大集团持股加码至 57.55%［N］. 每日经济新闻，2021-07-07（006）.
③ 宋维东. 东北制药：积极拓展国际市场　提升优势品种话语权［N］. 中国证券报，2022-05-28（A05）.
④ 彭司勋. 中国药学年鉴：2002—2003［M］. 上海：第二军医大学出版社，2003：72-73.

"国家企业技术中心"前两批共批准建设 100 家，能够进入国家的 100 家企业技术中心名单，说明东北制药总厂技术中心在促进我国医药制造业技术创新方面作的突出成就得到了国家的认可。东北制药还设有技术委员会和专家委员会，并下设辽宁省艾滋病药物工程技术研究中心、辽宁东北制药（沈阳）微生态工程技术研究中心以及博士后工作站、院士专家工作站等机构，致力于化学合成原料药及制剂的开发和关键技术研究，并开展化学药创新药物开发、生物药开发等工作，在以自身科技人员为核心开展自主研发的同时，同国内外科研院所及高校开展广泛的产学研合作开发，充分利用外部的创新资源，搭建联合创新平台，共同组建研发中心、技术创新联盟及联合实验室。①

黄连素是东药拥有自主知识产权的老产品，1994 年因成本过高在市场上没有竞争力而停产。1999 年东药集团决定对这个老产品进行工艺改进后再复产。老产品毕竟已趋于成熟，若想改进确有难度。为了使这一老产品重新焕发生机与活力，公司决定回聘一名老工程师，让他牵头搞黄连素的技术创新。经过几个月的艰苦攻关，不断总结探索，黄连素收率大幅度提高，成本降低 40% 以上。黄连素新的合成工艺于 2001 年 9 月被国家知识产权局正式授予专利申请号。②

东药集团在 1996 年和 1997 年连续两年亏损 2 亿元的情况下，新的领导班子抓准病症，猛药治顽症。1998 年一举扭亏，实现利润 1317 万元；1999 年工业总产值达到 32.1 亿元，实现利润 7480 万元；2000 年，企业经济运行质量进一步提高。东药集团始终把知识和创新作为扭亏脱困的主线来抓。1999 年是知识创效年，提出"高举知识大旗，靠改革、靠知识、靠创新、靠资源合理配置和少投入、高效益"的企业方针，要求每项工作都要加大知识含量；2000 年作为创新发展年，自加压力，制定发展速度同比增长 40% 以上，效益增长实现翻番的目标。通过技术创新和知识创新，每年实现技术和管理创效双亿元。东药集团认识到，寻找新的经济增长点的有效途径就是采用新技术，促进产品更新换代。为采用基因工程技术优化选育菌种，提高维生素 C 发酵率，使维生素 C 产品做到 15 个系列几十个规格。头孢、整肠生、沈阳红药等产品均形成了几个或十几个的产品系列

---

① 东北制药集团股份有限公司科协. 东北制药：一切为了健康，向未知与不可能挑战 [J]. 科技创新与品牌，2015 (3)：38-39.

② 孟东升，勾希连. 创新：东药总厂的"源头活水" [N]. 中国医药报，2002-04-30 (006).

群，成为东药集团新的经济增长点。① 2003 年，东北制药总厂生产的中性磷霉素钠获辽宁省优秀新产品一等奖，左卡尼汀、全合成黄连素获辽宁省优秀新产品三等奖。② 同年 11 月，东药集团公司重新组建研究院。研究院隶属于东北制药集团股份有限公司，按事业部模式管理。研究院以化学合成原料药、化学药制剂、微生态药物等新产品开发及重大工艺改进、工程化研究为主要业务内容，为公司创新发展提供科技支撑。研究院下设化学合成、制剂、微生态等 5 个研究所，地衣芽孢杆菌、卡前列腺素、左卡尼汀等 7 个产品研究中心及注册部、临床医学部、医药信息部、质量管理部等专业部门和职能部门，东北制药（沈阳）科技发展有限公司、401 车间隶属于研究院管理。研究院形成了以产品为核心，以研发为牵头，从产品上下游延伸和产品系列化为发展重点的扁平化管理新模式。通过提供符合国际国内药品注册规范要求的完整研发数据包、研究中试及转化工业化参数、强化 401 车间中试转化技术管理、成立重点产品研究中心等手段，最大程度实现工艺工程化，并嵌入式推进的目标，使研究与工程化基本同步，使研发与市场协同，提高研究的转化效率。同年，东药集团公司作为核心成员进入由沈阳化工大学牵头组建的"辽宁精细化工协同创新中心"。"辽宁精细化工协同创新中心"是为落实辽宁省委省政府提出的"建设精细化工产业大省"战略、充分发挥辽宁省精细化工产、学、研、用等各方面的主体优势作用而成立的，旨在打破体制和机制的壁垒，创建立体化、系统化、多元化的创新平台，解决省内精细化工行业的重大技术问题。该中心以沈阳化工大学为牵头单位，协同辽宁石油化工大学、沈阳化工研究院有限公司、中石化抚顺石油化工研究院、中石油抚顺石化公司、东北制药集团股份有限公司、沈阳化工集团有限公司、辽宁奥克化学股份有限公司，于 2012 年 12 月筹建，2013 年 7 月经辽宁省教育厅、财政厅批准成立。

2014 年，在特药政策剧烈波动的情况下，东药集团公司制剂营销实现利润 1.94 亿元，同比利润增幅 30% 以上。重点产品爆发增长，左卡尼汀针剂、整肠生系列产品增量增利近 2000 万元；原料药控亏能力明显增强。原料药营销紧紧围绕效益和终端两条主线，从优势引领、市场竞合、控制销售节奏入手，提升产品盈利能力。东药集团供销有限公司新版 GSP 认证

---

① 任毅谦. 猛药治顽疾 起死获新生 [N]. 中国机电日报，2001-01-22 (003).
② 关于奖励辽宁省优秀新产品的通知 [J]. 辽宁省人民政府公报，2004 (1)：8-15.

一次性通过，获得东北首家医药电商资质，电子商务平台建设取得阶段性进展。制定《东北制药产品发展实施纲要》，明确领袖型产品和专家型产品两大系列 21 种产品的技术进步、质量提升、临床研究以及系列化的方向和路径。2014 年公司研发投入 1.2 亿元，对战略型、大品种和重点项目给予政策倾斜，完成新产品中试 20 项，新增授权发明专利 13 件，新申请并获得受理专利 31 件。获得国家、省市科技计划立项 6 项，3 项科技成果获沈阳市科技进步奖。新产品依非韦伦片获得临床批件，小儿整肠生颗粒剂获得生产批件，国家科技重大专项"小檗碱治疗糖脂代谢综合征"获得阶段性进展。①

2015 年，东北制药成立公司营销决策管理委员会，有力推动营销战略把控向总部集中，进一步强化市场对生产、研发、管理的全面牵动。按产品领域成立 8 个制剂销售分公司和一个销售部，将原料药国内销售全面分解到各原料药生产分公司，缩短产品与客户的距离，强力提升市场快速反应能力和专业营销执行能力。全年 11 个原料药产品通过新版 GMP 认证，11 条制剂生产线一次性通过哥伦比亚认证，打通产品远销南美之路。以陈凯先院士为首席专家，聘请 13 位国内知名科研院所、医疗机构、重点高校顶级专家，成立东北制药专家委员会，加速创新发展。东北制药牵头的"辽宁生物医药产业技术创新战略联盟"成为省级联盟试点。公司新增授权专利 17 件，拥有授权专利总数达到 77 件。小檗碱片新适应症获得临床批件。丙型肝炎病毒核酸检测试剂盒等 3 个产品获批。整肠生、左卡等产品技术研究项目分获沈阳市科技进步一等奖和市科技振兴奖。②

2017 年，东北制药坚持"总部抓总、销区主战、分线提升"，制剂营销形成了"体系协同、学术引领、渠道统筹、终端拉动"的基本成长路径。以省区平台为主战部队，与市场、招标、学术、商务、综管等支持平台对接，临床、OTC、普药三大终端布局得到优化，分销渠道有效纳入公司管控。原料药营销由"产品中心"向"客户中心"转变，有力推进总部管控、整体策划和终端销售的模式优化，为公司效益提升作出重要贡献。东药集团还扎实开展产品体系创新。盐酸小檗碱缓释胶囊、整肠生肠溶胶囊获得临床批件，左卡、黄连素、氯霉素等产品工艺改进成功实施。一致性评价确定首批 26 个产品，自主研究与合作研究双管齐下，系统推进实

① 沈阳市统计局. 沈阳年鉴：2015 [M]. 北京：中国统计出版社，2015：124-125.
② 沈阳市统计局. 沈阳年鉴：2016 [M]. 北京：中国统计出版社，2016：125.

施，年内完成 7 个产品的预中放试验，1 个产品预 BE（生物等效性）试验和 1 个产品中放试验。推进科技成果申报，"维生素 C 发酵新技术""磷霉素氨丁三醇新工艺"分别获得辽宁省科技进步一等奖和三等奖。①

2019 年，东北制药在全国率先实现了医药智造产业园整体建设，在原料药厂区建成一个中心、三个平台、五大系统，做到了对原料药各分厂各生产线的设备工况、物料状态、计划执行的实时跟踪、回溯以及车间管控流程的可视化与安全环保的多维立体管理。作为原料药厂区标杆项目、全球最大的吡拉西坦智能化生产线更是实现了全自动化控制及远程监控，产品质量大幅提升；产品产能充分释放，产量提高 10%；生产操作人员减少近 40%，企业运营成本降低。②

东北制药公司近年来持续加大研发力度，以优势品种拓展国际市场，通过药品国际标准制修订工作，进一步拓宽视野，推动药品加快"走出去"，增强优势品种及标准制修订话语权，提升公司国际竞争力。2023 年初，美国药典委员会（USP）网站发布左卡尼汀修订标准将于 2024 年 8 月 1 日正式执行的消息。而该标准收载的左卡尼汀含量、有关物质、对映体纯度三项检验方法均由东北制药主导完成。这是东北制药继氯霉素质量标准被收载于欧洲药典标准后，再一次凭借领先的药品检验能力获得国际认可，同时为公司赢得了话语权。2019 年 USP 标准第 42 版新增左卡尼汀对映异构体纯度指标，但因检测对映体纯度所需的茁二氧基硫酰氯手性试剂国内脱销、国外市场稀缺，左卡尼汀原料药新标准难以执行。东北制药作为我国重要的左卡尼汀原料药生产企业，该产品年产量和出口量均位居全球前列。为确保公司左卡尼汀外销不受影响，东北制药原料检验中心另辟蹊径，将此前自主研发并获专利的"一种左卡尼汀中右旋异构体的检测方法"作为外销检验方法，用以替代 USP 标准。2020 年 8 月 5 日，东北制药原料检验中心给美国药典委员会发函联系左卡尼汀检验方法修订事宜，并将自主研发的专利方法提供给美国药典委员会。随后，东北制药的技术实力得到美国药典委员会专家的认可。美国药典委员会邀请东北制药修订左卡尼汀含量、有关物质的检验方法。东北制药快速推进研发进程，于 2021 年 12 月提交了相关检验方法的验证资料。而早在 2015 年，东北制药氯霉素质量标准升级项目通过欧盟药典委员会审核，正式收载于欧洲药典标准

① 沈阳市统计局. 沈阳年鉴：2018［M］. 北京：中国统计出版社，2019：138.
② 黄超. 东北制药"智造"转型 擦亮"老字号"招牌［N］. 沈阳日报，2021-08-06（002）.

中。中国药企参与国际药典标准修订实现历史性突破。近年来，东北制药在参与制修订中国药典及国际药典标准方面成绩显著。截至目前，东北制药已成功完成磷霉素氨丁三醇、卡前列甲酯、呋塞米等 10 余个品种的中国药典标准制修订工作；同时，完成了氯霉素、维生素 C 钠、左卡尼汀等近10 个产品的美国药典、欧洲药典的标准制修订工作。高质量完成相关国际药典标准的制修订工作，充分体现出我们的药品标准与国际接轨。①

东北制药通过自主研发、联合开发、项目引进等多种方式全速推进研发进度。2022 年以来，凭借"原料+制剂"一体化优势，公司又有卡前列素氨丁三醇原料药、卡前列素氨丁三醇注射液、左乙拉西坦片、他达拉非片、铝碳酸镁咀嚼片等新产品获批，进一步丰富了公司产品管线。公司新研发药品盐酸羟考酮注射液国内首仿获批后，已于 2022 年 1 月份成功转化并实现上市销售。此外，仿制药一致性评价工作也快速推进。仅 2022 年 8月份，公司重点产品左卡尼汀注射液及盐酸金刚烷胺片两个产品通过仿制药一致性评价，进一步增强了公司产品的市场话语权。根据东北制药总体研发规划，公司将在现有优势产品基础上聚焦抗肿瘤、生殖系统（妇科和男科）、内分泌和代谢、心血管、神经系统、麻精系列药物、抗艾滋病药物等领域，重点布局高质量仿制药，持续补充新品种，形成大产品集群。②

2022 年，东北制药出资 5 亿元在上海注册成立的全资子公司东北制药（上海）生物科技有限公司于 2023 年全面进入建设阶段，加速推进与美国MedAbome 公司协议引进的 ADC 药物和 CAR-T 细胞治疗技术合作项目落地，加速布局大分子创新药领域。东北制药（上海）生物科技有限公司初期阶段将以合作项目研发为主，满足临床产品制备需要，同时搭建培养基小型生产平台。未来将通过全球化引进人才和技术，打造科技创新引领的国际一流综合性医药健康产业集团。③依托"原料+制剂"一体化优势，2022 年，卡前列素氨丁三醇原料药、盐酸乙酰左卡尼汀原料药、卡前列素氨丁三醇注射液、左乙拉西坦片、他达拉非片、铝碳酸镁咀嚼片、左乙拉西坦注射用浓溶液等自研新产品相继获批。其中，卡前列素氨丁三醇原料药、卡前列素氨丁三醇注射液、他达拉非片、铝碳酸镁咀嚼片、左乙拉西

① 宋维东. 东北制药优势品种彰显"国际范"［N］. 中国证券报，2023-03-22（A07）.

② 宋维东. 东北制药：研发销售互促共进　厚植竞争新优势［N］. 中国证券报，2022-09-10（A04）.

③ 宋维东. 东北制药多领域发力培育新增长点［N］. 中国证券报，2023-02-02（A07）.

坦片 5 个新产品 2022 年快速实现上市销售，全面提升市场占有率。2022 年，东北制药研发投入超过 1.55 亿元。目前，东北制药以化药业务为主。面对医药行业日益加剧的竞争压力，公司在持续做强现有产品、全速推进企业在研产品基础上，积极寻求前沿生物技术领域突破，培育竞争新优势。为此，公司通过自主研发、技术合作、项目引进等方式，不断充实完善研发管线，把科技力量转化为产业竞争优势。根据东北制药研究院院长刘素娜的说法，集团公司将瞄准行业发展趋势，基于市场及临床需求，继续大力推动产品研发，补充研发新产品立项，不断夯实并拓展优势治疗领域及产品管线，形成新产品获批数量稳步攀升的良好态势。"公司从以仿制药为主转移到'仿创并举'，再从'仿创结合'过渡到'创新驱动'，最终将形成以创新药为主、仿制药为辅的业务结构。"①

2022 年 12 月初，在疫情防控进入新阶段的关键时期，东北制药在员工发烧大幅减员的不利形势下，组织员工加班加点生产扑热息痛片、维生素 C、甘草片、整肠生等防疫急需药品，全力保障政府"防疫健康包"、各级医疗机构及全国市场用药需求。尤其对百姓急需的退烧药扑热息痛片，东北制药放弃其他高利润产品，集中人员昼夜追产，硬是将 2 元一联 20 片的扑热息痛片日产能提高到平时的两倍以上；旗下东北大药房沈阳 72 家门店 24 小时营业服务百姓，销售的所有防疫商品一律不涨价，以实际行动践行"富而有责、富而有义、富而有爱"的企业社会责任。②

三、研发抗艾药物

东药集团从 1998 年开始进行抗艾滋病药的研制和开发工作。最初是与国外合作开发这一产品，全部出口。经过几年的努力，该项技术日臻成熟，已经形成原料药、片剂、胶囊剂多种剂型和规格。2002 年 8 月 6 日，东药集团东北制药总厂自行生产的齐多夫定原料药、片剂和胶囊剂获国家药品监督管理局的国内上市批准文号，成为中国批准上市的首例抗艾滋病毒药品，结束了我国抗艾滋病药物完全依赖进口的历史，而且价格比进口药品大幅度下降，给艾滋病患者带来福音。齐多夫定为抗病毒药，用于艾

---

① 宋维东. 东北制药加速布局大分子创新药领域［N］. 中国证券报，2023-04-10（A06）.
② 黄超. 方大集团东北制药 2022 年净利大增　员工福利超 1 亿元［N］. 沈阳日报，2023-04-07（001）.

滋病或与艾滋病有关的综合征患者及免疫缺陷病毒（HIV）感染的治疗。齐多夫定是世界上第一个获得美国 FDA 批准生产的抗艾滋病药品，因其疗效确切，成为"鸡尾酒疗法"最基本的组合成分。9 月 1 日，齐多夫定（AZT）片剂和胶囊剂在全国上市，其商品定名为"克度"。据了解，国内用于艾滋病的治疗用药，除中医药在增强免疫和改善症状特征两方面有一定效果外，主要使用进口药品。由于进口药品价格昂贵，每人年用药费在 7 万元人民币左右，这对于众多艾滋病感染者，尤其是生活在贫困地区的患者，无异于天文数字。东北制药集团合法把齐多夫定仿制成了"克度"药物，该药的生产成本已降低了 70%。由于齐多夫定是目前治疗艾滋病的基础药物，克度上市后，有望将中国艾滋病患者每年的药物费用降到 1 万元人民币以下。① 9 月，东药集团生产的"司他夫定"获批，"去羟肌苷"于 2003 年 8 月获批，第四个抗艾滋病新药"硫酸茚地那韦"于 2005 年 3 月通过国家食品药品监督管理局颁发的新药证书和注册批件。至此，由东北制药生产的 4 个品种、94 个规格和剂型的抗艾滋病药物，已可以独立构成 2 组"鸡尾酒疗法"组方，从而为建立国内抗艾滋病药物生产基地奠定坚实基础。

2005 年 4 月，东药集团公司生产的 3 个品种"抗艾药"中标"卫生部 2004 年中央财政艾滋病防治项目"。东药中标额占全部抗艾药品中标总额的 49.52%。2013 年东药集团公司研发的抗艾滋病感染药物拉米夫定新生产线建成投产。同时，新的抗艾滋病药品小试工艺已经完成，标志着东北制药抗艾滋病新药研发进入新的里程碑。

---

① 金丰杰. 东北药惊鸿一枪 抗艾药市场期待变脸［N］. 中国高新技术产业导报，2002-09-04（001）.

第八章 结论与展望

第一节 研究结论

本书得出的结论主要包括两个方面。

沈阳企业技术创新史是沈阳企业走出困境立足市场的历史。沈阳制造业由于受计划经济体制影响较重,对于市场经济体制的适应较慢,因而在20世纪90年代很多沈阳企业纷纷遇到产品难以适应市场、资金难以保证生产的困境,有的企业甚至走向破产的边缘(如本书提到的沈阳机床、北方重工),或已经破产(如沈阳防爆器材厂)。面对上述困境,沈阳企业通过各种途径,或引进外资缓解债务危机,或依靠企业重组"造大船"暂时渡过难关。难关过后,很多企业痛定思痛,积极探寻企业脱困的密码,终于找到了技术创新这个强大的基因。许多企业采取"以市场换技术"策略,短期内似乎走出低谷,渐入经营佳境。但后来的实践证明,"以市场换技术"是根本换不来先进技术的,最终,企业要生存、要发展,还得依靠自身实力,而这则是来自企业自身的研究开发能力。在企业艰难度日之时,中央政府和地方政府纷纷出台各种支持企业研发的政策措施,并从财政、税收方面予以强有力的扶持。1994年初国家经贸委提出"九五"技术创新工作思路,重点是加强政府的宏观调控措施,引导企业开展有效的技术创新活动,推动社会中介服务组织建设。1995年提出实施企业技术创新工程,建立以企业为主体,以市场为导向,以产品为龙头,以效益为中心,以管理为基础的自主创新的技术进步机制;提高企业产品的技术含量、附加值和市场竞争能力,以及企业的管理水平,从而增加企业的经济效益;促进科技成果在生产中的应用,增强企业的技术创新能力和市场竞争能力,解决企业的活力问题。1993年国家经贸委等部门联合发布第一批40家国家企业技术中心名单,至2023年2月,国家发改委等部门共认定

29 批国家企业技术中心，全部国家企业技术中心为 1714 家、分中心为 113 家。这些企业技术中心的设立，有力地促进了企业自主创新能力的提升。被党和国家领导人誉为"国家砝码"的沈鼓集团就拥有国家企业技术中心，2015 年还成为"互联网与工业融合创新试点企业"。

沈阳企业技术创新史是沈阳工人阶级劳动智慧的结晶史。人民群众是历史的创造者，这是历史唯物主义的主要观点。工人阶级在企业技术创新活动中，同样是创造者，他们的智慧无不体现在具体的技术创新活动之中。比如沈阳矿山机器厂工人首创的"茶壶煮猪头"方法，起于沈阳第三机床厂的"创造生产新纪录运动"，沈变公司田志永总结独创的"田氏优装法"，沈鼓集团杨建华总结"一四拼装法"，沈鼓集团的"徐强小组"，沈阳第二机床厂的"马恒昌小组"，东北制药总厂的"QC 小组"，20 世纪 50 年代的群众性"找窍门"活动等，都是工人阶级在企业创新实践中的伟大创造。1994 年 8 月新加坡召开国际生产工程学会第 44 届年会，大会主席在总结报告中指出，世界上各个国家经济上的竞争，主要是制造技术的竞争。美国的调查表明，日本在汽车工业方面之所以优先于美国，并不是由于日本的设计技术先进，而是由于日本优先发展制造技术，把一流的技术人员安排在工艺岗位上。技术工人的知识、技能、经验水平，决定着其在技术创新活动中发挥能动作用的可能性及其对企业生产技术进步贡献的大小。正是技术工人掌握了系统的技术理论知识并拥有现场操作的技能优势，推动着更新的技术成果进入生产过程，转化成为现实的生产力并使企业走向辉煌。技术创新不仅反映了技术装备水平和效能发挥程度，同时更体现了人的创造能力。在现代技术条件下，高薪可以聘请来高级经理、高级科技人才，但是，不可能聘请来高水平的产业工人。不是聘请的可能性不存在，而是请不起。产业工人是需要培养的。必须培养劳动者的竞争进取意识、敬业意识，职工具有了这些意识后，技术创新才有了旺盛的活力与生机。事实上，沈阳企业培养的各种优秀作业方法和工作小组，均受到各级党委、政府的表扬和肯定，各级组织给予他们应有的尊重，为他们颁发证书并戴上劳动奖章，让他们以及他们身边的人感到无上光荣。这样的做法，在全社会和全体制造业中树立了榜样，激发起全体工人阶级的劳动智慧，推动沈阳企业技术创新走向深入。

第二节　研究展望

正像作者在前言部分所说，本书只是就沈阳市某些行业所属的拥有较长发展历史的某些企业的技术创新活动做了一定的历史探讨，以便从中概要地了解沈阳企业技术创新史的原貌。这种研究的片面性是显而易见的。为此，作者希望在以后的研究中就如下的问题展开继续探讨。

一是加大沈阳企业创新家活动史研究。历史是主体人的活动史，技术创新史也是技术创新主体即创新家的活动史，技术创新史研究必须关注创新家的活动史，必须研究各种创新主体创新活动的历史。尽管本书也对一些企业创新家的技术创新事迹做了一定的介绍，但本书更侧重于技术创新事件的梳理和介绍，对于创新家的活动史有待做深入的挖掘。

二是加强沈阳企业技术创新断代史的研究。不同时代的企业技术创新由于受不同时代社会的、政治的、经济的、文化的因素的影响，从而表现出非常不同的内容和特点。反过来，从不同时代企业技术创新的特征，也可以反思不同时代对于技术创新的型塑。这一点实际上是技术创新理论研究同技术创新历史研究的关系问题。技术创新理论来自技术创新实践却又高于技术创新实践，技术创新历史（即技术创新实践的不同形态）又比技术创新理论更加丰富，需要研究者总结提炼技术创新史中的共性特征与规律，以促进未来沈阳企业技术创新实践的有效开展。

后　记

　　1993 年，东北大学获得科学技术哲学学科博士学位授予权。次年 9 月，我作为第一届博士生进入本学科点，师从远德玉教授从事学位论文研究。在拟定论文选题时，恩师结合当时国内外技术创新研究的实际以及我的哲学学习背景，同意我以"技术创新主体"为题展开学位论文研究工作。研究技术创新主体问题，对我而言是一个全新的领域，因而从选题伊始就时常感到力不从心。好在每当此时，都能得到恩师的热情鼓励和有益启发。恩师多次语重心长地跟我说，科学技术哲学属于哲学学科而不属于理学或工学学科或其他学科，了解技术创新相关学科的知识，最终是为了做好哲学的论文，具备坚实的哲学功底才是完成科学技术哲学学科博士学位论文的关键，而我的哲学训练（哲学学士、逻辑学硕士）足以支撑我完成一篇优秀的博士学位论文；至于技术创新方面的知识欠缺，可以通过实地调研和阅读技术创新方面的文献予以弥补。就是从那个时候开始，我心中萌生了一个想法，那就是一定要补上技术创新史的课，因为技术创新史是技术创新理论研究的基础，没有扎实的技术创新史的根基，技术创新理论研究就难以深入进行。

　　2002 年，我离开工作 10 年的中共辽宁省委党校去往大连理工大学人文与社会科学学院工作，在指导科学技术哲学学科硕士研究生的同时，也参加刘泽渊教授指导的科学学与科学技术管理学科博士生的开题并做过几个博士生的副导师。2003 年 10 月末，我回到母校东北大学，得以继续我之前的技术创新哲学研究。次年 5 月，被学校遴选为科学技术哲学学科博士生导师，2005 年春季招收第一届博士生。2008 年春，由于学院学科发展的需要，我被调整到公共管理系，从事科技政策方向（行政管理学科的重要方向之一）的博士生培养工作。尽管研究生培养方向发生了改变，但我的那个研究技术创新史的愿望一直牢记在心。终于这个心结就要被打开了。

　　2019 年 4 月，2019 年度沈阳市哲学社会科学专项资金规划课题申报工作开始，我申请的是其中的重点项目"沈阳市企业技术创新史研究"。在年底公布的项目名单中，该项目列在其中（项目编号：SC19007Z）。然而，在该项目获批后，就遇到了2020—2022年的新冠疫情。由于防疫的原因，课题之初设想的采访一些沈阳企业家的事情就耽搁下来，而且也使得项目进展缓慢。时至今日，该项目的最终成果——《沈阳企业技术创新史纲》总算得以完成。

在本书出版之际，对沈阳市社会科学规划办公室给予的经费支持表示感谢，同时对本书在写作过程中引用的各种年鉴、志的编纂单位表示谢意，对于各种学术著作、学术论文的作者表示谢意，没有上述单位和个人的资金和资料方面的支持，本书的完成几乎是不可能的。

在本书出版之际，我还想表达一种深深的遗憾。我的恩师远德玉教授在今年2月11日晚间突然地离开了我们！记得在我的项目获批后，我就第一时间向恩师做了汇报，并请他在该项目结题出版时写一个序。然而，由于我的拖拉，致使该书在恩师去世之后才完成。因此，我只能以恩师2001年8月在哈尔滨工业大学召开的第七届全国技术史学术研讨会的发言稿作为本书的代序。

最后，本书内容涉及很多企业技术创新方面的专业素材，由于本人的知识范围有限，对于企业技术创新过程中的某些数据和内容的把握难免存在不准确的理解，恳望读者批评指正。

李兆友

2023年10月于沈阳望湖园